AF409749

9 789933 916428

وەڵامدانەوەی
پرسیارە دەبەنگەکان

فاضل قەرەداغی

وەڵامدانەوەی پرسیارە دەبەنگەکان

وەڵامی پرسیارە جوگرافی و مێژووییەکانی کتێبی
ئایا قورئان پارێزراوە

ناوی کتێب: وەڵامدانەوەی پرسیارە دەبەنگەکان-وەڵامـی پرسـیارە
جوگرافی و مێژووییەکانی کتێبی ئایا قورئان پارێزراوە

ناوی نووسەر: فاضل قەرەداغی

جۆر: لێکۆڵێنەوە

چاپی یەکەم (پرۆژەی تیشك) ۱٤۳۵-۲۰۱٤

چاپی دووەم (لەگەڵ هەموو بەشەکانی تری وەڵامی کتێبەکە لەلایەن
نووسەرانی ترەوە-ئینستتیوتی بانگخوازان):۲۰۱٥

چاپی سێیەم- کتێبی زاگرۆس (چاپی ئەمازۆن): ۲۰۱۷

نەخشەسازیی بەرگو ناوەوە: نووسەر

ژمارەی سپاردن (چاپی یەکەم): ۱٦۸۸- ساڵی ۲۰۱٤

ژمارەی نێودەوڵەتیی کتێب (چاپی ۳): 8-2-9164-9933-978 ISBN

کتێبی زاگرۆس (۳)
مافەکان هی نووسەرن

Fadhil Qaradaghi
Answering Stupid Questions
Answering Geographical and Historical Critiques in the
Book titled: Is the Quran Flawless?
Language: Kurdish
Zagros Books
www.zagros.org
Copyright © 2017 by Fadhil Qaradaghi
fadhil@zagros.org

ISBN 978-9933-9164-2-8

Second Edition: April 2017

10 9 8 7 6 5 4 3 2

پێرست

ناوی بەشەکان هەمان ئەو ناوانەن کە لە ڕەخنەکە هاتوونو وەکو خۆیان
داماننابون ئەویش جگە لە ناوونیشانە سەرەکی و لاوەکییەکانی بەشەکان کە
زیادمان کردوون، بۆ نموونە: میسر و فیرعەون و ئیسرائیلییەکان (سەرەکی)،
شاری سامیرە لە کاتی مووسا (لاوەکی).

پێشەکی

قوتابی بە وەڵامدانەوەی پرسیارە سووکەکان پێشناکەوێتو زانیارییەکی
ئەوتۆ ناخاتە سەر زانیارییە کەمەکانی، ئەگەر ژیانیشی بە وەڵامی ڕەخنە
سادەکان بەرێتەسەر پێویستە بیر لە شارەزابوون نەکاتەوە.

وەڵامدانەوەی کتێبی (ئایا قورئان پارێزراوە) وەکو ڕاهێنانە سووکەکانی
قوتابییانە کە ئەگەر لەبەر خەڵکە هەرە نەشارەزاکە نەبوایە بیر لەوە
ناکەیتەوە دێڕێکیش لەبارەیەوە بنووسی.

ئەمە کێشەیە بۆ نووسەر کە ناچارە لەبەر نەشارەزایی بەشێک لە خوێنەران
وەڵامی کتێبێک بداتەوە ئەو ئاستە نزمەی هەیە، بەڵام ئەگەر نووسەر ناچار
بوو وەڵامی ڕەخنەی سادە بداتەوە با بەلای کەمەوە بە ئەندازەی زانیارییە
هەڵەو سادەکان زانیاریی دروستو دەوڵەمەند پێشکەش بە خوێنەران بکات.
لەم کتێبەش هەوڵمان داوە ئەوە بکەین ئەگەرچی ئەو هەوڵە هەموو
ڕەخنەکانی نەگرتۆتەوە.

ئەمە بۆ ڕەخنەی سادە، بەڵام وەنەبێت ڕەخنەی تر لە ئیسلامو قورئان
ئەو بەهێزە بن کە ببنە تەحەدایەکی جددی بۆ نووسەر چونکە کۆتاییەکەی
ئەوەیە هەموو ڕەخنەکان سادەنو ئەوەندە هەیە ئاستەکانی سادەیی
جیاوازنو لەو ئاستەوە دەستپێدەکەن کە قسەی بازاڕین تا دەگەنە ئەو
ڕەخنانەی تەنها کەمێک زیرەکانەترنو تێکەڵن بە چاوبەست ئەویش کاتێک
بەرگی دەرەوەیان قەبارەیەکی زانستیو فیکریی زۆر گەورەیان پێدەدات.

بەڵام بۆچی ئەو ڕەخنانەی لە ئیسلامو قورئان بەزۆری سادەن؟

خوێنەر بۆی هەیە بڵێت: ئەوە بەهۆی لاوازیی ڕەخنەگرانە، ئەوە ڕاستە
بەڵام نەک بەڕەهایی چونکە ئەگەر دە نووسەر لاواز بن دەیان نووسەری
((بەهێز)) هەن.

خوێنەر هەروەها بۆی هەیە بڵێت: ئەوە بەهۆی بەهێزیی ئیسلامەوەیە، بەڵام دەتوانین وەڵامی ئەوە بدەینەوەو بڵێین: بەڵێ خودی ئیسلام بەهێزە بەڵام هێشتا هەر ڕەخنەی لاواز دەبینین.

بۆ ئەوەی پرسیارەکە نەبێتە مەتەڵ دەڵێم: ((نیازی نووسەر)) هۆی ئەوەیە کە ڕەخنەکان بەزۆری لاواز بن. نووسەری لەو جۆرە کاتێک دەست دەداتە ڕەخنە پێشتر نیازێکی هەبووە کە شتێک بنووسێت ئیسلام ((تەفروتونا بکات))، کەسێکیش لەو نیازەوە دەست پێبکاتو عەقڵیەتی بەپێی ئەو نیازە کاربکات نەك تەنها ناتوانێت ئەو شتانە ببینێت کە تەنانەت ئەوەی ناحەز بە ئیسلام پێویستە بڵێت شتی جوان بەڵکو لەوە زیاتر ناتوانێت ڕەخنەیەك بنووسێت کە بچێتە خانەی ڕەخنەی جیددییەوە.

ئەوەی ئێمە دەمانەوێت ڕەخنەی جیددییە، مەرجیش نییە ڕاست بێت چونکە ڕاستیو ناڕاستی پاش هەڵسەنگاندنی ئەو ڕەخنەیە بڕیاریان لێدەدرێت. گرنگ ئەوەیە ڕەخنەکە جیددی بێت، لەوەش گرنگتر ڕەخنەیەك بێت بەرەو تێگەیشتنێکی زیاترو باشتر لە ئیسلام بمانبات.

کتێبی (ئایا قورئان پارێزراوە) وەرگێڕانی کوردییە بۆ کتێبێکی عەرەبی بەناوی (هـل القران معصـوم)و لـە نووسینی کەسـێکە بەناوی (عبدالله عبدالفادی). ناوی دووەمی نووسەر ئاشکرای دەکات کە کەسێکی مەسیحییە چونکە مەسیح لە بیروباوەڕی مەسیحی بە (فادی) ناسراوە لەبەر ئەوەی گوایە بۆ (فیدا) لەخاچدرابوو، ئەویش باوەڕێکە لە شوێنی خۆی باسی دەکەین.

بەم جۆرەشو بەر لـەوەی کتێبەکە بخوێنیتەوە نیازی نووسەر دەزانی، دەشزانی هەروەها کە مەبەستی نووسەر ئەمەیە: ڕەخنە لە تەوراتو ئینجیل دەگیرێت کە دەستکاری کراون بەڵام ئەوەتا بۆتانی دەسەلمێنم کە قورئان کتێبی خودا نییە. ئەنجامی ئەو بیرکردنەوەیەش شتێکی سەیرە: نووسەر دەیەوێت بیسـەلمێنێت کە قورئان کتێبێکی خودایی نییە بەڵام بێئەوەی بتوانێت بیسـەلمێنێت کە تـەوراتو ئینجیل کتـێبی خودایینو دەستکاری نەکراون.

ئیتر لەوە زیاتر کارمان به نیازی نووسەر نییەو ئەوەندە بەسە بزانین کە
حــەزکردن بەڕاستیو هەوڵدان بۆ دۆزینــەوەی ڕاستی لەپشت نووسینی
کتێبەکەوە نین، لەوەشــەوە دەزانین بۆچی نووسەر ئەو هەڵانەی کردووە،
بێگومان بەئاسانیش دەزانین نیازی پشت وەرگێرانی کوردیی کتێبەکە چییە
کە دیسان حــەزکردن نییە بەڕاستیو هەوڵدان نییە بۆ دۆزینەوەی بەڵکو
وەرگێرانێک لەمیانەی شــەڕ دژی ئیسلام یان دژی هێزە ئیسلامییەکان یان
دژی هەردووکیان.

ئێمە ئەوە دەزانین ئەی خوێنەرێک کە باوەڕی بە ئیسلام نییە یان
باوەڕەکەی تەواو نییە ؟

بۆ خوێنەر ئەوەی گرنگە بیزانێت ئەم پرسیارەیه: ئەگەر کتێبێک بەو نیازە
نووسرابێتەوەو وەرگێردرابێت ئەی چۆن بتوانم مامەڵەی لەگەڵ بکەم؟ چی
بکەم باشە؟ بڕوای پێبکەمو بڵێم نووسەر شارەزایە؟ بەدرۆی بزانمو بڵێم
نووسەر دوژمنە؟ یان چی بکەم؟

بەبۆچوونی خۆم ئەوەی پێویستە خوێنەرێک لەم جۆرە، واتە خوێنەرێک
نەشارەزایەو باوەڕی لەقە، بیکات ئەوەیە زانیارییەکان هەڵپەسێرێت تا وەڵامی
لەبارەیانەوە دەستبکەوێت، واتە بڕیار بدات بڕیاری کۆتایی نەدات تا گوێ بۆ
هەردوو لایەنەکە نەگرێت. ئەمە ڕەفتاری کەسێکە کە بەلای کەمەوە ڕێز لە
عەقڵی خۆی دەگرێت.. دەڵێم بەلای کەمەوە هەرچەندە ئەوە شتێکی کەم
نییە.

وەڵامی کتێبی لەم جۆرە لەبەر خوێنەری نەشارەزایە، بەڵام لەبەر سادەیی
کتێبەکە ئەرکەکە ناڕەحەتە وەک چونکە کارێکی ناڕەحەتە، بۆ نموونە، هەوڵ
بدەی بیســەلمێنی خۆر کاتێک لە ڕۆژهەڵاتــەوە هەڵدێت ئەوە زەوییە کە
بەئاراستەی ڕۆژئاوا دەخولێتەوە. هەرچەندە بە دوو تۆپی بچووك یان دوو
سێو و مۆمێک سەلماندنی ئەوە ئاسانە بەڵام دەزانی کە خەڵکێك هــەن
سەلماندنی تەنانەت ئەمەش بۆیان کارێکی ئاسان نییە، کە کاریش گەیشتە
ئەوە ناڕەحەتی دەبێتە نیعمەتو ئەرکی وەڵامدانەوە دەبێتە ئەشکەنجەیەکی
عــەقڵی، بەڵام ئەگەر وەڵام بــەهێزو دەوڵەمەند بوو ناڕەحەتییەکان پاش

تەواوبوونی وەڵامەکان تەواو دەبن، ئەنجامەکەش چاندنی سەوزاییە لەناو بیابانی دەبەنگی.

ئەوەی لەو کتێبەی کابرای ڕەخنەگرو لە چوارچێوەی کارەکانی پڕۆژەی (تیشک) بەر خۆم کەوتبوو (ڕاستتر بەسەرم سەپێنرا)و بەنابەدڵییەوە وەرمگرتبوو ڕەخنە جوگرافییەکان بوو (نووسەری ڕەخنەکەش ناوی پرسیاریان لێ دەنێت). دواتریش بەشی ڕەخنە مێژووییەکانیشم خستە پاڵ، بەڵام ئەمەیان خۆم وەرمگرت ئەویش وەکو ئەرکێک بەرامبەر قورئانو خۆشەویستییەک بۆی، دواییش زانیم ئەو کەسەی ئەو بەشەی پێ سپێردرابوو داوای لێبوردنی کرد چونکە باسەکان هی مێژووی کۆنن.

کەواتە بەشە جوگرافییەکە ئەرکی پڕۆژەکە بوو بەسەرمەوە، کاریش لەو بەشە بە بێزارییەوە بەڕێوەچوو ئەویش بەهۆی ئەو ئەرکەو بەهۆی ناچاربوون بە وەڵامی ڕەخنەی سادەو منداڵانەو تووشبوون بە ئەشکەنجەی عەقڵیو دەروونی بەهۆی مامەڵەکردن لەگەڵ دوو کەسی دەبەنگ، نووسەری عەرەبو وەرگێڕی کوردی. بەڵام بەشە مێژووییەکە خۆم کردبوومە ئەرک بەسەر خۆم" ئەرکێک بەرامبەر قورئان، بۆیە بەشێوەیەکی تر بەڕێوەچوو: سەرباری مانەوەی دەبەنگیی نووسەرەکە (لەو بەشەش وەرگێڕم پشتگوێخست) بەڵام وەڵامدانەوە تامی هەبوو، دواییش بەرەکەتی ئەو بەشە بەشی جوگرافیشی گرتەوە کاتێک بۆ پڕکردنەوەی کەموکورتییەکان گەڕامەوە بۆی.

کارێکی تری ئەم کتێبەش کە هێندەی وەڵامی ڕەخنەکان بە گرنگی دەزانم قسەکردنە لەسەر موفەسیرە ئیسلامییەکان کە شتی سەیروسەمەرەیان نەقڵکردووەو لە لێکۆڵینەوەیەکی پێشتر نموونەی ئەو شتانەم بینیبوو. زۆریی ئەو گێڕانەوانەش لە جوولەکەو مەسیحییەکانو پێویستە لێیان بەئاگا بینو بزانین چ زیانێکیان بە عەقڵی موسڵمان گەیاندووە. بێگومان جگە لە زیانگەیاندن بە ئیسلام چونکە ئەو تەفسیرانە بوونەتە تووێشووی ڕەخنەگرانی وەک ئەوەی خۆمان. عبدالفادیش تا ڕاددەیەکی گەورە پشتی بە شتە سەیرو بێبناغەکانی لای موفەسیران بەستووە بێئەوەی بزانێت کە بەو کارەی کەمتر ڕەخنە لە قورئان دەگرێتو زۆرتر شەڕ لەگەڵ کەڤ دەریا دەکات.

لـەم کتێبــە ناوونیشــانی پرسیارەکانی ڕەخنەگرم وەکو خۆی دانـاوە، پشتیشـم بـه دەقـه عەرەببیەکە بەستووه مەگـەر کاتێک کارم به وەرگێڕه کوردییەکە هەبووبێت، ئەویش تەنها بۆ ئەوەی وەڵامی خۆی و زانیارییەکانی و وەرگێڕانەکەی بدەمەوە، تەنهاش بۆ بەشی جوگرافی ئاماژەم بۆ بەشێک لە قسەکانی وەرگێڕ کردووە و وەک وتم لـه بەشـی مێژوویی پشتگوێم خستووە ئەویش چونکه قسەکانی پێویست نین، خۆشی وەکو شتێکی زیادەی بێ لزووم خۆی خنیوەتە ناو باسەکانەوە، ئەو بڕەش که ئاماژەی بۆ کراوه نموونەیەک دەبێت لەسەر کاری ئەو وەرگێڕە، مرۆڤی هەر ئەوەندە کاری به بوونەوەری وا دەبێت.

ئەم کتێبە زاراوە و زانیاریی زۆری لەخۆگرتووە و بەشێکیان پێناسەیان بۆ کراوە، بەتایبەتیش له پەراوێزەکان، بەڵام هێشتا زۆری تر ماوه پێناسەی بۆ بکرێت.

کتێبەکه ماوەیەکی زۆر لەلام مایەوە و ماوەیەک ئیشم لێ دەکردو ماوەیەک بۆ کاری تـر وازم لێدەهێنا، دواکەوتنیشی لـه سنووری خۆی دەرچوو بۆیه بەباشم زانیبوو زانیاریی زیاترو قسەی زیاترو ڕەخنەی زیاتر بۆ چاپی دووەم هەڵبگرم، ئەوەش ئەگەر خوێنەر بڕیاری دا شایەنی چاپی دووەمه، هیواداریشم وا بێت.

ڕۆژهەڵاتی نزیکو ناوەڕاستی کۆن
نەخشە ئەسلییەکە: Bible History Online

پادشانشینه‌کان و ناوچه‌کانی فه‌له‌ستینی کۆن و ده‌وروبه‌ری سه‌ده‌ی نۆیه‌می پێش زاین
نه‌خشه ئه‌سلّییه‌که: Richard Prins

به‌شی یه‌که‌م

پرسیاره جوگرافییه‌کان

۱-ئاوابوونی خۆر لەناو بیر

یەکەم پرسیاری جوگرافیی عبدالفادی لەبارەی چیرۆکەکەی زولقەرنـەین و باسی خۆرئاوابوونە. سەرەتا ئایەتەکان دەهێنێتەوە:[1]

((وَیَسْأَلُونَكَ عَن ذِي الْقَرْنَیْنِ قُلْ سَأَتْلُو عَلَیْكُم مِّنْهُ ذِكْرًا * إِنَّا مَكَّنَّا لَهُ فِي الْأَرْضِ وَآتَیْنَاهُ مِن كُلِّ شَيْءٍ سَبَبًا * فَأَتْبَعَ سَبَبًا * حَتَّى إِذَا بَلَغَ مَغْرِبَ الشَّمْسِ وَجَدَهَا تَغْرُبُ فِي عَیْنٍ حَمِئَةٍ وَوَجَدَ عِندَهَا قَوْمًا... -الکهف: ۸۳–۸٦)).

ئینجا تەفسیری (بەیزاوی) دەهێنێتەوە کە جوولەکەکان لەبارەی ئەسکەندەری گەورە لە پێغەمبەر (صلى الله علیه وسلم)یان پرسی ئەویش پێی وتن کە خودا دەسەڵاتی لەسەر زەویی پێ بەخشیبوو، ئەویش بۆ ئەو شوێنە کەوتەڕێ کە خۆر لێی ئاوا دەبێتو بینی لە بیرێکی قوڕو لیته (بئر حمئة) ئاوا دەبێتو لە چواردەوری بیرەکە کەسانێکی هەبوون بتیان دەپەرست. ئینجا بەیزاوی دەڵێت کە ئیبنو عەباس بیستی موعاویە وشەکە بە (حامیة) واتە گەرم دەیخوێندەوە ئەویش پێی وت نەخێر خوێندنەوەکە حەمیئە (حمئة)یە موعاویەش ناردی بەدوای کەعبولئەحبار (ئەو زانا جوولەکەیەی ببووە موسلمان)و لێی پرسی: خۆر چۆن ئاوا دەبێت؟ ئەویش وتی لەناو ئاو و قوڕ.

عبدالفادی دەپرسێت: ئەگەر خۆر ملیۆنێک وسی هەزار جار لە زەوی گەورەتر بێت چۆن لە بیرێک ئاوا دەبێت، مەبەست ئەو بیرەی زولقەرنەین بینیبوویو ئاو و قوڕەکەی بینیو ئەو خەڵکانەشی بینی کە لەلای بوون؟
قسەکانی عبدالفادی تەواو.

یەکەم شت دەربارەی ئەو تەفسیرە ئەوەیە بەیزاوی وشەی (قیل)، واتە وترا، بەکاردەهێنێت، ئەو وشەیەش شێوازێکە بۆ (تَمریض)، واتە لاوازکردنی

گێڕانەوەکە. لە زانستی فەرموودەش تەعبیری (رُوِيَ عن النبي) واتە لە پێغەمبەر گێڕدارییەوە بۆ لاوازکردنە، بەڵام وشەی وترا (قیل) زۆر لە خوار ئەوەشەوەیە چونکە قسەیەکە خاوەنەکەی دیار نییە. کەسێکی نەشارەزاش کە نەزانێت وشەی (وترا) واتای چییە گێڕانەوەکە دەبێتە گێڕانەوەیەکی باوەڕپێکراو.

ئینجا لەکۆتایی ئەو گێڕانەوەیەش کەعبولئەحبار دەڵێت: ((ئاوا لە تەورات[2] دەبیینین)) پێویستیشە هەر وا بێت چونکە پرسیارەکە لە جوولەکەیەک لەبارەی شتێکەوە کراوە، پرسیاری لەو جۆرەش واتا پرسیارکردنە لە هەبوونی یان چۆنێتیی باسکردنێتی لە تەورات، لەبەر ئەوەش لەو گێڕانەوە

---

[2] وشەی تەورات بە چەند واتایەك بەکاردێت: بەواتای پێنج کتێبی یەکەمی پەیمانی کۆن Pentateuch و ئەو واتایە لەو کتێبانەو لە کتێبی تری جوولەکە هاتووە، لەو پێنج کتێبە هەروەها بەواتای هەموو یاساکانی تایبەت بە یەك بابەت بەکارهاتووە، وشەکە بەواتایەکی فراوانتریش بەکاردێت وەك هەموو پەیمانی کۆن:

Louis Isaac Rabinowitz, *Torah*, in; Encyclopaedia Judaica, vol.20, p.39.

پەیمانی کۆن زاراوەیەکە مەسیحییەکان بۆ کتێبەکانی جوولەکە بەکاریدەهێننو بە عیبری پێی دەوترێت (تەناخ)و بریتییە لە سێ بەش: تەورات (پێنج کتێبی یەکەم)، پێغەمبەران، نووسینەکان. پەیمانی نوێش بریتییە لە چوار ئینجیلەکە لەگەڵ ژمارەیەك نووسراوی تر وەك نامەکانی پۆلسو کارەکانی نێردراوانو نامەی نێردراوی تر.. تاد.. کەنیسە مەسیحییەکان ڕێك نین لەسەر کتێبە قانوونییەکانی هەردوو پەیمانەکەو جیاوازییان هەیە لە وەرگرتنی هەندێك کتێب یان ڕەتکردنەوەیان. لەم کتێبەش ناوی کتێبەکانی تەورات (پێنج کتێبی یەکەم) کە زۆر دێن: تەکوین (دروستبوون) Genesis، خروج (دەرچوون) Exodus، تەثنیة Deuteronomy، کەمتریش لەوانە دوو کتێبەکەی تر: ژمارەکان (العدد) Numbersو لاوییەکان Leviticus. لە دەقە عیبرییەکە ناوەکان جیاوازنو بریتین لە وشەی سەرەتای هەر کتێبێك. لێرە بۆ ئاماژە بۆ کتێبەکان بەزۆری وشە عەرەبییەکان دەنووسین بۆ ئەوەی خوێنەر بگەڕێتەوە بۆ وەرگێڕانی عەرەبی، بەڵام بێگومان لەگەڵ ئاگاداربوون لەوەی وەرگێڕانەکانی تەورات جیاوازییان هەیە. سەبارەت بە پەیمانی نوێش ئاماژەکە بۆ چوار ئینجیلەکە بە قانوونی لە قەڵەم دراون هەر بە عەرەبی: مەتتا Matthew، مەرقوس Mark، لوقا Luke، یوحەننا John لەگەڵ کتێبەکانی تر بە عەرەبیو کوردی.

بێبنەمایە موعاویە پرسیویەتی: ((چۆن دەبینی خۆر ئاوا دەبێت؟))، واتە چۆن لە کتێبەکانی جوولەکە هاتووە.

عبدالفادی کۆتایی قسەکەی کەعبدولئەحباری نەنووسیوە چونکە دەیزانی کە لەجیاتی ئەوەی ببێتە رەخنە لە قورئان دەبێتە رەخنە لە تەورات. نەك تەنها ئەمەشمان هەیە وەک نیشانە لەسەر هەڵبژاردنی عبدالفادی بەپێی حەزی دڵی خۆی بەڵکو بەڵگەی تر هەیە ئەویش پشتگوێخستنی قسەکەی بەیزاوییە: ((رەنگە گەیشتبێتە کەنار دەریای چواردەور (بەحری موحیت)و [2] خۆری بەو جۆرە بینیبێت چونکە تەنها ئاوی لەبەردەم بوو بۆیە قورئان دەڵێت: بینی خۆر ئاوا دەبێتو قورئان نەیوت: خۆر ئاوا دەبوو)).

کەواتە هەر ئەو کاتەو سەرباری هێنانەوەی باسی سەیرو دوور لە عەقڵ هێشتا موفەسیرەکان عەقڵیان فەرامۆش نەکردووەو بیریان لەو ئیحتمالانە کردۆتەوە کە زیاتر لەگەڵ عەقڵو واقع گونجاون. ئەوەش کە پێویستە تێبینیی بکەین ئەوەیە بەیزاوی قسەی سەیروسەمەرەو بێبەڵگەی زۆری نەقڵ کردووە ئەمەش کارێکی باوی ناو زۆر موفەسیرو گێڕەرەوەی فەرمووده بوو بۆ ئەوەی نووسینەکانیان جێگەی سەرنج بن، یان بەلای کەمەوە بۆ ئەوەی هەرچییەکیان زانیوە بە خەڵکی بگەیەنن.

نموونەیەک لە باسی سەیر باسەکەی بەیزاوییە کاتێک لەو خەڵکە دەدوێت کە لای دەریاکە بوونو دەڵێت: وتراوە پۆشاکیان پێستی ئاژەڵە درەندەکان بوو. یان لەباسی زولقەرنەینو بۆچی وا ناونراوە ژمارەیەک قسە دەهێنێتەوە کە هیچیان هیچ بەڵگەیەکیان لەسەر نییەو لەم جۆرانەن: وتراوە بۆیە ناونرابوو خاوەن دوو شاخەکە چونکە رۆژهەڵاتو رۆژئاوای جیهان گەڕابوو، وتراویشە لەبەر ئەوەی لە کاتی زولقەرنەین دوو قەرن (سەدە یان نەوە)ی خەڵک تێپەڕین، وتراویشە دوو شاخ، واتە دوو پرچی هەبوو، وتراویشە چونکە

---

[2] البحر المحیط: باوەڕی ئەو کاتە بوو، کە لە یۆنانییەکانەوە وەرگیراوەو کە دەریایەك هەیە دەوری هەموو وشکانیی داوە، وشەی نوێی موحیتی عەرەبی بەواتای ئۆقیانووس لەوەوە هاتووە. ئۆقیانووس (ئۆکیانۆس) خوداوەندێکی یۆنانی بوو.

تاجەکەی دوو شاخی پێوە بوو...تاد. هیچیش لەمانە بەلگەیان لەسەر نییەو تەنها قسەن.[٤]

بەدوورزانینی ئەوەی خۆر لەناو بیرێك یان کانییەك ئاوا ببێت لە تەفسیری تریش هەن" ئیبنو کەثیر (سالّی ٧٧٤ی کوچی مردووە) لە تەفسیرەکەی دەلّێت: واتە زولقەرنەین خۆری بینی لە دیدی خۆی لە دەریای چواردەور (موحیت) ئاوا دەبێت، هەموو کەسێکیش بگاتە کەناری ئەو دەریایە خۆر بەجۆرێك دەبینێت وەك چۆن لەنا ئەو دەریایە ئاوا ببێت.[٥]

ئیبنو کەثیر هەروەها ئەو قسانەش بەدرۆ دەخاتەوە کە گوایە زولقەرنەین ماوەیەك دەرۆشتو خۆر لە پشتەوەی ئاوا دەبوو. بەلّام سەربارەی ئەوە هەر خورافاتی نەقلکردووە بێئەوەی گومانی خۆی لەبارەیانەوە پیشان بدات وەك رووایەتێکی دووردرێژی باسەکەی کەعبولئەحبارو ئیبنو عەباسو موعاویە کە (ابن حاضر) شیعرێك دەلّێتەوە گوایە هی (توببەع)ـە کە پێش ئیسلام بوو و باسی زولقەرنەین دەکاتو باسی چوونی بۆ رۆژئاواو رۆژهەلّاتو باسی ئاوابوونی خۆر لەناو قوڕ.. کە شیعری لەو جۆرە هەلّبەستنێکی ئاشکرایە. لەوەش خراپتر ئەوەیە گێڕانەیەوەك لە تەفسیری (ئیبنو جورەیج) دەهێنێتەوە لەبارەی ئەو خەلّکەی لای رۆژئاوا بوونو شارە دوانزە هەزار دەرگاییەکەیانو کە ئەگەر دەنگەدەنگی خەلّکی ئەو شارە نەبووایە خەلّکی (واتە مرۆڤەکانی سەر زەوی) گوێیان لە دەنگی خۆر دەبوو کە دەکەوێتە خوارەوە (یان کە ئاوا دەبێت).

بەم جۆرەش ئەگەر پشت بە تەفسیرەکان ببەستین رەخنەگرتن لە قورئان دەبێتە کارێك هێندە ئاسان تەنانەت عەبدالفادیشو وەرگێڕە کوردییەکەش دەتوانن بیکەن.

---

[٤] بەبۆچوونی خۆم ئەوەی دوایی لەهەموویان مەعقوولترە واتە خاوەنی تاجێکی دوو شاخی. ئەو جۆرە شاخانەش نموونەیان لە مێژوو هەیە بۆ نموونە لە ولّاتی دوو ڕووبار تاجی شاخدار تایبەت بوو بە خوداوەندەکان، ئەو تاجە دوو شاخ یان زیاتری پێوە بوو.

[٥] تفسیر ابن کثیر، ج٥، ص١٩١

(تەبەری) لە تەفسیرەکەی گومانی لە باسی کانیی لیتە یان کانییە گەرمەکە نەکردووە بەڵکو وەکو موفەسیرەکانی تر ویستوویەتی ڕێکبخات لەنێوان دوو خوێندنەوەی (حمئة)و (حامية).

(ئەلبەغەوی)ش لە تەفسیرەکەی قسەی (ئەلقوتەیبی) نەقڵ دەکات کە دەکرێت واتاکە ئەوە بێت لای خۆرئاوا کانییەکی لیتە هەبوو یان لەبەر چاو وا دیار بوو. [6]

شتە سەیرەکانی ناو تەفسیرەکان کەسێتی زولقەرنەینیشی گرتۆتەوە، (ئەلشەوکانی)، زانای ناوداری یەمەن، قسەکان نەقڵ دەکات کە هیچیان بەڵگەیان لەسەر نییەو بەم جۆرەن:

زۆر جیاوازییان هەبووە لەبارەی دەربارەی زولقەرنەینەوە" وتراوە: ئەسکەندەر کوڕی فەیلەقووسی یۆنانییە (بزانە چۆن فیلیپوس بووە فەیلەقووس) کە مولکی هەموو دونیای کەوتە دەستو ئەسکەندەرییەی بنیات نا، ئیبنو ئیسحاقیش وتی: پیاوێکی میسرییە ناوی مەرزەبان کوڕی مەرزەبەی یۆنانییە لە نەوەی یۆنان کوڕی یافث کوڕی نووح. وتراویشە: پادشایەکە ناوی (هرمس)ـە، وتراویشە: پادشایەکە ناوی (هردیس)ـە، وتراویشە: لاوێکی ڕۆمە، وتراویشە: پێغەمبەرێك بووە،هەروەها وترا عەبدێکی صاڵح بوو، وتراویشە: ناوی عەبدوڵڵا کوڕی ئەلضەححاك، وتراویشە: موصعەب کوڕی عەبدوڵڵا لە نەوەی کەهلان کوڕی سەبەئ... تاد تەنانەت وتراویشە فریشتە بووە. [7]

ئینجا (شەوکانی) چەند قسەیەك دەکات کە دەربڕی ئەو کەسانەیە کە خۆیان بە زاهیری دەق دەبەستنەوە. شەوکانی قسەی ئەوانە دەگێرێتەوە کە وتوویانە رەنگە خۆر لەبەرچاوی زولقەرنەین بەو جۆرە ئاوا بووبێت دوای ئەوە دەڵێت دوورریش نییە بوترێت کە ڕێگری نییە لەوەی خودا توانای ئەوەی دابێتی کە دەریای چواردەور (بەحری موحیت) ببڕێت تا بگاتە ئەو کانییەی کە خۆر تێی ئاوا دەبێت، چیش ڕێگری لەوە دەکات پاش ئەوەی خودا باسی

---

[6] تفسير البغوي، ج٥، ص ١٩٩.

[7] الشوكاني، فتح القدير، ج٣، ص ٣٠٧.

ئەوەی کردووە کە گەیشتبووە خۆرئاوا بوون و دەسەلاتی لە زەوی پێ
بەخشیبوو؟ دەریا بەشێک لە زەوی، بەدوورزانینیش (بەدوورزانینی ئەوەی
خۆر لە کانییەک ئاوا بێت) نابێتە هۆی ئەوەی قورئان بەپێچەوانەی زاهیرەکەی
وەربگیرێت. [8]

هەر بۆیە پێویستە وتەی زانایانی پێشوو نەکرێتە مالّ بەسەر ئیسلامو
قورئان. کارێکی موسلّمانیش بەپالّ وەلامی ئەو رەخنانە پاککردنەوەی ئەو
تەفسیرانەیە لەو جۆرە قسانە. پێویستیشە ئەوە بلێین کە شەوکانی زانایەکی
موجتەهیدی لێهاتوو بوو لە زانستە ئیسلامییەکانو مرۆڤ بەستی کتێبە
ناودارەکەی (نیل الاوگار)ی بخوێنێتەوە بۆ ئەوەی لە شارەزابوونی ئاگادار
بێت.

شتێکی سەیری شەوکانیش ئەوەیە کە ئەو سالّی ١٢٥٠ کۆچی مردووە واتە
(١٨٣٤)ی زاینی کەچی ئاگای لە دوو کیشوەرەکەی ئەمەریکا نییە. ئەوەتا
دەلّێت: ((کە گەیشتە خورئاوابوون، واتە کۆتایی زەوی لەلای خۆرئاواوە
چونکە لەپشت ئەو کۆتاییە دەریای چواردەور (موحیت) هەیە کە مرۆڤ
ناتوانێت بەناوی بروات)). [9] کە ئەمە زانیاریی سەردەمەکەی نەبوو بەلّکو هی
زۆر پێش ئەو سەردەمە" زۆر لە شەوکانیش کۆنتر ئۆقیانووسی ئەتلّەسی
بەشی خۆرئاوای بەحری موحیت بوو.

شەوکانی ئەو قسانەی دەوروبەری سالّی ١٨١٠ی زاینی (١٢٢٤ ی کۆچی) [10]
نووسیبوو، ئەمەریکای ئەودیو ئەتلّەسیش سالّی ١٤٩٩ دۆزرابووەوە، واتە
زیاتر لە سیّ سەد سالّ پێشتر، ئەو سالّەش کە شەوکانی ئەو قسانەی
نووسیبوو نزیکەی دوانزە سالّ بوو دەستووری دەولّەتی ئەمەریکا دانرابوو و
کۆماری ئەمەریکا دامەزرابوو، لەو کاتەش پاپۆرەکان لە ئەوروپاوە

---

[8] الشوکانی، فتح القدیر، ج٣، ص٣٠٨
[9] سەرچاوەو لاپەرەی سەرەوە.
[10] وەک لە کۆتایی بەرگی یەکەم خۆی نووسیویەتی.

ئۆقیانووسـی ئەتڵەسییان بـەرەو کیشـوەری ئەمـەریکای بـاکوورو باشـوور دەبرِیو لەوێوە دەهاتن، هەمووشی بەهێزی با.

نۆ سالیش دوای ئـەو قسـەیەی شـەوکانی، واتـه هێشـتا شـەوکانی مابوو یەکەم پاپۆر که به هێزی هەلم کار بکات ئۆقیانووسـی ئەتڵەسیی برِی لـه ساڤانای (لە ویلایەتی جیۆرجیا) بۆ لیڤەرپوولّ لـه بەریتانیاو بـه ٢٧ رِۆژ ئـەو ئۆقیانووسـەی برِی. لـەو ماوەیـه پاپۆرەکـه تـەنها ٨٠ سـەعات هێزی هەلمی بەکارهێنا،[11] بەلام ماوەی گەشتەکەی ناو ئەو دەریای موحیتـه، که دەرکـەوت موحیت نییـه، کـەمتر دەبووەوەو سالّی ١٨٣٨واتـه چوار سـالّ دوای مردنی شەوکانی دوو کەشتی لـه یـەک رِۆژ گەیشتنه ئەمەریکا، یەکێکیان لـه ئایرلەنداو ١٩ رِۆژی پێ چوو و ئـەوەی تر لـه بەریتانیاو ١٤ رِۆژو نیوی پێ چوو و هـەموو گەشتەکەیان بـه هێزی هەلم بوو.[12] لـەو سـەردەمه بوو کـه ئیمامێکی زانا وەکو باسه کۆنەکان تەماشای ئۆقیانووسـی دەکرد.[13]

---

[11] Paul Butel, The Atlantic, p.234.
[12] *Ibid.*, p.233-4.

[13] باسمان لـەوه نییـه موسلّمانان ئاگایان لـەودیو ئەتڵەسـی نـەبوو، ئـەگینا ئـەو ئاگاییـه هەبووه، بەلکو مەبەستمان نموونـەی کاری موفەسـیرانه لەسـەر قورئان کاتێك پشـت به قسەی بێبەلگە دەبەستن یان ئاگایان لـه سـەردەمی خۆیان نەبێتو دەبنه هۆی رِەخنەگرتن لـه قورئانو پەروەردەکردنی خراپی عەقڵی مرۆڤی موسلّمان. بەلام وەنەبێت تەنها زاناکەی سـەدەی نۆزده ئـەوه حالّی بووبێت بەلکو نموونەی سەیرتری پاش زیاتر لـه سـەدەو نیوێك هەیه، نموونەکەش شێخ (عبدالله الدویش)ی فەرموودەناسه که سالّی ١٩٨٩ کۆچی دوایی کردووەو کـه لـه رِەخنەو رِاستکردنەوەکانی بۆ کتێبەکەی سەید قوتب (فی ظلال القران) کـه لـەسەر داوای هەندێك کەس نووسیویەتیو سالّی ١٩٩٠ بلاویبۆتـەوه، واتـه تـەنها (٢٤) سالّ پێش ئێستا، رِەخنه لـه سەید دەگرێت کاتێك باس لـه خولانەوەی زەوی دەکاتو تەنانـەت دەلێت باسکردنی جوولـەی زەوی خیلاف قورئانو سوننەتو ئیجماعی زانایانـه: عبدالله بن محمد بن احمد الدویش، المورد الزلال فی التنبیه علی اخطاء الظلال، مجلد ٣، ص ١٩٧.

سەبارەت بـه قسـەکەی سەیدیش کـه: زەمانێك تێپەرِیبوو خەلّك وایاندەزانی زەوی جێگیره (الدویش) دەلێت: هەق ئەمەیـه کـه قورئان و سوننەت دەلالـەتیان لەسـەر داو پێغەمبـەرو صەحابەو سەلەفی ئوممەتو ئیمامەکانی ئیمامەکانی لەسـەر رِۆشتبوون (فماذا بعد الحق الا الضـلال). هـەروەها بۆ قسـەکەی سەید کـه زەوی تۆپێکی بچووکـه لـه بۆشایی مەله دەکات دەلێت:

ئینجا بزانە فخر الدین الرازی کە زیاتر لە ٦٠٠ سالٚ ساڵ پێش شەوکانی ژیاوە چۆن نزیکتر لە زانست وعەقلٚ ئەوەی لێک داوەتەوە. ئەو باسی سێ جۆر بۆچوونی کردووە یەکەمیان تەفسیرە بڵاوەکە کە کانیی لیتە یان کانیی گەرم، پاشان دووەم و سێیەمیش دەڵێت:

لێکۆڵینەوەی دووەم: بەبەڵگە سەلمێنرا کە زەوی تۆپەو ئاسمان چواردەوری داوە.. ئینجا دەڵێت خۆر چەندین جار لە زەوی گەورەترە ئیتر چۆن بەعەقلٚ دەچێت ئەو خۆرە بچێتە ناو کانییەکی زەوی. پاشان باسی تەئویلەکانی ئایەتەکە دەکات دەکا کە یەکێکیان ئەوەیە خۆر لەپشتی دەریاوە ئاوا دەبێت، یەکێکی تر ئەوەیە لای رۆژئاوای زەوی دەریا دەورەی داوەو زۆر گەرمە، سێیەمیشیان ئەوەیە ئەهلی هەواڵەکان (واتە گێڕانەوەکان) دەڵێن خۆر لە کانییەکی پڕ ئاو و لیتە ئاوا دەبێت ئەمەش زۆر دوورە چونکە ئەگەر مانگیرانێکمان تەماشا کردو بینیمان رۆژئاواییەکان دەڵێن ئەو مانگگیران لە سەرەتای شەو روویدابوو، خەلکی رۆژهەلاتیش دەڵێن لە سەرەتای رۆژ روویدابوو، ئەو کاتە دەزانین کە سەرەتای شەو لای خەلکی رۆژئاوا سەرەتای رۆژی دووەمە لای خەلکی رۆژهەلات، بەڵکو ئەوەش کە لای ئێمە سەرەتای شەوە لە ولاتێکی تر کاتی عەسرەو لە ولاتێکی تر کاتی نیوەڕۆیەو لە ولاتێکی سێیەم کاتی چێشتەنگاوەو کاتی هەڵهاتنی خۆرە لە ولاتێکی چوارەمو نیوەی شەوە لە ولاتێکی پێنجەم... ئینجا لەوەوە دەگاتە ئەوەی کە ئەو قسەیەی دەڵێت خۆر لە قوڕو لیتە ئاوا دەبێت پێچەوانەی یەقینە.[١٤]

بگەڕێینەوە سەر تەفاهەتی قسەکانی عبدالفادیو ئەم چەند تێبینییە بڵێین:

نابراو باسی دیوارەکەی یەئجووج و مەئجووج دەکات کە بە ئاسن کراوە بەڵام باسی رۆکردنی مسی تواوەی بەسەری نەکردووە، دەشڵێت دیوارەکە

ئەمە قسەیەکی باتڵە لەبەر چەند هۆیەک یەکەمیان ئەوەیە قسەیەکی داهێنراوەو دەرچووە لە قسەی سەلەف ئوممەتو ئیمامەکانی ئیجماعی موسلّمانان (ل٢٠٠).

[١٤] تفسیر الفخر الرازی، ج٢١، ص١٦٧–١٦٨.

بووه بەربەستێکی قایم که تا رۆژی قیامەت کەس دەرکی پێ ناکات خودا
نەبێت. واشبزانم هەڵەیەك لێره هەیەو لەجیاتی وشەی (لا یدرکه) پێویستە (لا
یدکه)، واته نایکوتێت، بێت چونکه ئایەتەکه لەسەر زمانی زولقەرنەین دەڵێت:
(فاذا جاء وعدُ ربي جعله دَكَّاء). بەهەر حاڵ وەرگێڕی کوردی چی نووسراوه
وەریگرتووه گوایه تا رۆژی قیامەت خودا نەبێت کەس نازانێت لەکوێیه(لاپەڕه
۱۷). ئینجا لە پاشکۆکەی خۆی (لاپەڕه ۱۸) کەمێك ورێنەی کردووەو
نووسیویەتی که شوورای چین زۆر گەورەیەو زۆر کۆنه کەچی تا ئێستا ماوه
ئەی ئەو بەربەسته بۆچی تا ئێستا نەدۆزراوەتەوه؟ ورێنەکەش لەوەیه که هەر
خۆی دەڵێت شوورای چین هێنده مەزنه لەرووی مانگەوه دیاره واته ئاساییه
خەڵکیش دەرکی پێبکەنو بەم جۆره لەگەڵ کەمێك بەکارهێنانی عەقڵ مرۆڤ
دەزانێت که بەربەستێکی نێوان دوو کێو که رەنگه دەربەندێکی زۆر تەسک
بێت زیاتر بۆی هەیه لەژێر بەردو خۆڵی هەرەسکردووی دوو بەشی کێوەکه ون
بێت ئەوەش جگه لەوەی مەرج نییه شێوەی بەربەستەکه دیوارێکی ڕێك بێتو
هەر ئەوەنده بەسه تا ڕادەیەك ستوونی بێت بۆ ئەوەی ئەو دوو گەله نەتوانین
بەسەری سەرکەون ئیتر بەدرێژایی کات بۆته بەشێك له زنجیره چیاکه.

وەرگێڕی کوردی لەباسی خۆر ئاماژه بۆ ئەو فەرموودەیه دەکات که خۆر
له رۆژی قیامەت بەدووری میلێك له سەری خەڵکەوه نزیك دەبێت بەڵام ئەو
دەڵێت یەك میل لەکاتێك فەرموودەکه گومانی راوییەکەی تێ هەیه که دەڵێت
نازانێت پێغەمبەر مەبەستی له میل چییه: ماوەی سەر زەوی یان ئەوەندەی
کلچۆك (ئەو دارەی بۆ کردنی کل له چاو بەکاردێت) درێژه، بەواتای دووەمیش
وشەی میل مەجاز دەبێتو نیشانەیه له نزیکیو به بەواتای دووەم میلی ئەو
کاته بڕێك زۆرتر بوو له میلی ئێستا، بێگومان هێشتا زۆر نزیکه بۆیه رەنگه
واتا مەجازییەکه راستتر بێت هەرچەند ئایەتی تەکویر باسی خۆر دەکات (اذا
الشمسُ کوِّرَت) واته خِر کرا که رەنگه ئەمه ئاماژه بێت بۆ بچووككردنی
قەبارەی خۆر ئیتر مەرج نییه بەو بارستەو تینو هێزەی ئێستای بێت. ئەمەش

وەكو هاوكێشەیەكە كە پرێتی لـه نـهزانراو و كـهس ناتوانێت لەخۆیـهوه بڕیـار لـهسـهر یـهك نـهزانراو لەوانه بدات كه چـهنده. [15]

وەرگێڕی كوردی ئـهو باسـهی تـهبـهری دەهێنێتـهوه كه گوایـه كـه خـۆر ئـاوا دەبێتولـه ئاسمانێكـهوه بۆ ئاسمانێكی تر بـهرز دەكرێتـهوه تا دەگاتـه ئاسمانی حهوتـهم ئینجا دەگاتـه ژێـر عهرشی خـوداو سوجده بـۆ خـودا دەبـاتو ئـهو فریشتانـهش كه كـاروبـاری خـۆریان پـیّ سپێردراوه سوجده دەبـهن ئینجا خۆر لـه خودا دەپرسـێت لەكوێوه هەڵدێت ئـیتر جبریل پۆشاكێكی تیشـك لـه روونـاكیی عهرشی بۆ دەهێنێت ئەویش دەیكاتـه بـهری... تـاد. (لـه گێڕانـهوهكه وشـهی "حلّه" هـهیه كه پۆشاكـه به چـهند واتایهك: پۆشاكێكی باشی نوێ یان پۆشاكی دوو پارچهیی یان سیّ پارچهیی.. بهڵام وەرگێڕی كوردی دەڵێت ملهوانـه)، لـه سـهنـهدی ئـهو فـهرموودەیـهك دوو كـهس هـهن (خلف بـن واصـل و عمـر بـن صبح أبو نعیم البلخی) كه هەڵبهستنی فـهرموودەیان دراوەتـه پـاڵ. [16] شـێخهكەی تـهبـهریش (واته ئـهوه فـهرموودەكەی لیّ وەرگرتـووه)، محمـد بـن أبـی منصـور الأملـی، نـهناسـراوه [17] كـه ئـهم نـهناسـراوییه بهسـه بـۆ لاوازكردنـی هـهر فـهرموودەیـهك. تـهبـهری خۆشی لاوازی كردووه. [18]

---

[15] فـهرموودەكه لـه صـهحیحی موسلم (كتاب الجنة وصفة نعیمها وأهلها–باب صفة القیامة، ح٢٨٦٤، ص١٣١٠)، وەرگێڕی كوردیش نالێت لـه چ كتێبێـك هاتووه، سـهربـاری ئـهوەش دەقـێـك به عهرهبی دەهێنێت كه فـهرموودە نییه بهڵكو كۆكراوەی كورتی ئـهو فـهرموودەیـهو چهند فـهرموودەیـهكی تـره .پاش گەڕانـێكی خێـڕاش به ئینتهرنێت بینیم ئـهو قسهیه بهشـێك لـه چهند ئامۆژگارییـهك بۆ لاوان.

[16] د. محمد بن طاهر البرزنجي، ضعیف تاریخ الطبري، ج٦، ٨٣، ص٢٧، هـ١.

[17] وەك خاوەنی كتێبی شێخهكانی تـهبـهری باسی كردووه كه هـیـچ باسێكی نـهبینیوه لـه كتێبهكانی تایبـهت به گێڕەرەوەكانی فـهرمووده: اكرم بن محمد الاثري، معجم شیوخ الطبري، ٣٣٣، ص٦١٢.

[18] د. محمد بن طاهر البرزنجي، ضعیف تاریخ الطبري، ج٦، ٨٢، ص٣٨، هـ ٢.

٢-زەوی جێگیرە

عبدالقادی ئەم ئایەتانە دەهێنێتەوە:

((خَلَقَ السَّمَاوَاتِ بِغَيْرِ عَمَدٍ تَرَوْنَهَا وَأَلْقَى فِي الْأَرْضِ رَوَاسِيَ أَن تَمِيدَ بِكُمْ – لقمان: ١٠)).

((وَهُوَ الَّذِي مَدَّ الأَرْضَ وَجَعَلَ فِيهَا ... –الرعد:٣)).

((وَالأَرْضَ مَدَدْنَاهَا وَأَلْقَيْنَا فِيهَا رَوَاسِيَ وَأَنبَتْنَا فِيهَا مِن كُلِّ شَيْءٍ مَّوْزُونٍ – الحجر:١٩)).

((وَأَلْقَى فِي الْأَرْضِ رَوَاسِيَ أَن تَمِيدَ بِكُمْ وَأَنْهَارًا وَسُبُلاً لَّعَلَّكُمْ تَهْتَدُونَ – النحل:١٥)).

((وَجَعَلْنَا فِي الْأَرْضِ رَوَاسِيَ أَن تَمِيدَ بِهِمْ وَجَعَلْنَا فِيهَا فِجَاجًا سُبُلًا لَعَلَّهُمْ يَهْتَدُونَ – الانبياء:٣١)).

دیسانەوەش پەنا بۆ تەفسیری بەیزاوی دەبات کە باسی ئەو ئایەتانە دەکاتو دەلێت تەفسیری ئایەتەکانی سوورەتی (النحل) دەکاتە پوختەی تەفسیری هەموو ئەو ئایەتانە: خودا کێوەکانی سەقامگیر کردووه نەوەکو[١٩] زەوی لار بێتەوەو جوولەجوولێ بکاتو ناجێگیر بێت.

بەیزاوی دەلێت زەوی تۆپێکی سووکەڵەی ساکار بوو و هەقی هەبوو وەکو فەلەکەکان بەخولانەوه بجوولێتەوه یان بەهۆی بچووکترین هۆکاری جوولە بجوولێتەوه ئیتر کە کێوەکان لەسەر ڕووەکەی دروستکران لاکانی لاسەنگ بوونو کێوەکان بەهۆی قورساییەکەیانەوه بەرەو مەرکەز چوون ئیتر وەکو مێخیان لێهات کە ناهێڵن زەوی بجوولێتەوه (بەیزاوی، ج٣، ص٣٩٠).

هەرچەندیش ئەو تەفسیره ویستوویەتی لە زانستەوه نزیک بێتەوه بەڵام هێشتا تەفسیرێکی سەردەمی خۆیەتیو کارێکی دووره لە گیانی زانستەوه

---

[١٩] وشەی (كراهة) لێره واتا (نەوەکو) وەرگێڕی کوردیش پیتاوپیت وەرگێڕاوەو وای لێ کردووه: خوا پێی ناخۆش بووه زەوی لاریان بکاتەوه!!

ئەگەر ئەو تەفسیرە بکرێتە مالّ بەسەر قورئان. وەك وتیشم تەفسیرەکە ویستوویەتی لە زانستی سروشت نزیکبێتەوە، لەو رووەشەوە کە زەوی وەکو گۆ باس دەکات تا رادەیەك نزیك ببووەوە.

رەخنەی عبدالفادیش ئەمەیە:

ئێمە دەپرسین: کە ئەوە روون بێت زەوی هەر بیستوچوار سەعات جارێك بەدەوری خۆی دەخولێتەوەو لەو جوولّەیە شەو و رۆژ دروست دەبنو زەوی لەسالّێك یەك جار بەدەوری خۆر دەخولێتەوەو لەو خولانەوەیە چوار وەرزەکە دروست دەبـن ئـیتر چـۆن زەوی راخراو و تـەختکراو و جێگیر دەبێتو ناجوولێتو کێوەکان رێگریی لێدەکەن لەوەی لاربێتەوەو بجوولێتەوە؟

لەبەر ئەوەش مەبەستی ئەم وەلّامە باسکردنی ئیعجازی زانستی لە قورئان نییـە خوێنـەر دەتوانێت ئـەو بابـەتو کتێبانـە لـەو بارەیـەوە بخوێنێتـەوە. تێکەلّکردنی تەفسیری قورئانیش بە خودی قورئان کارێکی هەلّەیەو بۆ خۆی جێگەی رەخنەیە چونکە تەفسیر نابێتە حاکم بەسەر قورئان بەتایبـەت لـەو مەسەلانەی پەیوەندییان بە زانستی رۆژگارەوە هەیە.

زانراویشە کە زەوی بەواتایەك تەختەو بەواتایەکی تر گۆییە. زەوی گۆییە ئەگەر باسی هەموو زەوی یان هەسارەی زەوی بکەین. زەویش تەختە ئەگەر مەبەسـتمان لـەو رووبـەرەی لەسـەر دەژیـن. زانراویشـە کە لەهـەر خالّێکی دیاریکراویو ئەو قەوسەی لەو شوێنە بەهۆی خڕیی زەوییەوە دروست دەبێت گۆشەیەکی هێندە بچووکە کە وەکو نەبوو وایە. باسکردنی تـەختکردنی زەوی بۆ کەسانێکە لەسەر رووی زەوی دەژین کە مرۆڤەکاننو خیتابەکە لەگەل مرۆڤ کراوەو بۆ ژیانو گوزەرانی ئەوە: ((زەویم بۆ درێژو پان کردنەوەو شاخم تـیّ داناو هـەموو جۆرە رووەکێیکم تـیّ ڕواند)).. ئەمە خیتابەکەیە، ئینجا ئایا گونجاو دەبوو بوترایە: ((زەویم بۆ خڕکردنو شاخم تـیّ داناو هـەموو جۆرە رووەکێیکم تـیّ ڕواند))؟ باس باسی ژیانو گوزەرانی مرۆڤە کە لێرە باسی تـەختکردنی زەوی گونجاوترە. بەم جۆرە رەخنەگرتن لە وەسفی زەوی بەوەی تەختە لەجێگەی خۆی نییـە چونکە یـەك رووی راسـتییەکەی وەرگرتـووەو

رەچاوی سیاقی باسەکەی نەکردووە کە لەبارەی ژیانی مرۆڤ لەو شوێنەی
لەسەری ڕاوەستاوە نەك لەبارەی زەوی وەك تەنێکی ئاسمانی.

دەوری کێوەکانیش لە ڕاگرتنی زەوی چەند واتایەك هەڵدەگرێت نەك تەنها
ئەو واتایەی بەیزاوی باسی کردووو عبدالفادی کردوویەتی بە ماڵ بەسەر
قورئان، واتە دەوری چیاکان لەوەی زەوی وەکو تەنێکی ئاسمانی لە جووڵە
بکەوێتو عبدالفادی ئەو جووڵەیە بکاتە جووڵەی زەوی بەدەوری خۆی و
بەدەوری خۆر... ئەمە بازێکی گەورەیە، ئەگینا جووڵەکان زەوی هەر ئەو
دوانە نین.. ئەی چی دەڵێین بۆ جووڵەی چینەکانی زەوی؟ ئەگەر بمانەوێت
لەو ئایەتانە تێبگەین پێویستە بەم جۆرە بیربکەینەوە: کێوەکان ڕێگری لە
چینەکانی زەوی دەگرن کە بجووڵێن یان بەسەر یەکتر بخزێن، یان بەو
شێوەیەی جیۆلۆجیا وردکارییەکانی داوە: کێوەکان بەهۆی جووڵەی
چینەکانی زەوی دروست بوون، واتە لەو سەردەمە جووڵەی چینەکانی زەوی
هەبووەو لەدوای ئەوەوە جووڵەکەیان سنووردار بووەو هی ئەوە نییە زەوی
لەبنی پێی مرۆڤ بجووڵێنێت.[20]

<hr>

[20] وەرگێڕی کوردی ویستوویەتی زانستییانە قسە بکاتو باسی جووڵەی ئەو چینانەی
کردووە بەڵام داماوییەکە لەوەیە کە هەر ئەو باسە خۆی پشتگیریی دەوری کێوەکان لە
سەقامگیرکردنی ڕووی زەوی دەکات بەڵام چونکە بە چاوێکی نووقاوەوە قسە دەکات
خۆی دەخەڵەتێنێت

٣-ئەستێرەکان بۆ بەردەباران کردنی شەیتانەکانن

((وَلَقَدْ زَيَّنَّا السَّمَاء الدُّنْيَا بِمَصَابِيحَ وَجَعَلْنَاهَا رُجُومًا لِّلشَّيَاطِينِ وَأَعْتَدْنَا لَهُمْ عَذَابَ السَّعِيرِ – تبارك:٥)).

إِنَّا زَيَّنَّا السَّمَاء الدُّنْيَا بِزِينَةٍ الْكَوَاكِبِ * وَحِفْظًا مِّن كُلِّ شَيْطَانٍ مَّارِدٍ * لَا يَسَّمَّعُونَ إِلَى الْمَلَإِ الْأَعْلَى وَيُقْذَفُونَ مِن كُلِّ جَانِبٍ * دُحُورًا وَلَهُمْ عَذَابٌ وَاصِبٌ * إِلَّا مَنْ خَطِفَ الْخَطْفَةَ فَأَتْبَعَهُ شِهَابٌ ثَاقِبٌ – الصافات: ٦ – ١٠))

وَلَقَدْ جَعَلْنَا فِي السَّمَاء بُرُوجًا وَزَيَّنَّاهَا لِلنَّاظِرِينَ * وَحَفِظْنَاهَا مِن كُلِّ شَيْطَانٍ رَّجِيمٍ * إِلَّا مَنِ اسْتَرَقَ السَّمْعَ فَأَتْبَعَهُ شِهَابٌ مُّبِينٌ – الحجر:١٦-١٨))

عبدالفادی تەفسیری بەیزاوی دەهێنێتەوە کە هەسارەکان چران و بۆ جوانین (سوورەتی الحجر، ج٣، ص٣٦٤ و الصافات، ج٥، ص٤) ئینجا بەیزاوی لە تەفسیری (وجعلناها رجوما للشیاطین) دەلێت: واتە: سوودێکی تریشمان بۆ داناون ئەویش ڕەجمکردنی دوژمنەکانتان، وتراویشە کە ئەوانەمان کردۆتە گومان بۆ شەیتانە مرۆڤەکان کە بریتی لە ئەستێرەگرەکان (ج٥، ص٣٦٢)، مەبەستی لەوەیە کە ئەو ئەستێرانەی دەکەونە خوارەوە دەبنە سەرچاوەی زانیاری بۆ ئەستێرەگرەکان (شەیتانە مرۆڤەکان) سەبارەت بە پێشبینیی دواڕۆژ بەڵام ئەمانە زانیاری نین بەڵکو گومانن.

عبدالفادی ئەوەی سوورەتی (ئەلحیجر–الحجر) وا باس دەکات: کە ئاسمان لە دەستی شەیتانەکان پارێزراون بەوەی ناتوانن بۆی سەرکەون و وەسوەسە بخەنە دڵی خەڵکەکەی و تەسەروف بکەن بەشێوەیەك فەرمان بەو ئاسمانە بدەن و ئاگایان لە کاروبارەکانی بێت مەگەر یەکێکیان نهێنییەك بدزێت. ئینجا باسی قسەکەی ئیبنو عەبباس دەهێنێتەوە کە شەیتانەکان رێگرییان لێ نەدەکرا گوێ لە هەواڵەکانی ئاسمان بگرن بەڵام کە عیسا لەدایکبوو بۆ ماوەی سێ ساڵ رێگرییان لێ کراو کاتێکیش موحەممەد لەدایکبوو بە نەیزەکان رێگرییان لێ کرا.

عبدالفادی دەپرسێت: ئەگەر هەر هەسارەیەك جیهانێکی زەبەلاح بێت بۆ خۆی ئێتر چۆن دەتوانین تەسەور بکەین کە فریشتەیەك بە قەبارەی مرۆڤ وەکو بەردێك دەست بداتە ئەو هەسارەیەو بیگرێتە شەیتان بۆ ئەوەی دەنگی خەڵکی ئاسمان نەبیستێت؟ ئایا ئەو هەموو تەنە ئاسمانییانە بۆ ئەوە دروستکراون کە ببنە تفاقی سەربازی بۆ بەردەبارانکردنی شەیتانەکان؟

عبدالفادی دەڵێت وا بەیزاوی تەفسیری دەکات وەك چۆن تەفسیری خۆی بێت لەکاتێك بەیزاوی ڕوونکردنەوەی داوە چونکە گرتنی نەیزەکەکان لەو شەیتانو جنۆکانەی دەچنە ئاسمانی یەکەم بۆ بیستنی هەواڵ لە فەرموودەکان هاتووە. فەرموودەکان دەڵێن جنۆکەکان ئەو گوێگرتنە بۆ فاڵچیو کاهنەکان دەکەنو هەواڵێکی ڕاستی ئاسمان دەبیستنو دەیگەننە جادووگەرانو کاهنەکانو ئەمان سەد درۆی لەگەڵ تێکەڵ دەکەن.[21] سوورەتی (الجن) باسی گوێگرتنەکە دەکاتو باسی ئەوە ناکات بۆ کاهنەکان بووە، لەسەر زمانی جنۆکەکانیش دەڵێت کە شوێنیان هەبوو لە ئاسمان تێی دادەنیشتنو گوێیان دەگرت بەڵام لەمەودوا هەر کەسێکیان گوێ بگرێت نەیزەکێك چاوەڕێی دەکات ئینجا هەر لەسەر زمانی جنۆکەکان دەڵێت: ئێمەش نازانین بەم ڕێگرییە ویسترا خراپەیەك بە ئەهلی زەوی بگەیەنرێت یان خودا ویستی ژیری (یاخود هیدایەت)یان پێبەخشێت: ((وَأَنَّا كُنَّا نَقْعُدُ مِنْهَا مَقَاعِدَ لِلسَّمْعِ فَمَن يَسْتَمِعِ الْآنَ يَجِدْ لَهُ شِهَابًا رَّصَدًا * وَأَنَّا لَا نَدْرِي أَشَرٌّ أُرِيدَ بِمَن فِي الْأَرْضِ أَمْ أَرَادَ بِهِمْ رَبُّهُمْ رَشَدًا -الجن: ٩- ١٠)).

عبدالفادی وەك ئاگاشی لە فەرموودەو تەفسیری تر نییە ناشزانێت کە سەرجەم ئایەتەکان لەگەڵ فەرموودەکان باسی هەسارە ناکەن کە دەگیرێنە جنۆکەکان بەڵکو باس لە نەیزەکە. عبدالفادی وەك چۆن قەبارەی

---

[21] صحيح البخاري، كتاب التفسير، باب الا من استرق السمع فاتبعه شهاب مبين، ج٦، ح٤٧٠١، ص٨٠-٨١" كتاب التفسير، باب قوله حتى اذا فُزِّع عن قلوبهم... ج٦، ح٤٨٠٠، ص١٢٢" لەوەش کورتتر لەهەمان کتێب: كتاب الطب، باب الكهانة، ج٧، ح٥٧٦٢، ص١٣٦. صحيح مسلم، كتاب السلام، باب تحريم الكهانة واتيان الكهان، ح٢٢٢٩، ص١٠٦٢، کورتەکەش: ح٢٢٢٨، ص١٠٦١.

ئەیزەکانی گەورە کردووە کردووە قەبارەی فریشتەکانیشی بچووك کردۆتەوە کاتێك دەلێت هێندەی مرۆڤن. ئینجا ئایەتەکان ئالێن فریشتەکان ئەو بەردانە دەگرنە شەیتانەکان، ئێمە هەر ئەوەندە دەزانین كە بەردەکانیان تێدەگیرێت.

ئەو رەخنەیەش لەجێگەی خۆی نییە كە گوایە ئەو هەسارانە بۆ بەردەبارانکردنی شەیتانەکان دروستکراون چونکە ئایەتەکان وا نالێن، تەنانەت بەیزاویش كە عبدالفادی پشتی پێوە بەستووە وا نالێت چونکە عبدالفادی هەر خۆی قسەکەی بەیزاوی نەقڵ دەکات كە بەردەبارانکردنی دوژمنەکانی مرۆڤ سوودێکی ترە نەك تاکە سوودە.

قسە لەسەر وەرگێڕانی کوردی:

لەپەراوێز دەنووسێت زانست هەڵەی زاراوەکانی رۆژهەڵاتنو رۆژئاوابوونی سەلماندو هەروەها لە گەردوون نزم (دنیا)و بەرز (سماء) دوو چەمی رێژەیینو کتێبە ئاینییەکان لەوە هەڵەن (لاپەڕە ٢٠، پ ١٤).

ئەمەش تەنها قسەیە چونکە قورئان یان هەر کتێبێك یان قسەیەك كە دەکرێت پێویستە بەپێی حاڵی ئەو کەسانە بێت كە قسەکەیان لەگەڵ کراوە، بۆیە هەر کەسێکی سەر زەوی ئاسمان بەرزاییەو رۆژهەڵاتن لە رۆژهەڵاتەوە دەبێتو رۆژهەڵات ناوێکە وەسفی شوێنێك دەکات كە دەکەوێتە دەستە راستی ئەو کەسەی رووەکات باکوور، باکووریش خاڵێکە یان تەوەرێك بە ئاراستەیەك دەرواٮ گۆشەی نەوەد پلە لەسەر تەوەرەکەی تر دروست دەکات كە تەوەری رۆژهەڵات-رۆژئاوایە. بەو پێیەی وەرگێڕیش پێویستە لەجیاتی وشەی (رب المشرق-خودای رۆژهەڵات یان رۆژهەڵهاتن) لە قورئان دەبوایە بوترایە: ((خودای ئەو خاڵەی كە تیشکی خۆری بەردەکەوێت کاتێك زەوی بەدەوری خۆی دەسووڕێتەوە))!! یان هەموو جارێك لەجیاتی ((السماء الدنیا-ئاسمانی نزم)) بوترێت ((ئەو بۆشاییە نزیکترین شوێنە لە زەوی)). خۆ ئەگەر ئەوەش کرا ئەو کاتە دەوترا قورئان نازانێت زاراوە بۆ ئاسانکردنەوە بەکاربهێنێتو بە رستەی دریژ تەعبیر لە وشەی کورت دەکات. پێویستە ئەوەش بڵێین كە ((السماء الدنیا)) مەرج نییە ئاسمانی نزم بێت چونکە وشەکە لە (دنی) واتە

نزیك بوووەوە هاتووە واتە ئاسمانى دنیا ئاسمانى نزیکە چونکە نزیکترین شوێنە لە زەوى.

عبدالقادى قسەکەى بەیزاویى نەقڵکردووە: ((والتنکیر للتعظیم))، مەبەستیش لە وشەى (مصابیح) کە بە (نەکیرە-نەناسێندراو)، بەکوردیش: چراگەل، هاتووە نەك وەك (موعەررەف-ناسێندراو) کە بە کوردى (چراکان)ەو بە عەرەبى (المصابیح)ە. بەیزاوى دەڵێت ئەو تەنکیرە بۆ گەورەکردنە. بەش بە حاڵى خۆشم نازانم بۆچى ئەمە (واتە مصابیح) گەورەکردنەو بۆچى ناساندنى وشەکە (واتە المصابیح) گەورەکردن نییە، گرنگ ئەوەیە بەیزاوى مەبەستى ئەوە بوو بۆیە پاش باسى (ئاسمانى نزیك) دەڵێت: ئەوەش ڕێگرى لەوە ناکات کە هەندێك هەسارە لە ئاسمانەکانى سەرەوە هەبن. وەرگێڕى کوردى لەمە تێنەگەیشتووەو ((والتنکیر للتعظیم-نەناساندنەکە بۆ گەورەکردنە))ى کردووە بە ((شرۆڤەکەش بۆ گەورەکردنە))، واتە ڕوونکردنەوە یان تەفسیر بۆ گەورەکردنە.

عبدالقادى دواى باسى قسەکەى ئیبنو عەبباسە کە لەدواى لەدایکبوونى موحەممەدەوە بە نەیزەك شەیتانەکان ڕێگرییان لێ کرا بچنە ئاسمانەکان، قسەکەى بەیزاوییش نەقڵ دەکات:((ولا یقدح فیه تکونها قبل المولد لجواز أن یکون لها أسباب أخر وقیل الإستثناء منقطع أي ولكن من استرق السمع))، کە ئەمە وەڵامى ڕەخنەیەکە کە بەیزاوى زانیویەتى لە قورئان دەگیرێت: بۆچى نەیزەکەکان لەدواى لەدایکبوونى پێغەمبەرەوە بۆ ڕاونانى شەیتانەکان بەکارهاتوون لەکاتێك ئەو نەیزەکانە پێش ئەویش هەر هەبوونو هەر دەکەوتنە خوارەوە؟ وەڵامەکەشى ئەوەى سەرەوەیە کە بەکوردى ئەمەیە: دەکرێت هۆکارى تریان هەبێت، واتە هۆکارى تر هەبن بۆ کەوتنە خوارەوەى نەیزەکان. وەرگێڕى کوردیش ئاوا دەنووسێت: ((وە نابێت کەسى موسڵمان بۆ ئەو باسە هۆى تر لێکبداتەوە)). واتە وەرگێرەکە لە قسەکە تێنەگەیشتووەو بە حەزى خۆىو بەپێى نیازى خۆى لە وەرگێڕانەکە ئەو قسەیەى کردۆتە کوردى، بەیزاوى دەڵێت کە ئەوە ڕەخنە نییە کە نەیزەکەکان پێش لەدایکبوونى پێغەمبەر هەبوون چونکە دەکرێت هۆى تر بۆ کەوتنە

خوارەوەیان هەبووبێت، وەرگێرەکەش دەیکاتە فەرمانێکی رێگری کە کەسی مسوڵمان بەدوای هۆی تر بگەرێت، ئەمەش تەنها بۆ نەزانییەکەی ناگەرێتەوە بەڵکو هەروەها بۆ فیکرەیەکی ئاماده لە مێشکی ئەویش نابێت مسوڵمان پرسیار بکات، کە دیاره ئەم پرسیارنەکردنه بۆ چەند شتێکی زۆر کەمن کە خۆخەریککردنی پێیانەوە دەبێتە فریدانی قسەی بێبەڵگه، وەك پرسیار لەوەی چۆن خودا ئەزەلییەو سەرەتایەك نەبووه بۆ هەبوونی.

بەیزاوی هەر لەو قسەیەی سەرەوەی بۆچوونێکی تر دەڵێت کە وشەی (الا— بێجگه، مەگەر) ئەمەی ئیستسنائی (مونقەطیع)ـه کە لە زمانی عەرەبی بریتییه لە دەرکردنی شتێك لە شتێکی تر کە بەشێك نییه لێی. ئەگەر ئەو جۆره ئیستسنائه نەبێت ئایەتەکه ئەم واتایەی دەبێت: ((خـودا بـورجی لـه ئاسمـان دروسـت کـردو رازاندنیـەوه بـۆ تەماشـاکەرانو پاراستنی لـه هـەر شەیتانێکی بەردباراونکراو مەگەر له شەیتانێك پارێزراو نەبێت کە بەدزییەوه گوێ بگرێت ئەو کاتـه نـەیزەکێك شوێنی دەکـەوێت)). بەپێی ئەمـەش خـودا ئاسمانی لەو شەیتانانه نەپاراستووه کە بگەنه ئەوێو گوێ بگرن مەگەر دواتر کە نەیزەکیان بۆ دەنێرێت. بەپێی ئەو جۆره ئیستسنائەش بێت وشەی (الا— بێجگەله ، مەگەر) بەواتای (لکن—بەڵام) هاتووەو بەم جۆره ئاسمان پارێزراوه لـه هـەموو شـەیتانێك بـەڵام ئەگەر هـاتو شـەیتانێك گەیشتـه ئـەوێ.. تـاد. وەرگێری کوردی کە نازانێت ئیستسنائی مونقەطیع چییه دەڵێت: ((وه وتراوه بێجگەلێکردنی تێدا نییه))! !

ئەنجامی لێکدانەوەی سەرجەم ئایەتەکانیش ئەوەیه کە جنۆکەکان گوێیان له هەواڵەکانی ئاسمان دەگرت بەڵام رێگریی ئەوەیان لـێ کرا، هـەر یـەکێکیش ئـەوه بکات نـەیزەکی تێدەگیرێت (نـەوتراوه هاوێژەرەکه فریشتـەیه یان هۆکارێکی تره). مسوڵمان باوەری بەو ئەندازەیەیه چونکه باوەری به قورئانه. فەرموودەش ئەوه روون دەکاتەوه چۆن کاهنەکان هەواڵەکانی دواڕۆژ دەزانن: جنۆکەکه شتێکی کەمی دەستدەکەوێت (وەکو ئایەتەکەش دەڵێت: الا مـن خطـف الخطفـة) کاهنەکـەش نـەوەدو نـۆ درۆ لەگـەڵ ئـەو زانیاریـیـه تێکـەڵاو دەکات.

بۆ کەسێکیش باوەڕی بەوانە نییە ئەمە تەفسیرێک بۆ بەشێک لە پێشبینییەکانی جادووگەرانی ناودار کە راست دەرچوون (ئەوانەی لێ دەرچێت کە پێشبینینی گشتین وەک شەڕی نێوان دوو هێزو هەندێک باسی گشتیی ناو شەڕەکە).

کەسێکیش بیەوێت بەپێی زانستە سروشتییەکان تەفسیری نەیزەک بکات رێگری نییە چونکە:

١–هەر جنۆکەیەک بچێتە ئاسمان بۆ گوێگرتن نەیزەکێکی تێدەگیرێت بەڵام پێچەوانەکەی مەرج نییە راست بێت واتە هەر نەیزەکێک بکەوێتە خوارەوە بۆ جنۆکەیەک نێردراوە، ئەوەش کە پێویستە مرۆڤ هەوڵی بۆ بدات ئەوەیە لێکۆڵینەوە لە نەیزەکان بکاتو هۆکارە سروشتییەکەی کەوتنیان بزانێت.. تاد، ئەوەش کە پەیوەندیی بە شتی ترەوە هەیە زانیارییەکی کەمەو پێویست ناکات بەدوای بچێت چونکە ئەوە دەبێتە لێکۆڵینەوە بەبێ بەڵگەو تەنها بە قسەکردن نەک لێکۆڵینەوەی زانستی.

٢–لێکدانەوە بەپێی زاستەکانی سروشت لایەنە سروشتییەکەی دەردەخات ئەوەش واتای ئەوە نییە کە بەپاڵ ئەوە لایەنێکی شاراوە هەیە. گەورەترینو فراوانترین نموونە خودی بوونو گەردوونە. کاتێک زانستەکانی سروشت لە گەردوون دەکۆڵنەوە خۆیان لەبەردەمی بوونێکی ماددی دەبیننەوە لە پێکهاتەی لەشی زیندەوەرانو پێکهاتی ئاسمانو زەویو مادده.. تادو هەوڵ دەدەن لێیان تێبگەنو راستییەکانی ئاشکرا بکەنو پاشان مامەڵەیان لەگەڵ بکەن بەڵام بەشێکی شاراوە هەیە کە ئاینەکان ئاشکرای دەکەن ئەویش کە دروستکارێک بۆ ئەم بوونە هەیەو لەخۆڕاو بۆ رابواردن دروستی نەکردووەو مرۆڤ لێی دەپرسرێتەوەو رۆژی زیندووبوونەوەو بەهەشتو دۆزەخ هەن. ئەگەر زانستەکانی سروشت هەموو نهێنییەکانی گەردوون بدۆزنەوە (کە ئەستەمە ئەمە لە ژیانی مرۆڤایەتی ئەنجام بدرێت) هێشتا ناتوانێت ئەو لایەنە شاراوەیە بەدرۆبخاتەوە. وەنەبێت زانستەکانی سروشت بەتەواوی لەو دیوە شاراوەیە بێدەنگ بن چونکە لەگەڵ گەشەسەندنی زانست زیاترو زیاتر دەردەکەوێت کە دروستکارێک بۆ ئەم گەردوونە هەیە، لەبەر ئەوەشە بێباوەڕی تەوژمێکی بەهێز

بوو لەسەدەی نۆزدەی زاینی لەبەر ئەوەی زانست تازە خەریك بوو دەچووە
ناو نهێننییەکانی گەردوون بەڵام سەدەی بیست ئەو لەخۆبایی بوونەی
رەواندەوە .

خاڵێکی تریش کە گرنگە باسی بکەینو دەچێتە خانەی فیکرو فەلسەفە
ئەمەیە: ئینکارکردنی هەبوونی جنۆکەو شەیتانو هەر بوونەوەرێکی تر کە
نابینین تەنها هەوڵ نییە بۆ بیرکردنەوەی زانستی بەڵکو خودپەرستییەکی
مرۆڤ دەشارێتەوەو پرسیارێک هەیە شایستەی ئەوەیە لە مرۆڤی بێباوەڕ
بکرێت: بۆچی دەبێت لەم گەردوونە فراوانە تەنها تۆی مرۆڤ هەبی؟

ئەو مرۆڤەی وا دەزانێت بوونەوەری تر لەم گەردوونە غەیری خۆی نییە
جگە لەوەی بیرکردنەوەکەی زانستی نییە، چونکە بریار لەسەر شتێك دەدات
کە بەڵگەی لەسەر نییەو باوەڕی بە وەحیی خوداییش نییە، بەڵکو هەروەها
بێبەشە لە خەیاڵ، دەشزانین بەشێکی زانست توانای خەیاڵە، زانستی
سەردەمی نوێش خەیاڵی مرۆڤی فراوان کردو زانستی فەلەك بەشێکی گەورەی
لەو خەیاڵە بەرکەوتووە .

٤-حەوت ئاسمان و حەوت زەوییەکە

عبدالقادی ئەم ئایەتانە دەهێنێتەوە:

((اللَّهُ الَّذِي خَلَقَ سَبْعَ سَمَاوَاتٍ وَمِنَ الْأَرْضِ مِثْلَهُنَّ يَتَنَزَّلُ الْأَمْرُ بَيْنَهُنَّ لِتَعْلَمُوا أَنَّ اللَّهَ عَلَى كُلِّ شَيْءٍ قَدِيرٌ وَأَنَّ اللَّهَ قَدْ أَحَاطَ بِكُلِّ شَيْءٍ عِلْمًا -الطلاق: ١٢)).

((هُوَ الَّذِي خَلَقَ لَكُم مَّا فِي الْأَرْضِ جَمِيعاً ثُمَّ اسْتَوَى إِلَى السَّمَاء فَسَوَّاهُنَّ سَبْعَ سَمَاوَاتٍ وَهُوَ بِكُلِّ شَيْءٍ عَلِيمٌ -البقرة: ٢٩)).

((فَقَضَاهُنَّ سَبْعَ سَمَاوَاتٍ فِي يَوْمَيْنِ وَأَوْحَى فِي كُلِّ سَمَاء أَمْرَهَا وَزَيَّنَّا السَّمَاء الدُّنْيَا بِمَصَابِيحَ وَحِفْظًا ذَلِكَ تَقْدِيرُ الْعَزِيزِ الْعَلِيمِ -فصلت: ١٢)).

((وَجَعَلْنَا السَّمَاء سَقْفًا مَّحْفُوظًا وَهُمْ عَنْ آيَاتِهَا مُعْرِضُونَ -الانبياء: ٣٢)).

((أَلَمْ تَر أَنَّ اللَّهَ سَخَّرَ لَكُم مَّا فِي الْأَرْضِ وَالْفُلْكَ تَجْرِي فِي الْبَحرِ بِأَمرِهِ وَيُمْسِكُ السَّمَاء أَن تَقَعَ عَلَى الْأَرْضِ إِلَّا بِإِذْنِهِ إِنَّ اللَّهَ بِالنَّاسِ لَرَؤُوفٌ رَّحِيمٌ -الحج: ٦٥)).

((أَفَلَمْ يَنظُرُوا إِلَى السَّمَاء فَوْقَهُمْ كَيْفَ بَنَيْنَاهَا وَزَيَّنَّاهَا وَمَا لَهَا مِن فُرُوجٍ -ق: ٦)).

عبدالقادی پەنا دەباتەوە بەر تەفسیری بەیزاویو دەڵێت کە بەیزاوی تەعبیری ((سقفا محفوظا))ی سوورەتی الانبیاء بەوە تەفسیر دەکات کە ئەو سەقفە بەفەرمانی خودا پارێزراوە لەوەی کە بکەوێتە خوارەوە، هەروەها ((مالها من فروج)) ی سوورەتی (ق)ی بەوە تەفسیر کردووە کە خودا ئەو ئاسمانەی بە لووسی دروستکردووەو چینەکانی بەیەکەوە نووساون.

عبدالقادی دەپرسێت:

چۆن دەڵێت ئەو بۆشاییەی کە بەناکۆتایی لەسەروومان بەرزبۆتەوە سەقفێکی لووسەو بۆی هەیە بکەوێتو حەوت سەقف لەو جۆرە هەن؟ چۆن ملیۆنەها هەسارە کە لەناو بۆشایی بێسنووری ئاسمان مەلە دەکەن چرایەکن

نووسێنراون بەو سەقفە؟ چۆنیش دەڵێت کە زەوییەکەمان، کە یەکێکە لە ملیۆنەها هەسارەو ئەستێرە، حەوت هەسارە لەجۆری خۆی هەیە؟[٢٢]

وەك بینیمان دیسانەوە تەفسیرێك دەکاتە ماڵ بەسەر قورئان ئەگینا قورئان باسی حەوت ئاسمانو حەوت زەویی کردووە بەڵام باسی لووسیی ئاسمانی نەکردووەو باسی چۆنێتیی ئەو ئاسمانانە ناکات. تەعبیرێکیش هەقە سەرنجی ئێمەی خەڵکی ئەم سەردەمە ڕابکێشێت ئەوەی لە سوورەتی (فصلت) هەیە: ((وَأَوْحَى فِي كُلِّ سَمَاء أَمْرَهَا)). منی کەسی ئەو سەردەمە مێشکم یەکسەر بۆ ئەوە دەچێت کە هەر ئاسمانێك (یان هەر گەردوونێك) لەو حەوت ئاسمانە یاسایی فیزیایی تایبەتی خۆی هەیە، وەکو ئەوەشە خودا بڵێت: هەر ئاسمانێکیش یاسا فیزیاییەکانی خۆی پێ بەخشیوە.

وەحی زیاتر لەگەڵ قورئان پەیوەست دەکرێت چونکە زانراوە قورئان وەحیی خودایە بۆ پێغەمبەرەکەی. بەڵام ئەوەش زانراوە کە وەحی بۆ شتی تریش بەکارهاتووە وەك بۆ هەنگ: ((وَأَوْحَى رَبُّكَ إِلَى النَّحْلِ أَنِ اتَّخِذِي مِنَ الْجِبَالِ بُيُوتًا وَمِنَ الشَّجَرِ وَمِمَّا يَعْرِشُونَ – النحل:٦٨)) کە ئاشکرایە خودا قسەی بۆ هەنگ نەکردووە بەڵکو وەحییەکەی بۆ هەنگ بریتییە لەو غەریزەیەی خستوویەتییە ئەو ئاژەڵە.

بەم جۆرە قورئان وەحیی کەلامییە (وەحیی قسەیە) بۆ پێغەمبەر بۆ ئەوەی خۆیو ئیمانداران بەپێی ئەو وەحییە بجوولێنەوەو وەحیی هەنگ

---

[٢٢] ئایەتەکە مەبەستی لە شەشی زەویی ترەو بەهەموویان حەوت زەوین. هەروەها مەرج نییە ئەو شەش زەوییەی تر وەکو زەویی خۆمان بن چونکە بەکارهێنانی وشەی (مثلهن) بۆ ژمارەیە واتە: حەوت زەویشی دروستکردووە... نەك حەوت هاوشێوەی زەویی دروستکردووە. لێکۆڵینەوە لەو زەوییانەو ئەو ئاسمانانە کارێکی مرۆڤە کە خودا نەك تەنها ڕێگەی پێداوە بەڵکو هانیشی داوە، نەك تەنهاش بۆ زەوییەکانو ئاسمانەکان بەڵکو بۆ هەموو بوونەوەر: قل سیروا في الارض فانظروا کیف بدأ الخلق ثم الله ینشئ النشأة الآخرة (العنکبوت: ٢٠). تێبینی بکە کە ئایەتەکە باسی دروستکردنی دووەم، کە زیندووبوونەوە دەگرێتەوە، دەکاتو بەم جۆرە ئایەتەکە ئاماژەیە نەك تەنها بۆ دروستبوونی زەویو ئاسمان کە خودا مرۆڤی هانداوە بزانێت چۆن بووە بەڵکو دروستبوونی مرۆڤی یەکەمیش، واتە ئادەم.

غەریزەیە بۆ ئەوەی پێی بجوولێت و وەحیی گەردوونیش یاساکانێتی کە دەیجوولێنن. ئینجا تێبینی بکەین لەگەڵ وشەی وەحی ئامرازی (الی) واتە (بۆ) لە حاڵەتی قورئان و هەنگ بەکارهاتووە، واتە وەحییەکە ((بۆ)) پێغەمبەرانە و ((بۆ)) هەنگە، بەڵام لـە حاڵـەتی ئاسمانـەکان ئامرازی (فی) واتە (لـە) بەکارهاتووە، بەم جۆرەش خودا وەحیی دا بە هـەنگ، بەڵام وەحیی دانا لە ئاسمانەکان ئەویش چونکە ئەو وەحییەی لە ئاسمانەکان هەیە چۆتە ناو ئەو ئاسمانانە و بۆتە بەشێك لێیان، ئاسمانەکانیش گیانەلەبەر نین و بۆیان نییە لەدەرەوەی یاساکان کار بکەن، تەنانەت لەناوچوونی ئەستێرەکانیش بەپێی یاسا دەبێت و ئاسمانەکان نازانن خۆیان چی دەکەن لەکاتێك تەنانەت ئاژەڵیش کە بە غەریزە دەجوولێتەوە دەزانێت چی دەکات و جۆرە ئیرادەیەکی هەیە .

سـەبارەت بـەوەی خـودا ناهێڵێت ئاسمان بەسـەر زەوی بکـەوێت و ئـەوە دەکرێتە رەخنە لە قورئان" تەنها عەقڵی منداڵانەیە کە ئـەو جۆرە رەخنەیە دەگرێت چونکە هەسارەکان و ئەستێرەکان بەشێکن لە ئاسمان و کاتێك دەڵێین ((ئاسمان)) ناتوانین هەسارەکان و ئەستێرەکانی لێ دەربکەین بۆیە هەر بەپێی ئەو یاسایانەی خودا لە گـەردوون داینـاون هەسارەکان و ئـەستێرەکان لەگەل زەوی تووشی پێکدادان نابن یان زەوی بۆ لای خۆیان رابکێشن، باسکردنی کەوتنیش بەسـەر زەوی بۆ تێگەیشتنی خەڵکە چونکە ئەگەر خۆر زەوی بۆ لای خۆی رابکێشێت لەبەرچاوی ئێمە وەکو ئەوەیە خۆر بەسـەر زەوی بکـەوێت، قورئانیش ناچێت تەعبیرێك بەکاربهێنێت کە ببێتە سەرلێشێوانی خەڵکی ئـەو سەردەمە وەك بڵێت خۆر زەوی بۆ لای خۆی رابکێشێت، زانینی ئـەوەی کە ئەمە حاڵەتە راستەقینەکەیە کاری سەردەمەکانی دوای هاتنی قورئانە.

ئێمەش کە دەزانین ئەمە تایبەتە بە زانستی فەلەك و فیزیا ئەوەش دەزانین کە ئەوەی دۆزراوەتەوە زۆر لەوە کەمترە کە هێشتا نەدۆزراوەتەوە، کێش نالێت ئەگەر ئەو یاسایانە تێکبچن هەموو ئەو گەردوونەی دەیبینین (کە رەنگە ئاسمانی یەکەم بریتی بێت لـەم گەردوونە) هـەرەس نەهێنێت و ئەو هەرەسـە بـەرەو چـەقی گـەردوون نابێت؟ ئـەو کاتـە زەویش و هەسارەکانیش و ئەستێرەکانیش بەرەو ئەو چەقە هـەرەس دەهێنن، لەو کاتـەش و لـەو کاتـە

زەوی بەرەو ئەو چەقە دەڕوات ئەستێرەی تر بە خێراییەکی زیاتر بەرەو
هەمان چەق دەڕۆنو بەم جۆرە بەر لە گەیشتنی زەوی بۆ ئەو چەقی گەردوونە
ئەستێرەیەك یان هەسارەیەك لەوانە بەر زەوی دەکەوێتو بەم جۆرە کەوتنی
ئاسمان بەسەر زەوی تەعبیر لە واقع بکات نەك تەنها تەعبیرێکە بەپێی بینینی
خەڵکی سەر زەوی. سەرباری پێشکەوتنی سەردەم گەردوون هێندە نەزانراوە
کە هەر قسەیەك لەبارەیەوە بۆی هەیە ڕاست دەربچێت.

دەتوانین زۆر لەسەر زەویو ئاسمان قسە بکەین، دەتوانین زانیارییەکانی
سەردەم بە بەڵگە بهێنینەوە بەو شێوەیەی پسپۆڕانی ئیعجازی قورئان باسی
لێوە دەکەن بەڵام پاش هەموو ئەو باسانە ئەو بنەما سەرەکییەمان لەبیر
نەچێت ئەگەر رەخنەگر بین یان وەڵامی رەخنە بدەینەوە: بەدرۆخستنەوەی
قورئان بەپێی زانستی سەردەم کارێکی زانستی نییە چونکە زانست
نەگەیشتۆتە کۆتاییەکانی.

٥-مانگەکانی نەسیئ

‏((إِنَّ عِدَّةَ الشُّهُورِ عِندَ اللَّهِ اثْنَا عَشَرَ شَهْرًا فِي كِتَابِ اللَّهِ يَوْمَ خَلَقَ السَّمَاوَات وَالأَرْضَ مِنْهَا أَرْبَعَةٌ حُرُمٌ ذَلِكَ الدِّينُ الْقَيِّمُ فَلاَ تَظْلِمُواْ فِيهِنَّ أَنفُسَكُمْ وَقَاتِلُواْ الْمُشْرِكِينَ كَآفَّةً كَمَا يُقَاتِلُونَكُمْ كَآفَّةً وَاعْلَمُواْ أَنَّ اللَّهَ مَعَ الْمُتَّقِينَ * إِنَّمَا النَّسِيءُ زِيَادَةٌ فِي الْكُفْرِ يُضَلُّ بِهِ الَّذِينَ كَفَرُواْ يُحِلّونَهُ عَامًا وَيُحَرِّمُونَهُ عَامًا لِّيُوَاطِؤُواْ عِدَّةَ مَا حَرَّمَ اللَّهُ فَيُحِلُّواْ مَا حَرَّمَ اللَّهُ زُيِّنَ لَهُمْ سُوءُ أَعْمَالِهِمْ وَاللّهُ لاَ يَهْدِي الْقَوْمَ الْكَافِرِينَ -التوبة: ٣٦-٣٧)).

عبدالفادی دەڵێت: هەموو زانایان بەحسابی سالّی هەتاوی مێژوو دادەنێن کە ئەمەیان جیاوازیی مانگی (نەسیئ)ی هەیە لە سالّی مانگی. ئایا ئەمە کوفرە؟ چۆنیش حسابی ئەستێرەناسیی سروشتی بە کوفر بزانین؟ قسەکانی تەواوبوون.

پێویست ناکات زۆر لەسەر ئەوە بڕۆین چونکە سەرلەبەری زانیارییەکانی عبدالفادی هەڵەن لەبەر ئەوەی مانگی (نسیئ) جیاوازیی نێوان سالّی هەتاویو سالّی مانگی نییە بەلکو (نەسیئ) بەواتای دواخستن بریتی بوو لەو کارەی موشریکەکانی پێش ئیسلام دەیانکرد ئەویش گۆڕینی شوێنی مانگە حەرامەکان.

مانگە حەرامەکان مانگەکانی ذو القعدة و ذو الحجة و موحەڕڕەم بوون کە بەدوای یەك دەهاتن هەروەها مانگی ڕەجەب کە تەنیا بوو. موشریکەکانی عەرەب شەڕکردنیان لەو چوار مانگە حەرام کردبوو، سیانی یەکەم لەبەر حەجکردنو ماوەی چوون بۆ حەجو گەڕانەوە لێیو مانگی ڕەجەبیش بۆ عومرە [٢٣] بەڵام ماوەیەك بەر لە ئیسلام دەستکاریی ئەوەیان کردو بۆ مانگی موحەڕڕەم کە شەڕی تێی حەرامکرابوو دەیانوت ئەمساڵ حەلاڵەو ئەو

---

[٢٣] تفسير ابن كثير، ج٤، ص١٤٨.

حەرامکردنەیان دەبردە مانگی دوای ئەو واتە صەفەر. [٢٤] بەیزاوی کە عبدالفادی پشتی پێوه بەستبوو شتێک لەم بارەیەوه بەکورتی باس دەکات بەڵام دیارە عبدالفادی ئاگای لیٚ نەبووه.

بەم جۆرە ئەو دواخستنە ((زیادەیه له کوفر))، واتە کوفرێکی ترە موشریکەکان دەیانکرد ئیتر ئەوه نە پەیوەندیی به ساڵی هەتاویو مانگییەوه هەیەو نە پەیوەندیی به حسابی ئەستێرەناسییەوه هەیه.

نیازی دوور له مەبەستی زانستی، واتە نیازی شەڕی ئایدیۆلۆجیا دژی ئیسلام، له پاشکۆی وەرگێڕی کوردی ئاشکرایه که له وەرگێڕانی ئایەتەکه باسی ئاڵوگۆڕکردنی مانگه حەرامەکانی کردووه، واتە کەمێکی زانیوه دەربارەی ئەو باسه کەچی ڕەخنه له مامۆستا نەزانەکەی ناگرێت که هەڵەی کردووەو لەجیاتی ئەوه باسی ڕۆژژمێرەکانی (مایا)و (ئینکا) دەکات –بڕوانه خوارەوه بۆ هەڵەکانی لەو باسه– که بەکەڵکی ڕەخنەگرتن له ئایەتەکەی نایەت، بەڵام چۆن وای لیٚ بکات بەکەڵک بێت؟ دەڵێت: کەواتە مەرج نییه ژمارەی مانگەکان بەپێی سووڕی مانگ بەدەووری زەوی دیاری بکرێت. کەواتە ئەژمارکردنی مانگو ڕۆژەکانی ساڵ بەهەر شێوەیەک بێت له ئەوپەڕی نەگونجانی دەشێت هەڵە بێت بەڵام کوفر نییه (ل٢٥). یەعنی چی؟ یەعنی وەرگێڕ سەرەتا ویستی هەڵەی مامۆستاکەی داپۆشێت کەچی که دەستی خسته تەفسیری ئایەتەکه واتاکەی لەدەست دەرچوو و قسه هەڵەکەی مامۆستاکەی کردەوه. ئەوەی سەیره یەکسەر لەدوای ئەو قسەیه جارێکی تر تەفسیره ناسراوەکه دەڵێتەوه واتە باسی ئاڵوگۆڕکردنی مانگه حەرامەکان.

ئیتر نازانم ئەو بەهرەیه چی که مرۆڤ نەزانێت خۆی چی دەڵێت.

ئینجا وەرگێڕی کوردی نەزانییەکی تر دەخاتە پاڵ ئەوه کاتێک دەڵێت پێغەمبەر له کاتی بێهێزی گلەیی ئەوەی کردووه موشریکەکان ڕێزیان لەو چوار

---

[٢٤] تفسیر ابن کثیر، ج٤، ص١٥٠، ئیبینو کەثیر قسەی تریش دەربارەی چۆنێتیی حەرامکردنو حەڵاڵکردنی مانگەکه دەگێڕێتەوه بەڵام ئەمیان پەسەند دەکاتو ڕوایەتەکان دەهێنێتەوه که کەسێکی ئەو سەردەمه ئەو بڕیارەی بۆ دەدان، لاپەڕه ١٥١–١٥٣.

مانگە نەگرتووەو لەکاتی پەیداکردنی دەسەڵاتی تەواوەتی ئیعتیباری بۆ ئەو چوار مانگە دانەناوە به بەڵگەی ئایەتی پێنجەمی سوورەتەکە (فاذا انسلخ الاشهر الحرم فاقتلوا المشرکین حیث وجدتموهم..) واته دوای تەواوبوونی ئەو چوار مانگە شەڕ بکەن دژی موشریکەکان، ئیتر فەرمانی جەنگ سەرتاسەری دژی موشریکەکان ماوه بەڵام سەرەتای ئایەتەکە واته (فاذا انسلخ الاشهر الحرم) نەسخ کراوه، بەواتایەکی تر سەرەتا وتراوه که جەنگ لەو چوار مانگە قەدەغەیەو که ئەو چوار مانگە تەواو بوون شەڕی سەرتاسەری دژی موشریکەکان بکەن بەڵام دوایی وتراوه نەخێر شەڕه سەرتاسەرییەکە لەو چوار مانگەش بکەن. ئاشکراشه ئەمه تەنها قسەیه بەڵگە نییه که ئەو بەشەی ئایەتەکە نەسخ کراوه.

باسی ئەو چوار مانگەی ئایەتی (فاذا انسلخ الاشهر الحرم) بەجۆری تر کراوه. بۆچوونێک دەڵێت ئەو چوار مانگە چوار مانگە حەرامکراوه ناسراوەکانن: رەجەب و ذو القعدة و ذو الحجة و موحەڕڕەم (ئایەتی ٣٦ و ٣٧) بەڵام بۆچوونی تر ئەوەیه که ئەو چوار مانگە بریتین لەو چوار مانگەی لەسەرەتای سوورەتەکە باسیان کراوه (ئایەتی ٢): فسیحوا فی الارض اربعة اشهر، ئەوانیش چوار مانگی مۆڵەت بۆ موشریکەکان نەک چوار مانگە حەرامکراوه ناسراوەکەو ئیبنو کەثیر ئەوه پەسەند دەکات[25]، ئەوەش لەڕاستتر دەچێت چونکه دوو باسەکه پەیوەندییان بەیەکەوه هەیه. بەیزاویش بەهەمان شێوه ئەوه بەڕاست نازانێتو دەڵێت: دوای ئەو ئایەتەی باسی چوار مانگە حەرامکراوەکه (رەجەبو ذو القعدة وذو الحجة و موحەڕڕەم) دەکات هیچ ئایەتێک نەهات نەسخی بکات (بەیزاوی، ج٣، ص١٢٩–١٣٠). بەم جۆره ئایەتەکانو موفەسیرەکان باسی شتێک دەکەنو وەرگێر باسی شتێکی تر دەکات.

نیازی شەڕ دژی ئیسلامو قورئان لەوەش دەردەکەوێت کاتێک وەرگێر دەیەوێت ئیسلام وەک ئاین تاوانبار بکات بەڵام وەک ئاین مەسیحیەت وەک ئاین تاوانبار

---

[25] تفسیر ابن کثیر، ج٤، ص١١١.

نەکرێت کاتێک باسی ئیسپانییەکانو داگیرکردنی ئەمەریکای باشوور دەکاتو دەڵێت: لەرێی خراپ کەڵک وەرگرتن لە سۆزی مەسیحییەتی ئاشتیخوازەوە کوشتوبڕێکی زۆریان لە هیندییە سوورەکان کردبوو (ل٢٥)، ئینجا تاوانێکیش دەخاتە پاڵ ئەو هیندییە سوورانە کە قوربانیی بەشەرییان بۆ خوداوەندەکانیان دەکردو ئەوە لەگەڵ موسڵمانان بەراورد دەکات، ئەوەش پاڕانەوەیەکی سەیرە بۆ هاودینەکانی مامۆستاکەی: لەبەر ئەوەی هیندییە ئەمەریکییەکان ٢٦ قوربانی بەشەرییان بۆ خوداوەندەکانیان دەکرد کەواتە شایەنی ئەوە بوون قەتڵوعام بکرێن! ٢٧

بێبنەمایی ئەو بەراوردییەش کە وەرگێڕ لەنێوان ئەو قوربانیدانەو جەنگی موسڵمانان دەیکات ئاشکرایە چونکە کوشتار لە ئیسلام جەنگو ڕووبەڕووبوونەوەی دوژمنەو ئەگەر هێنا وازی دوژمن وازی موسڵمانانیش وازی لێدەهێنن: ((فَاذَا انسَلَخَ الأَشْهُرُ الحُرُمُ فَاقتلوا المُشْرِکینَ حیثُ وجَدتُمُوهُم وخذوهُم واحْصُرُوهُم واقعُدوا لهم کلَّ مَرْصَدٍ فإن تابوا وأَقاموا الصلاةَ وآتَوا الزکاةَ فخَلّوا سبیلَهُم إنَّ اللّهَ غفورٌ رحیمٌ)) لەکاتێک قوربانییە بەشەرییەکان قوربانیدان بە مندالّو کۆیلەو دیلی جەنگە واتە کوشتنی دوو جۆر مرۆڤە: دیلی جەنگو کەسانێک جەنگاوەر نین. هەقیشە بپرسین: ئەگەر موسڵمانان قەسابخانەی بەکۆمەلّیان بۆ هیندییە ئەمەریکییەکانیان بکردایە ئایا وەرگێڕ بەو جۆرە باسی تاوانی قوربانیی بەشەری هیندییە ئەمەریکییەکانی دەکرد؟

---

٢٦ وەرگێڕی کوردی دەنووسێت (هندە سوورەکان). لێکۆڵەرەوانی ئەنترۆپۆلۆجیا زاراوەی هیندییە ئەمەریکییەکان لەجیاتی هیندییە سوورەکان بەکار دەهێنن.

٢٧ ئەو بیرکردنەوەیەی پاساو بۆ ئاینەکانی تر دەهێنێتەوەو نیشانەی دۆڕاندنی کەسایەتییە نموونەی هەیە لە ولاتانی موسڵمانان. چەند ساڵێک لەمەوبەرو لەکۆڕێک نووسەرێکی لاو لە موداخەلەیەکی باسی بەزەیی ڕۆژئاوا دەکرد کە چۆن جەللاد (ئەوە ملپەڕاندنی خەڵکی جێبەجیّ دەکرد) کاتێک بەو کارە هەڵدەستا هێندە دلگران دەبوو فرمێسک بە چاوی دەهاتە خوارەوە!! ئەو نووسەر عەقلّی ئەوەی نەبوو لەخۆی بپرسێت: کە ئەوەندە دلگران بوو کارێکی تر نەبوو بیکاتو واز لەو کارە بهێنێت؟ کاتێک مرۆڤ کەسایەتیی دۆڕاند عەقلّیشی لەگەلّ لەدەست دەدات.

وتمان وەرگێڕی کوردی باسی ڕۆژژمێرەکانی مایاو ئینکای کردووە. وەرگێڕ بەو داماوییەی خۆی پێشنیارێك بۆ مامۆستا داماوەکەی دەکات: من پێموایە دەبوو بەڕێز عبدالله عبدالفادی لەسەر سالژمێری گەلانی تر قسەی بکردایەو لەوێوە ڕەخنەی لە دەقی ئایەتەکەی بگرتایە بۆ نموونە لای (ئنکاییو مایاییەکان) ژمارەی مانگەکانی سالّ (١٨) مانگەو ئەو چوار ڕۆژەی کە دەمێننەوە لە (٣٦٤) ڕۆژەکە بە ڕۆژە شوومەکانی سالّ دەیانناساندن هەرچەندە (هندە سوورەکانی ئەمەریکا-وای نووسیوە) واتا (مایاییەکان) کە خاوەنی شارستانیەتێکی بەرز بوون ڕۆژەکانی سالّیان بە (٣٦٥) ڕۆژ دانابوو... تا دوای قسەکانی (لاپەڕە ٢٤-٢٥).

دواییش هەر وەگێڕ خۆی دەنووسێت: دەکرێت باسی ئەوەش بکەین کە هندە سوورەکان سیستەمێکی تریان هەبوو کە سالەکەی ٢٠ مانگەو مانگی ١٨ ڕۆژە لەگەلّ پێنج ڕۆژی تاقانەو ئەمانە دەیانکردە ٣٦٥ ڕۆژی سالەکە (ل٢٥).

ئاشکرایە وەرگێڕ (یان ئەو کەسەی ئەو زانیارییانەی لێوە نەقلّ کردووە) ئەوەی یەکەمی لە سەرچاوەیەك وەرگرتووەو ئەوەی تر کە جیاوازیی هەیە لە سەرچاوەیەکی ترو ناڕێکییەکەی بە وشەی (دەکرێت) داپۆشیوە.

بەدەر لەوەی (هندە سوورەکان) نینو بەدەر لەوەی بەتەنیا مایا هیندیی ئەمەریکی نەبوون، زانیارییەکانی تر هەلّەو بێسەروبەرن. وەرگێڕ ڕۆژژمێری ئینکاییو مایایی تێکەلّ کردووە لەکاتێك ئەو دوانە دوورن لە یەك. زانیارییەکان سەبارەت بە ڕۆژژمێری ئینکا (لە ولاتی پێرو لە ئەمەریکای باشوور) کەمنو هەموویان لەو تۆمارنووسە ئیسپانییە کەمانە وەرگیراون (سەدەی ١٦ و ١٧ی زاینی) و بەپێی ئەوان سالەکە ١٢ مانگ بوو بەلّام کێشە لەو باسانەی ئەوان هەیە بۆیە لێکۆلّەرەوەیەك دەگاتە ئەو ئەنجامەی ١٣ مانگ بوون نەك ١٢[28] و تێکڕای ژمارەی ڕۆژەکانی مانگەکان دەوروبەری ٢٨ ڕۆژ بوو.[29]

[28] R. Tom Zuidema, *Calendars in South America*, in; Encyclopaedia of the History of Science, p.20 (Let. C).
[29] ibid, p.21.

ڕۆژژمێری مایا (لە گواتیمالاو باشووری مەکسیکو شوێنی تر) ھاوشێوەی
ھەیە لە ئەمەریکای ناوەڕاست وەك ئەوەی (ئەزتێك)و بەپێچەوانەی ڕۆژژمێری
ئینکاییش کە زانیاری لەباریەوە کەمە وردەکاریی زۆرتری لەسەرەو تەنانەت،
وەك لێکۆڵەرەوەیەك دەڵێت، ئەو ڕۆژژمێرە بوو خەیاڵی جیھانی راکێشابوو.[30]
لـەو ڕۆژژمێـرە ١٨ مـاوە ھـەن ھـەر یـەكێکیان ٢٠ رۆژە (نـەك وەك وەرگێـڕ
نووسیویەتی ٢٠ مانگ ھەر یەکێکیان ١٨ رۆژە)و پێنج رۆژی تر ھەن بۆ ئەوەی
ساڵەکە ببێتە ٣٦٥ رۆژ،[31] ئینجا ھەر یـەك لە بیست رۆژەکە ناوی تایبـەتیی
خۆی ھەیە.[32] بـەپاڵ ساڵی ٣٦٥ رۆژی ساڵی ٢٦٠ رۆژیش ھـەبوو کـە لە ١٣
ژمـارەی رۆژ (لـە ١ تـا ١٣)و ٢٠ نـاوی رۆژ پێکھـاتبوو و بناغـەی سرووتەکانو
فاڵـەکان... تاد بوو و زۆرترین گرنگیی ھـەبوو لـە ژیـانی رۆژانـەی[33] ئەمـەریکای
ناوەڕاست.

ئەمە بەشێك بوو لە زانیارییەکان دەربارەی ڕۆژژمێرەکانی ئەو گەلانە
ئەوەش قسە فرێدانی وەرگێڕ بوو.

---

[30] Tom Jones, *Calendars in Mesoamerica*, in; Encyclopaedia of the History of
Science, p.13 (Let. C).
[31] ibid, p.14.
[32] بڕوانە سەرچاوەی سەرەوە (ل١٥) بۆ ناوەکانیان لەوەی مایاو لەوەی ئەزتێك.
[33] ibid, p.14.

٦-ئاودانی زەوییەکانی میسر بە باران

عبدالفادی کە کەسێکی میسرییەو پێویستە بەر لەهەموو کەسێک گرنگیی
باران بۆ میسر بزانێت ڕەخنەی ئەوە دەگرێت کە گوایە قورئان وایزانیوە میسر
بە باران دەبووژێتەوە لەکاتێک میسر بارانی کەمەو ژیانی لەسەر ڕووباری نیلە.
ئەمەش ئایەتەکەیە لە سوورەتی یووسف:

((ثُمَّ یَأتِي مِن بعدِ ذلك عامٌ فیهِ یُغاثُ النَّاسُ وفیهِ یَعْصِرُونَ -یوسف:٤٩)).

باسەکە لە چیرۆکی یووسفە کە خەونەکەی پادشای بەوە لێکدایەوە کە
حەوت ساڵی بەپیت دینو دوای ئەوان حەوت ساڵ میسر تووشی قاتوقڕی
دەبێتو ساڵەکەی دوای ئەوە باران دەبارێت. وەک وتم عبدالفادی دەڵێت ئەمە
پێچەوانەی واقعە چونکە باران بە کەمی لە میسر دەبارێتو پەیوەندیی نییە بە
بەپیتیی میسرەوە کە ئەوە بەهۆی لافاوی نیلەوەیە نەک باران.

*** * * ***

قسەکەی عبدالفادی راستەو زانیارییەکی زانراوە کە کشتوکاڵ لە میسر
پشت بە باران نابەستێ بە ڕووباری نیلەوە، بەڵام بەر لەهەموو شتێک ئایەتەکە
دەڵێت (یُغاثُ النَّاسُ)، فرمانی (أغاثَ)یش واتە فریایکەوت یان بەهانای چوو و
ئایەتەکە بەئاشکرایی باسی بارانی نەکردووە. بەڵام گریمان باسی باران کرابێت
ئەوە هیچ لە مەسەلەکە ناگۆڕێتو ئەنجام یەکە چونکە باران سەرچاوەی
ڕووباری نیلە.

هەموو ساڵێک ڕووباری نیل لە وەرزێکی دیاریکراو بەزردەبێتەوەو ئەو لافاوە
زەویی چواردەوری دادەپۆشێتو ئەو لافاوە ئاودێرییەکی سروشتییەو کاری
مرۆڤی دەچێتە پاڵ کاتێک جووتیاران سوود لەو لافاوە وەردەگرن. بەڵام
خودی لافاوەکە بەهۆی چییەوەیە؟ خۆ ئەگەر هیچ دەربارەی چۆنێتیی
دروستبوونی لافاوەکە نەزانین بەڵکو ئەگەر تەنانەت هەر ئەوەندە بزانین کە

میسر ڕووبارێکی هەیە بیرکردنەوەیەکی قوولّی ناوێت تا بزانین ئەو ڕووبارە بەرهەمی بارانە کە هۆی ئاوی سەرچاوەکانێتی.

گومان لەوە نییە کە عبدالفادی زانیویەتی باران سەرچاوەی ئاودێری میسرە، بەلّام باسکردنی ئایەتەکە بەو شێوەیە پەنابردنە بۆ درۆ، یانیش ئەگەر درۆکردن نەبێت هێندە لەسەر ئایەتەکە نەوەستاوە تا بزانێت چەند لەگەلّ واقع دەگونجێت کە ئەمەش کاری کەسانی دەمارگیرە کە لەئاست ئەو مەبەستەی خۆیان بیرکردنەوەیان پەکی دەکەوێتو بە یەك ئاڕاستە دەچێت.

ڕووباری نیل کە لە دوو لق (لەگەلّ لقێکی بچووکتر لە باکوور[34]) پێکدێت سەرچاوەی خۆی لەباران وەردەگرێت. دەریاچە گەورەکانی ڕۆژهەلّاتی ئەفەریقا سەرچاوە لقەکەی نیلن کە پێی دەوترێت نیلی سپی. ئەو دەریاچانە بارانی سەرەتای هاوینو پایز بەشێوەیەکی کاتی کۆدەکەنەوەو دوای چەند مانگێك بەتالّی دەکەنەوە.[35] ئەو لقە گیاو گەلّاو ماددەی ئۆرگانیی زۆر لە دارستانەکانەوە دەبات.[36] بارانێکی زۆری هاوینیش لە حەبەشە سەرچاوەی لقەکەی ترە کە نیلی شینە و بەزۆری ئەمیان سەرچاوەی لیتەیە کە لەگەلّ خۆی دەیباتو دەیگەهێنێتە زەویی میسرو ئەو زەوییە هەموو سالّێك بەپیت دەکات.

میسرییەکان سوود لەو لافاوە وەردەگرن بەوەی جۆگە هەلّدەکەننو پرد دروست دەکەن بۆ گرتنی ئاوی لافاوەکە، دوای دابەزینی ئاستی ئاوەکەش جۆگەکان بۆ ئاودێری بەکاردەهێنن.[37]

سەرەتای لافاوەکە کە ئەو بارانە دەیهێنێت لە ١٨/١٧ی حوزەیران دەگاتە قاهیرەو ئاستەکەی بەرەبەرە بەرزدەبێتەوەو ڕەنگەکەی بەهۆی لیتەوە دەگۆڕێتو ئەمە تا ٢٦ی ئەیلوول بەردەوام دەبێتو پاشان

---

[34] ج.ﻫ. بریستد، تاریخ مصر من اقدم العصور حتی الفتح الفارسي، ص١.

[35] Karl W. Butzer, *Nile*, in; Oxford Encyclopedia of Ancient Egypt, Vol. 2, p.543.

[36] ف.زاماروفسكي، اصحاب الجلالة–الاهرامات، ص ١٢٠.

[37] بروانه: بریستد، تاریخ مصر..، ص٤

دادەبەزێتو لەسەرەتای کانوونی دووەم دەگەڕێتەوە ئاستە کۆنەکەیو رەنگەکەشی وەکو خۆی لێ دێتەوە.[38]

وەنەبێت ئەمە زانیارییەك بێت ئێستا زانرابێت، ئەوە لەکۆنەوە زانرابوو و ئەوەتا ئیبنو کەسیر (ساڵی ٧٧٤ك–١٣٧٣ زاینی مردووه) لە تەفسیری سوورەتی (المؤمنون) ئایەتی ١٨: ((وَأَنزَلْنَا مِنَ السَّمَاءِ مَاءً بِقَدَرٍ فَأَسْكَنَّاهُ فِي الْأَرْضِ وَإِنَّا عَلَى ذَهَابٍ بِهِ لَقَادِرُونَ)) دەڵێت: خودا باران بەپێ پێویست دەبارێنێت" نە زۆر دەبێت زەویو ئاوەدانی تێکبداتو نە کەم دەبێت بەشی کشتوکاڵو بەروبووم نەکاتو تەنانەت ئەو زەوییانەی پێویستیان بە ئاوی زۆرەو بەرگەی باران ناگرن خودا ئاویان لە وڵاتی ترەوە بۆ دەهێنێت هەروەک زەویی میسر کە خودا کاتی باران لە وڵاتی حەبەشەوە ئاوەکەی بۆ دەهێنێت، ئەو ئاوەش بە قوڕێکی سوورەوە دێتو زەویی میسر ئاودەدات.[39]

سەردەمی میسری فیرعەونیش بۆچوونی ئەفسانەیی هەبوو دەربارەی نیل وەك ئەوەی سەرچاوەکەی لەپشتی تاڤگەی یەکەمەوەیەو لە دوو ئەشکەوتی ژێر زەوییەوە دەردەچێت، خوداوەند (ئۆزیریس)شیان بە سەرچاوەی ئەو ڕوبارە دەزانیو هەرچەندە لە کاتی بنەماڵەی بیستوپێنجەوە[40] دەیانزانی بارانەکانی سوودان پەیوەندییان بە لافاوی نیلەوە هەیە بەڵام ئەو باوەڕیان هەر مابوو کە سەرچاوەکەی لەپشتی تاڤگەی یەکەمەوەیە.[41]

---

[38] زاماروفسکي، اصحاب الجلالة، ص ١٢٠.

[39] تفسير ابن كثير، ج٥، ص٤٧٠.

[40] پێدەچێت یووسف لە سەردەمی هیکسۆس ژیابێت کە بنەماڵەی پانزەیەمە واتە نزیکی نۆ سەدە پێش بنەماڵەی بیستوپێنجەم.

[41] د. سمير اديب، موسوعة الحضارة المصرية القديمة، ص٣٧٣.

٧-هەورەگرمە یەکێکە لە فریشتەکان

گوایە قورئان هەورەگرمە بە فریشتە دەزانیت. ئایەتەکەش دەهێنێتەوە:

((ویُسَبِّحُ الرعْدُ بحَمْدِهِ وَالملائكةُ منْ خِیفَتِهِ ویُرْسِلُ الصَّواعقَ فیُصِیبُ بها من یشاء وهم یُجادِلونَ فی اللّهِ وهو شدیدُ المِحالِ –الرعد:١٣)).

کوا ناوبردنی ئەو فریشتەیە ؟

عبدالفادی وەکو جارەکانی تر تەفسیری بەیزاویو فەرموودەیەك دەکاتە مالٚ بەسەر قورئان:

بەیزاوی دەلێت: لە ئیبنو عەبباسەوە" لە پێغەمبەریان پرسی دەربارەی هەورەگرمە ئەویش وتـــی: فریشـــتەیەکە هـــەوری پـــیٚ سپێردراوەو قامچی(مخاریق)ی ٤٢ ئاگر پێیە پالٚ بە هـەورەوە دەنێت (بەیزاوی، ج٣، ص٣٢٢).

عبدالفادی ئینجا فەرموودەیەکی (ترمذی) دەهێنێتەوە هەر لە ئیبنو عەبباسەوە: جوولەکە چوونە لای موحەممەدو وتیان پێمان بلٚیٚ هەورەگرمە چییە؟ ئەویش وتی یەکێکە لە فریشتەکان هەوری پیٚ سپێردراوەو (مخاریق)ی ئاگری پێیە پالٚ بەو هەورەوە دەنێت بۆ ئەو شوێنەی خودا دەیەوێت. وتیان: ئەی ئەو دەنگە چییە کە دەبیسترێت؟ وتی: سەرزەنشتکردنێتی بۆ هـەور تا

---

٤٢ وشەکە (مخاریق)ـە کە کۆی (مخراق)ـەو بە چەند واتایەك دێت، یەك لەوانە شمشێر، بەلٚام لەوە بلٚاوتر قامچیی پەرڕۆیە ئەویش پەرڕۆیە یان پۆشاکە مندالٚان لوولی دەکەنو شەری پێدەکەن یان یەکتری پێدەترسێنن، بڕوانە، ابن منظور، لسان العرب، ج ١٣، ص١١٤٣.

ئەو کاتەی ئەو هەورە دەگاتە ئەو شوێنەی فەرمانی پێدراوە. وتیان: راست دەکەیت.[43]

عبدالفادی دەڵێت: ئێمەش دەپرسین: ئەگەر هەورەگرمە بریتی بێت لەو کارەبایەی لە پێکدادانی هەورەکان دروست دەبێت ئیتر بۆچی دەڵێت هەورەگرمە یەکێک لە فریشتەکان؟

بەدەر لەوەی هەورەگرمە کارەباکە نییە بەڵکو تەوژمی هەوایە بەهۆی جیاوازیی پاڵەپەستۆیەکە پاش گەرمبوونەوەی هەوای ئەو شوێنە بەهۆی گەرمیی بروسکەوە" وەک دەبینین عبدالفادی تەفسیرێک دەکاتە ماڵ بەسەر قورئان، لەو تەفسیرەشو لە سونەنی (ترمذي)ش رِوایەت دەهێنێتەوەو بێئەوەی باس لەوە بکات صەحیحە یان لاوازە یان هەڵبەستراوە ئینجا ئەو دوو رِوایەتە (کە یەک رِوایەتن) دەکاتە قسەی قورئان لەسەر ئەو دیاردەیە.

سەبارەت بە باسی هەورەگرمە کە فریشتەیە لێکۆڵینەوەیە لەبارەیەوە هەن وەک بۆ نموونە ئەوەی دوکتۆر (حاکم المطيري) کە رەتی دەکاتەوە، چ ئەو گێڕانەوەکەی (مەرفووع)ن، واتە ئەوانەی سەنەدەکەیان دەگاتە پێغەمبەر، کە دروست نینو چ ئەوانەی (مەوقووفن) واتە ئەوانە سەنەدەکەیان دەگاتە صەحابییەکە کە قسەی زۆر لەسەر سەنەدەکەیان هەیە.[44]

---

[43] وەرگێڕی کوردی لەدوای وەڵامی جولەکەکە: (راست دەکەیت) نیشانەی پرسیاری داناوە. کەسێک ئەو نیشانەیە بەهەند وەربگرێت وا دەزانێت جوولەکە گومانیان لە وەڵامەکەی پێغەمبەر هەیە بەڵام راستەکەی ئەوەیە ئەوان پشتگیریی وەڵامەکەی ئەویان کردووە. ئینجا ئایا دانانی نیشانەی پرسیار هەڵەی چاپە یان بەمەبەست بووە یان نەزانیی وەرگێڕە؟

[44] http://www.dr-hakem.com/portals/Content/?info=TlRRNUpsTjFZbEJoWjJVbU1RPT0rdQ==.jsp

لیکۆڵینەوەیەکی تری دوورودرێژیش هەیەو کورتەکەی ئەوەیە رِوایەتە (مرفوع)ـەکان صەحیح نینو رِوایەتە مەوقووفەکانیش صەحیح نین بەڵام هەیانە صەحیحنو دەگەڕێنەوە بۆ (کەعبولئەحبار) کە زانایەکی جوولەکەیەو سەردەمی عومەر کوڕی خەتتاب یان پێشتر ببووە موسڵمانو شتی زۆری ئیسرائیلیات لەوەوە وەرگیرابوون. باسی هەورەگرمەش تێکەڵ بە باسی تر کراون کە لە فەرموودەی صەحیح هاتوون:

ئـەوەی خۆشـە عبدالفادی کـە   ریوایەتەکـەی (ترمـذي)ی هێنـاوە قسـەی لەسـەر جوولەکـە نـەکردووە کە باوەڕیـان بـەوە کردووە خۆ ئەگـەر هەڵـە لـە قورئـان هـەبێت هەڵـە لەزانیارییـەکانی زاناکـانی جوولەکـەش هەیـە کـە سەرچاوەکەیان تەورات بوو، بەڵام کاتێک مرۆﭪ مەبەستی چاڵ هەڵکەندن بێت ئاگای لەوە نەبێت کەی دەکەوێتە ناو چاڵەکەی خۆیەوە.

٨-دۆڵی تووا

لەمیانەی قسەی خودا لەگەڵ مووسا ئەمە هاتووە:
((إِنِّي أَنَا رَبُّكَ فَاخْلَعْ نَعْلَيْكَ إِنَّكَ بِالْوَادِ الْمُقَدَّسِ طُوًى –طه: ١٢)).
هەروەها لە النازعات هەیەو عبدالفادی نەینووسیوە:
((إِذْ نَادَاهُ رَبُّهُ بِالْوَادِ الْمُقَدَّسِ طُوًى –النازعات: ١٦)).

عبدالفادی دەڵێت موفەسیرە موسڵمانەکان وتوویانە تووا (طُوی) ناوی
دۆڵەکەیە بەڵام بەپێی تەورات مووسا مەڕەکانی (یەثرون)ی[٤٥] دەلەوەڕاند، کە
کاهنی (میدیەن–میدیان)و خەزوووری بوو ئینجا چوو بۆ لای (حۆڕێب)، چیای
خــوداو فریشتەی خوداوەنـد بەگرێکـەوە لەناو تــووترك دەرکەوت.. تـاد.
عبدالفادی دوای باسی ئەوە دەڵێت: ئەگەر مووسا لـە چیای حۆڕێب بووبێت
ئیتر قورئان ناوی (تووا)ی لەکوێوە هێنا لەکاتێك حۆڕێب ناوی کێوێکی ناودارە
لە (سینائ)؟

عبدالفادی ناوی بەیزاویی نەبردووە بۆ ئەوەی سەرچاوەکە بە نادیاری
بمێنێتـەوە ئـەگینا بەیزاوی جگـە لـە تەفسیری وشەکە وەك نـاوی دۆڵەکـە
تەفسیری تریشی وتووە کە تووا ناو نییە (ج٤، ص٤٣). لە تەفسیرەکانی تریش
هەروەها بەو دوو جۆرە باس کراوە، بۆ نموونە ئیبنو کەثیر بەڵام دەڵێت
تەفسیری یەکەم، کە نـاوی دۆڵەکەیـە، راستترە،[٤٦] ئـەوەش گونجاوترە بۆ
ئایەتەکە.

لەلایەکی ترەوە ئێمە دوو ناومان هەیە بۆ دوو شوێن نەك بۆ یەك شوێن،
یەکەمیان نـاوی چیایە (=حۆڕێب)و ئـەوەی تـر نـاوی دۆڵە (=تووا) کەواتە

---

[٤٥] بەپاڵ ئـەو نـاوەی خەزوووری مووسا بـە دوو شـێوەی تـر هـاتووە، بڕوانـە پرسیارە
مێژووییەکان، پرسیاری: مارەیی ژنەکەی مووسا.
[٤٦] تفسیر ابن کثیر، ج٥، ص٢٧٦–٢٧٧.

ڕەخنەکە لەجێگەی خۆی نییە، بەتایبەتیش کە باسەکە لە تەورات ناڵێت چۆتە سەر چیاکە بەڵکو چوو بۆ چیاکە (خروج۳: ۱)، کە دەکرێت ئەو شوێنەی لێی بوو دۆڵێکی نزیک چیاکە بووبێت. تەنانەت ئەگەر ناوی ناوچەکەش حۆرێب بێت پێویستە ڕاستییەک دەربارەی ناوە کۆنەکان بزانین ئەوییش کە ژمارەی ناوە جوگرافییە فەوتاوەکان زۆرترن لەو ناوانەی ماونەتەوە، هەروەها ناوی شوێنەکان لە دۆڵو چیاو ڕوبار دەگۆڕێنو هەر سەردەمێك ناوێکیان هەیە جگە لە ژمارەیەك ناو کە ئەسڵە کۆنەکەیان دەپارێزن.

لە مێژووی کوردستان هەزاران ناو فەوتاون کە ناوی ڕووبارەکانو شارەکانو گوندەکانو چیاکانن. ئەگەر ئێستا یەك ناومان هەبێت بۆ دۆڵێك ئەوا کاتی خۆی ناوێکی تری هەبووە، لە سەردەمی لەوە کۆنتریش دۆڵەکەی ناوێکی کۆنتری هەبووەو تەنها بەشێك لەو دۆڵانە ناوی کۆنیان پاراستووە. بۆ نموونە ناوی شارێکی کۆنی ناودارمان لە باشووری ڕۆژئاوای کەرکووك هەیە کە شوێنەوارەکەی ئێستا پێی دەوترێت (یورغان تەپە)و لە ناوەڕاستی هەزاری دووەمی پێش زاین ناوەکەی (نوزی) بوو، بەڵام پێشو ئەوەو لە سەردەمی ئەکەدی کە سەدان ساڵ پێشتر بوو ناوەکەی (گاسور) بوو.

لەو ناوانە جوگرافییە کۆنانە تەنها کەمێکیان دەزانین ئەوانەشن کە لە نووسراوە کۆنەکان هەن وەك ناوی (زاموا) بۆ ناوچەی پارێزگای ئەمرۆی سلێمانی یان (ئارراپخا) بۆ کەرکووك هەروەها ژمارەیەك ناوی چیاو ڕوبارو شارو گوند. بەشێکیش لەمانە تا ئێستا ماونەتەوە وەك کێوی (کوللار) کە لە نووسینەکانی پادشایانی ئاشور هاتووەو بریتییە لە زنجیرەی ئاسۆس— کێوەڕەشو کە تا ئێستا لە یەك شوێن ناوی ماوەتەوە ئەویش لە بەشی باشووری زنجیرەکە بەناوی (کۆلارە) یان چیای ئەزمڕ کە کۆن (ئازیرو— ڕەنگە ئەسڵەکەی ئازیر بێت) بوو.

خوێنەرە مەسیحییەکانی عبدالفادی کە وا دیارە کتێبەکەی خۆی بۆ ئەوان نووسیوە بەرەوڕووی ئەو گومانە دەبنەوە کە نازانرێت چیای حۆرێب کام چیایە چونکە ئەو ناوە ئێستا وجوودی نییە بۆیە دیارە عبدالفادی دەیەوێت

بڵێت: ئەوەتا قورئانیش باسی دۆڵی تووا دەکات کە وجوودی نییە و لەگەڵ حۆرێب لێی تێکچووە.

بەڵام ئایا چیاکە بەڕاستی ناوی حۆرێب بوو؟ کێشەیەك لەو چیایە هەیە چونکە لە بەڵگەنامەی (ئێلۆهیمی)و بەڵگەنامەی (تەثنەوی) چیاکە ناوی حۆرێبە بەڵام لە بەڵگەنامەی (یەهوەهی)و (کەهەنووتی) ناوی (سینا)یه.[47]

زانیاریی زۆر کەمیش هەن بۆ ئەوە بتوانرێت چیا پیرۆزەکە دەستنیشان بکرێت کامەیەو ئەو باسانەی پێنج کتێبی یەکەمی پەیمانی کۆن وا دەکەن موستەحیل بێت شوێنەکەی دەستنیشان بکرێت.[48]

بۆ تەواوکردنی ئەو بەشەش خراپ نییە ئەگەر باسێکی کورتی هەڵەکانی وەرگێر بکەین:

عبدالفادی دەڵێت مووسا چووە پشتی دەشتایی یان چۆڵەوانی (ماوراء البریة)، وەرگێرپیش، کە (تووا) دەکاتە (تەوا)، وایزاینەوە باسی ئاوەدانی کراوە بۆیه دەڵێت: پشتی ئاوەدانی. عبدالفادی دەڵێت: چیای خودا حۆرێب (جبل الله حوريب)، وەرگێرپیش دەڵێت: چیای (ئەللّا حورەهیب)، واتە جگە لە هەڵەی ناوی چیاکە (حورەهیب لەجیاتی حۆرێب) وایزانیوە (الله حوريب) ناوی چیاکەیه. عبدالفادی باسی قسەکردنی خودا لەگەڵ مووسا دەکات کە مووسا فریشتەی خودای بەگڕێکەوە لەناوەڕاستی درەختی تووترپکەوە[49] دەرکەوت،

---

[47] Ora Lipschitz, S. David Sperling, *Mount Sinai*, in; Encyclopaedia Judaica, vol.18, p.627.

لێکۆڵەرەوان چوار سەرچاوەیان بۆ پێنج کتێبە یەکەمەکەی پەیمانی کۆن (واتە تەورات) دەستنیشان کردووە کە ئەوانەی سەرەوەنو ئەوانە بەلای کەمەوە لە سەدەی شەشەمی پێش زاین کۆکرانەوەو پێکەوە ئەو پێنج کتێبانەیان پێکهێنا کە ئێستا لەبەردەستمان: ستیفن م. میلر، روبرت ف. هوبر، تاریخ الکتاب المقدس ص٢٩.

[48] *ibid*, p.628.

[49] بە عیبری لە کتێبی دەرچوون: סְנֶה بە عەرەبی عَلِّيقة، بە ئینگلیزی bush. درەختێکی دڕکاوییەو بە کوردی درەختی تووترپکە، بڕوانە ئەم سەرچاوەیە بۆ باسی ئەو درەختە، هەروەها ئەو قسەیەی کە درەختەکە لە سینا نییە بۆیه بە درەختی لە جۆی ئاکاسیا زانراوە:

Norman McLean, *Bush*, § 1, in; Encyclopædia Biblica, vol. I, col. 614.

ئینجا خودا قسەی لەگەڵ کرد، وەرگێڕی کوردیش وشەی تووترپ بە عەرەبی (واتە: علیقة) نەزانیوەو وایزانیوە ئەمە وشەیەکە پەیوەندیی بە هەڵواسین (علّق) هەیە بۆیە دەنووسێت: لەوێ ((لە شێوەی بڵێسەی ئاگر بەهەڵواسراوی فریشتەی خوداوەندی بۆ دەرکەوت))! ! ئیتر نازانین کامیان هەڵواسرابوو مووسا یان فریشتەکە !

٩-زەیتوون لە چیای سینا

((فَأَنشَأْنَا لَكُم بِهِ جَنَّاتٍ مِّن نَّخِيلٍ وَأَعْنَابٍ لَّكُمْ فِيهَا فَوَاكِهُ كَثِيرَةٌ وَمِنْهَا تَأْكُلُونَ * وَشَجَرَةً تَخْرُجُ مِن طُورِ سَيْنَاء تَنبُتُ بِالدُّهْنِ وَصِبْغٍ لِّلْآكِلِينَ -المؤمنون:١٩- ٢٠)).

عبدالقادی دەڵێت: موفەسیرەکان وتوویانـه مەبەسـت لـه درەختەکـه زەیتوونه ئینجا دەپرسێت: بیابانی سینا بە درەختی زەیتوون ناسراو نییـه، باشتر نەدەبوو فەڵەستین ناوبەرێت کە زەیتوونی هەیه نەك سینا کە هێنـده بێ بەروبووم بوو خودا لە ئاسمانەوه گەزۆ (مەن)ی بۆ بەنو ئیسرائیل ناردبوو؟

بەواتایەکی تر عبدالقادی دەڵێت ئەگەر زەیتـوون لـه سینا هەبووایـه خـودا گەزۆی بـۆ بـەنو ئیسرائیل نەدەبـاراند، ئێمـه ش دەڵێین بێگومـان زەیتوونی ناوچەکەو ناوچەکانی دراوسێش، بەشـی ئـەو خەڵکـەی نەدەکرد کـه بـەپێی کتێبی دەرچوون شەش سەد هەزار پیاده بوون جگـه لـه ئافرەتانـو منداڵانـو ژمارەیەکی زۆری بێگانه، ئەوەش جگـه لـەوەی زەیتـوون پێویسـتی بـه ئـاو و کاتی زۆره بۆ خۆشکردن. ئەمـەش به کەمێك بیرکردنەوه، کـه دیاره رەخنـەگر ئەو برە کەمەشی نییه، مرۆڤ دەیزانێت.

عبدالقادی کە پشت بە بەیزاوی دەبەستێت ئەمجارەش پشتگوێی دەخـات و بەگشتی باسی موفەسیرەکان دەکات بۆ ئەوەی قسەکەی تری ئەو موفەسیرانه بشارێتەوه کە یەکێك لـه قسـەکان سـەبارەت بـه کێوەکـه ئەوەیه کێوێکـه لـه فەڵەستینه (ج٤، ل ١٥١). بەهەر حاڵ ئەوەی گونجاوه درەختەکـه زەیتـوون بێت، زەیتوونیش لە سینا هەیه، قورئانیش باسی هـەموو سینای نـەکردووه بەڵکو کێوی سینا، بۆشی هەیه کاتی خـۆی داری زەیتوون لـەوێ زۆربووبێت وەك چۆن چیای زەیتوون لە فەڵەستین کە کەمتر بەردەڵانـه لـەچاو کێوەکـانی نزیکـی و کاتی خـۆی دەوڵەمەنـد بـوو بـه رووەکـو بەتایبـەتی زەیتـوون بەڵام

ژمارەیـان زۆر کەمبۆتـەوە (ئەمـە قسـەی سـاڵی ١٩٠٢ــە)[50]. ڕووبـەری ئـەو زەوییانـەش کـە بـە زەیتـوون چێنرابوون تەنانـەت دوای ئـەو سـاڵەش ڕووەو کـەمبوون چـووبوون وەک چـۆن باسـکراوە کـە لـە دروسـتبوونی دەوڵـەتی ئیسـرائیلەوە ڕووبەرەکـە لـە کەمبوونەوەیـە (ئامـاری سـاڵەکانی ١٩٥٩ تـا ١٩٦٩)[51].

هەبوونی زەیتوون لەناو بەردەڵانەکان لە کتێبی تەثنیـە (کتێبی پێنجەمی تەورات) وەک یەکێك لە نیعمەتەکانی خودا بەسەر بەنو ئیسرائیل باس کراوەو لەسـەر زمانی مووسا هـاتووە: زەیتی دەدەمـێ لـە بـەردە ئەسـتێ (تثنیـة٣٢: ١٣)، واتـە زەیتـوون لـە ناوچـە شـاخاوییەکانو تەنانـەت لـەناو بـەردیش زیـاد دەکات.[52]

---

[50] Lucien Gautier, *The Mount of Olives*, in; Encyclopædia Biblica, vol. III, cols. 3498-9.

[51] بڕوانە:

Shaked Gilboa, *Olive (In Israel)*, in; Encyclopaedia Judaica, vol.15, p.407.
[52] Jehuda Feliks, *Olive*, in; Encyclopaedia Judaica, vol.15, p.406.

١٠-رۆشتنی خۆر

((وَالشَّمْسُ تَجْرِي لِمُسْتَقَرٍّ لَّهَا ذَلِكَ تَقْدِيرُ الْعَزِيزِ الْعَلِيمِ – يس: ٣٨)).

عبدالفادی تەفسیری بەیزاوی دەهێنێتەوە کە پێویست ناکات لێرە نەقڵی بکەین چونکە ئەوەی گرنگە تەعلیقی عبدالفادی لەسەر باسی جووڵەی خۆر. ئەو دەڵێت:

خۆر جێگیرەو بەدەوری خۆی دەخولێتەوەو لەو شوێنەی ناجووڵێتو زەوی خۆی بەدەوری خۆر دەسووڕێتەوە ئیتر چۆن قورئان دەڵێت خۆر دەڕواتو بەرەوە شوێنێکی جێگیربوونی دەجووڵێتەوە؟

وەڵامی ئەوە زۆر بەکورتی دەدرێتەوە: زانیارییەکانی عبدالفادی زۆر کۆنن چونکە ئەوەی ئێستا زانراوە کە خۆرو سەرجەمی سیستەمەکە (خۆرو هەسارە وابەستەکانی) دەجووڵێنو بەدەوری چەقی مەجەڕەی کاکێشان دەخولێنەوە. کەواتە خۆر وەستاو نییەو دەجووڵێتەوە. مەبەستیش لە شوێنێکی جێگیربوونی خۆر یان وەستانی ئەو جووڵەیەیە بەهەر هۆیەك بێت، یانیش وەستانی لەکاتی ڕوودانی قیامەت کە یەکەمیان بابەتی زانستی فەلەکەو کاری ئەو زانستەیە ئەوە ئاشکرا بکاتو دووەمیان زانیارییەکە لە قورئان هەیەو پەیوەندیی بە قیامەتەوە هەیەو ڕەنگە زانستی فەلەك بتوانێت تیۆرێك لەو بارەوەیە، واتە تێکچوونی گەردوونو چارەنووسی خۆرو زەوی، تەرح بکات.

سەبارەت بە خوێندنەوەی (لا مستقر لها) لەجیاتی (لمستقر لها)، کە عبدالفادی لە بەیزاویی نەقڵکردووە، واتە لەجیاتی ئەوەی خۆر بجووڵێتەوە تا دەکاتە شوێنی جێگیربوون (لمستقر لها) خوێندنەوەکە (لا مستقر لها) واتە خۆر دەجووڵێتەوەو وەستانی نییە .. عبدالفادی ئەوە دەکاتە ڕەخنە کە هەبوونی خوێندنەوەی جیاوازی ئایەتەکە بەجۆرێك واتاکە بگۆڕێت واتای ئەوەیە قورئان دروست نییە.

ئەو رەخنەیە لە جێگەی خۆی نییە چونکە ئەگەر دوو خوێندنەوە هەبنو هەریەکێکیان واتەیەکی هەبێت ئێمە دوو حاڵەتمان هەیە: دوو واتاکە دژ بەیەك نەبن کە ئەمە کێشە نییه، حاڵەتی دووەمیش دوو واتاکە دژ بە یەك بن وەك حاڵەتی ئێستا ئەو کاتەش پێویستە یەکێك لە دوو خوێندنەوەکە راست بێت ئەوەش ئەگەر بەراستی دژ بە یەك بن کە گومانم هەیە وا بێت لەبەر ئەوەی واتای هەردوو خوێندنەوەکە راستن: یەکەمیان راستە چونکە رۆژێك دێت جووڵەی خۆر بوەستێت، دووەمیشیان راستە چونکە لە ئێستاوە تا ئەو کاتە خۆر بەردەوام لە رۆشتنەو وەستانی نییه.

١١- شێوەی مانگ

((وَالْقَمَرَ قَدَّرْنَاهُ مَنَازِلَ حَتَّى عَادَ كَالْعُرْجُونِ الْقَدِيمِ * لَا الشَّمْسُ يَنْبَغِي لَهَا أَن تُدْرِكَ الْقَمَرَ وَلَا اللَّيْلُ سَابِقُ النَّهَارِ وَكُلٌّ فِي فَلَكٍ يَسْبَحُونَ - يس: ٣٩- ٤٠)).

عبدالفادی تەفسیر بەیزاوی دەهێنێتەوە کە ڕۆشتنەکە چەند مەنزلگایەکە کە بیستوهەشتنو ناویان دەهێنێت، هەر شەوێکیش دادەبەزێتە یەکێکانو نە تێی دەپەڕێنێتو نە لێی بەجێدەمێنێت ئینجا کە دەگاتە دوایەمین مەنزلگا باریک دەبێتەوەو دەبێتە کەوانەو واتە (عرجون) واتە (شمراخ)ی کۆن، [53] نە خۆر بۆی هەیە بگاتەوە بە مانگ لە خێرایی ڕۆشتنو نە شەو پێش ڕۆژ دەکەوێتو هەموویان لە فەلەکێک مەله دەکەن واتا بە تەختی بەناو ئەو فەلەکە دەڕۆن (بەیزاوی، ج٤، ص٤٣٤).

بەیزاوی بە کەمێک درێژتر ئەوانەی سەرەوە دەنووسێت بەڵام بەهەر حاڵ نازانین پرسیارەکەی عبدالفادی چییەو لە چی ناڕازییە. ئەو تەنها ئەو تەفسیرەی نەقڵکردووە. وەرگێڕی کوردی لای خۆیەوە ئەوەی ڕوونکردۆتەوە کە بەپێی ئەو دوو ئایەتە زەوی چەقی گەردوونەو هەموو تەنە ئاسمانییەکان بەخۆریشەوە لە ڕووتەختێکی بازنەیی بەدەوری زەوی دەسووڕێنەوە بەڵام هەموویان لە هەمان ڕووتەخت نین (لاپەڕە ٢٩). بەڵام کێ باسی تەختیی کردووە؟ ئەوە تەفسیری بەیزاوییە نەک ئایەتەکەی قورئانە کە وا دەڵێت. ئایەتەکە وەک ئایەتی تر باسی (فەلەک) دەکات، کە لە زمانی عەرەبی، بەدەر لەو واتا فەلەکییەکان کە پێی دراون، چەند واتایەکی هەیە کە زۆریان لەدەوری واتای (خڕی) دەخولێنەوە. [54]

---

[53] عرجون هێشووی خورمایە یان هێشووی خورمای وشکە یاخود ئەو لاسکە ئەستوورەیە کە هێشووی خورما هەڵدەگرێت: لسان العرب، ج٣٢، ص ٢٧٨١ بەڵام وەرگێڕی کوردی دەنووسێت: قەدی دارخورما.

[54] بڕوانە، ابن منظور، لسان العرب، م٥، ص٣٤٦٤-٣٤٦٥.

وەرگێڕی کوردی بۆ باسی ئایەتەکە کە شەو پێش رۆژ ناکەوێت باسی
ناوچەکانی باکووری فنلەنداو نەرویجو ئالاسکا دەکات کە هەڵهاتنو ئاوابوونی
خۆر لە کاتی نیوەشەو دەبینن (ل۳۰). بەڵام نیوەشەو چییە؟ ئەی شەو خۆی
چییە؟ ئێمە شەو بەو کاتە دەڵێین کە ئاسمانی تاریکمان لێوە دیار دەبێت، بە
سەعاتی دیاریکراوی رۆژەکەش دەڵێین شەو، بەڵام سەعاتەکان رێککەوتنی
خۆمانە بۆ ئەوەی بە زمانی ژمارە قسە بکەینو باشتر لەیەکتر تێبگەین، ئیتر
با لە هەر شوێنێکی زەوی سەعات ژمارەیەك بخوێنێت، ئەوە بەپێی زاراوەی
خۆمان شەوە ئەگینا شەو لە ئەسڵ تاریکییە ئیتر با ئەو تاریکییە شەش
مانگیشی پێ بچێتو با ئەو کاتەی کە بە حساب شەوە خۆر ببینرێت" لەبەر
ئەوەی خۆر دەبینرێت کەواتە رۆژە. شەو و رۆژیش ئەوانەن کە لەسەر زەوی
هەن، ئەگەر ئێرە ئێستا شەو بێت نیوەکەی تری گۆی زەوی رۆژە.

۱۲- کێوی قاف

ئەمەش گوایە کێوێکە چواردەوری هەموو زەویی داوە.

عبدالفادی هیچی دەستناکەوێت لە تەفسیری بەیزاوی (بڕوانە کە تەنانەت بەیزاویش ئەو حیکایەتانە نەقڵ ناکات) پشت بە کتێبی (عرائس المجالس !!)[55] دەبەستێت بۆ تەفسیری پیتی (ق) لەو سوورەتەی هەمان ناوی هەیە، ئەمەش حیکایەتەکەیە:

خودا کێوێکی گەورەی دروست کرد لە یەك (زەبەرجەد)[56]ی سەوز کە سەوزایی ئاسمان هی سەوزیی ئەوە. بەو کێوە دەوترێت قاف چواردەوری هەمووی داوەو ئەوەشە کە خودا سوێندی پێ خواردووەو فەرموویەتی: ق والقران المجید.

ئینجا باسی کتێبی (قصص الانبیاء) دەکات کە ئەمەی تێ هاتووە: عبدالله کوڕی سەلام پرسیاری لە موحەممەد کرد: بەرزترین لوتکەی سەر زەوی چییە؟ ئەویش وتی: کێوی قافە، وتی: ئەو کێوە چییە؟ وتی: لە زومرودیی سەوزەو سەوزیی ئاسمان لەوەوەیە. وتی ئەی پێغەمبەری خودا راستت کرد، ئەی بەرزیی کێوی قاف چەندە؟ وتی سەفەری پێنجسەد ساڵە وتی ئەی ئەو ماوەیە چەندە کە مرۆڤ بەدەوری هەمووی دەڕوات؟ وتی سەفەری دوو هەزار ساڵە.[57]

____

[55] عرائس المجالس لە نووسینی الثعلبي پڕە لە خورافەتو ئەو چیرۆك لەناو قسەیەکی عەلی کوڕی ئەبو تاڵیب هەیەو گێڕانەوەکە بێ سەنەدە: الثعلبي، عرائس المجالس، ص٥.

[56] جۆرە بەردێکی گرانبەهایە.

[57] نەینووسیوە سەرچاوەکە هی کێیە، هی هەر کەسێکیش بێت ئاشکرایە وەکو ئەوەی پێشووە.

ئەو بەشەی ڕەخنەکەی عبدالفادی تەواو بوو (لەخوارەوەش قسە لەسەر بەشەکەی تری دەکەین). ئینجا نۆرەی ئێمەیە بپرسین: ئەمە قسانە شایەنی ئەوەن وەڵامیان بدرێتەوە ؟ قسەکان خۆیان خۆیان بەدرۆدەخەنەوە چونکە باسەکە دەربارەی قورئانە کە گوایە مەعسووم نییە کەچی وەکو پرسیارەکانی پێشوو تەفسیری بۆ دەهێنرێتەوە.

بزانین ئیبنو کەثیر چۆن باسی قاف دەکات:

دەگێڕنەوە لە هەندێ سەلەف کە (ق) کێوێکە چواردەوری هەموو زەوییی داوە، لەوەش دەچێت ئەمە لە خورافەکانی ئیسرائیلییەکان بێت کە هەندێ خەڵک لێیان وەرگرتوون کاتێک بینیان ئەو شتانەی کە ئیسلام نە پشتگیرییان دەکاتو نە بەدرۆیان دەخاتەوە جائیزە لە جوولەکە وەربگیرێنو باس بکرێن. بەبۆچوونی خۆشم (واتە ئیبنو کەثیر) ئەمەو هاوشێوەکانی دروستکراوی هەندێک زندیقی ئیسرائیلییەکانن کە دین لە خەڵکی تێکەڵدەکەن.. ئینجا دەڵێت: فەرموودەی پێغەمبەریش ((شت بگێڕنەوە لە بەنو ئیسرائیلو هیچ ئیحراجییەکیش نییە)) بۆ شتێکە عەقلْ قبوولْی بکات.[58]

بەم جۆرە ئیبنو کەثیر چۆن ئەو درۆیەی داوەتە پالْ زندیقەکانی جوولەکە کەچی عبدالفادی بە پێنووسی خۆی ئەوە نەقلْ دەکات کە قسەی فلْانو فیسارەو هێشتا دەیداتە پالْ قورئان.

عبدالفادی دوای قسەکەی سەرەوەی دەڵێت: سەرچاوەی چیرۆکی کێوی قاف ئەوەیە کە لە کتێبی یەکێک لە جوولەکەکان هاتووە کە پێی دەوترێت (حکیکاه)، بەشی ١١ فەسلْی ١، لە تەفسیری وشەی عیبری (تو هو) کە بەدەگمەن بەکاردێتو واتاکەی فەزاو بۆشاییە. لە سیفری تەکوینیش (٢:١) هاتووە. کتێبی حکیکاه دەڵێت: ((تو هو ئەو هێڵە سەوزەیە کە چواردەوری هەموو جیهانی داوەو لەوەوە تاریکی دەردەچێت)). بەم جۆرە وشە عیبرییە وەرگێڕدراوەکە واتە (هێڵ) بریتییە لە (تاو). کاتێکیش صەحابییەکان، هێشتا ئەمە قسەی عبدالفادییە، بیستبوویان نەیانزانیبوو کە واتاکەی (هێڵ)ە بەڵکو

<hr>

[58] تفسیر ابن کثیر، ج٧، ص٣٩٤.

لێیان تێکچووبوو و وایانزانیبوو زنجیرە چیایەکی گەورەیە ناوی قافە. ئیتر چۆن قورئان ئەوەی پێی دەڵێین ئاسۆ (کە هێڵێکی وەهمییە) بە کێوێکی ڕاستەقینە دەزانێت؟

بینیمان عبدالفادی دەڵێت ئەسڵی باسی کێوی قاف لە کتێبێکی کەسێکی جوولەکە هاتووە کە ناوی (حکیکاه)ـە. ڕاستەکەشی ئەوەیە حەگیگاه کتێبێکی سەربەخۆ نییەو هی کەسێکی جوولەکە بەتایبەت نییە بەڵکو بەشێکە لە تەلموود. تەلموود پێنج بەشە و هەر بەشێک ژمارەیەک باسە، کۆی باسەکانیش ٦٣ باسن.[59] حەگیگاه חֲגִיגָה دوایەمین باسی دووەمینە بەشە کە بەو بەشە دەوترێت مۆعیّد מוֹעֵד واتە فیستیڤاڵەکان. حەگیگاهیش بریتییە لە بەخشینەکانی فیستڤاڵەکانو پەیوەستە بە جەژنی دەرچوون لە میسرو[60] بەخشینی قوربانیی خۆبەخشانە هەر کەسێک بۆخۆی،[61] کە ئاهەنگ گێڕان بە

---

[59] تەلموود תַּלְמוּד بریتی بوو لە ڕاڤەکردنی تەورات بە وتە نەك بە نووسین، کە باوەڕی جوولەکەش وایە ئەو ڕاڤەکردنە وەکو تەورات خودا دابووی بە مووسا بەڵام بەشێوەی دەمی. دواتریش کە ڕاڤەکردنەکان زۆر بوون ئەوانە نووسرانەوە. ئەو نووسینە دەوروبەری ساڵی ٢٠٠ی زاینیو بۆ پاراستنی لەلایەن ڕابی یەهوودا هەناسی (یەهوودای ناسی)یەوەو بەهاوکاریی زانای تر دەستی پێکردو ئەمەیان بەشی یەکەمی تەلموود پێکدەهێنێت واتە (میشناه)، لەدوای ئەوەش موناقەشەی زۆر لەسەر میشناه کران کە وردەکارین لەسەر شەریعەتو ڕاڤەکردنو چیرۆكو ئامۆژگاریو مێژوو کە بەو بەشە وترا گەمارا אַגְּמָרָא (لەوە بەدوا تا دەوروبەری ٥٠٠ ی زاینی). دوو تەلموودیش هەن: تەلموودی ئۆرشەلیمی (یەروشالمی) کە دەوربەری ٤٥٠ی زاینی نووسینەوەی کۆتایی پێهاتو تەلموودی بابلی کە سەدەیەك دوای ئەوە لە وڵاتی بابل نووسینەوەی کۆتایی پێهاتو ئەمەیان درێژترەو تەلمووده قانوونییەکەیە: ستیفن م. میلر، روبرت ف. هوبر، تاریخ الکتاب المقدس، ص١١٤—١١٥، بەکورتیش لەبارەی میشناه و گەمارا:
 A. W. Streane, A Translation Of The Treatise Chagigah from The Babylonian Talmud, pp. 148-9, p.150.
هەردوو تەلموودەکە بەشێوەی حیوار دارێژراون بەشێوەی پرسیارو وەڵام یان ئیعترازو وەڵامدانەوە.

[60] جەژنی پێساح (فصح بە عەرەبی) ، بڕوانە بەشی مێژوویی. جیاوازی لەبارەی واتای وشەکەوە هەیەو لێرە بەستوومانەتەوە بە ڕووداوەکەوە.

[61] A. W. Streane, op. cit., p. 147.

دەرچوون لـه تـەورات باسـکراوه، هــەروەها پەیوەسـتە بـه دوو جـەژنی تریشەوه. [62]

سەبارەت به تۆهوو וֹהוּ كه عبدالفادی به (تو هو) [63] ناوی دەباتو دەڵێت له حەگیگاه به هێڵی سەوز ناوبراوه" باسی هێڵی سەوز لەو شوێنەی حەگیگاه دێت دوای باسی سەرەتای بوون که بەتاڵیو وێرانی بوو وەك چۆن لـه كتێبی تەكوین هاتووه: زەوی بێ شێوه (یان وێرانه)و بەتاڵ بوو (تەكوین١: ٢)، دوای ئەوەش خودا فـەرمانی دا ڕووناكی هــەبێتو جیایكردەوه لـەنێوان ڕووناكیو تاریكیو شەو و ڕۆژی دروستكرد (تـەكوین١: ٢-٥)، لـەو شـوێنەش كه باسی

---

[62] ibid., p. 147 n3.

[63] له كتێبی تەكوین، یەكەم كتێبی تەورات، تۆهوو و بۆهوو וֹהוּ וָבֹהוּ هاتووه كه وسفی زەوییه سـەرەتای دروستبوونی، واتاكەشـی: بـێ شێوه‌و بـەتاڵ، یاخود وێرانه‌و بـەتاڵ، ئەمەی دوایی، واته (وێرانه) لەجیاتی (بەتاڵ) جگه لەوەی لـه هەندێك وەرگێرانی تـەورات هەیه هەروەها له حەگیگاه هاتووه:

A. W. Streane, , *op. cit.*, p. 58.

قسـەی عبدالفادیش ئەوه دەگەیەنێت تۆهوو تەنها لـه حەگیگاه و كتـێبی تـەكوین هاتبێت، بەڵام وشەكه هەروەكه له كتێبی ئیرمیا (٤: ٢٣). لـه كتێبی (ئیشعیا)و لـه یـەك ئیصـحاح جارێك به واتای (وێرانه) دێتو دوای ئەوه به واتای لەبەرهیچ یان بێمەبەستی (بەعـەرەبی: عبث بەئینگلیزی in vain دێت، بڕوانه هەروەها:

F.F. Bruce, *And the Earth was without Form and Void, An Enquiry into the exact Meaning of Genesis 1, 2*, p.23.

لـه ئیشعیا (٣٤: ١١) لەگـەڵ پـەتو بـەرد باسـكراوه‌و دواتـر بـه گوریسی پێوانه‌و شاوڵ لێكدرابوونه‌وه، بۆ ئەمەیان بڕوانه:

Hannu Töyrylä, *Slimy Stones and Philosophy: Interpretations of tohu wa-vohu as Matter and Form*, p.3.

ئەم سەرچاوەیه لێكۆڵینەوەیەكه دەربارەی تۆهوو و بۆهوو لـه سەرچاوەكانی جوولەكه‌و لێكدانەوەیان لای زانا‌و فەیلەسووفەكانیان. تۆهوو و بۆهوو لـه تـەرگومی بابلی یاخود تـەرگومی ئۆنكیلۆس به واتای وێرانه‌و بەتاڵی هاتووه (بڕوانه بەشی پرسیاره مێژووییـەكان بۆ تـەرگوم):

J. W. Etheridge, *The Targums of Onkelos and Jonathan Ben Uzziel on the Pentateuch (Genesis and Exodus)*, p.36.

لـه تـەرگومی یوناتـان كـوڕی عوزیئیـل (ڕاستەكەی: تـەرگومی فەڵەستینی) بـەم جـۆره ڕوونكراونەتەوه: چۆڵ بووه لـه كوڕانی مرۆڤو بەتاڵ بووه لـه ئاژەڵ:

J. W. Etheridge, *ibid.*, p.157.

شەو و ڕۆژە، واتە تەکوین۱: ٥، حەگیگاه دەڵێت: ئەمە (بارایتا)[64] یە: بەتاڵی هێڵێکی سەوز بوو دەوری هەموو جیهانی داوەو لەوەوە تاریکی دەرچوو.[65]

لەم باسەو لەباسەکانی خوارەوە (ئەوانەی پەراوێز دەرباری تۆهوو و بۆهوو) خوێنەر دەزانێت کە هیچ شتێک کێوی قاف لەگەڵ هێڵە سەوزەکەی حەگیگاه کۆبکاتەوە جگە لەوەی کە هەردووکیان دەوری شتێکیان داوە: یەکەمیان دەوری زەوویی داوەو ئەوەی تر دەوری جیهانی داوە، ئیتر چ شتێک هێڵێکی سەوز لەگەڵ کێوێک کۆدەکاتەوەو کوا باسی دروستبوونی تاریکی لەو کێوە؟ عبدالفادی یەکێکە لەو ڕەخنەگرە بێبەهرانەی خشتێک لە شوێنێک دەبینینو هەوڵ دەدەن لەو خشتە کۆشکێك دروست بکەن.

سەبارەت بە قسەکەشی کە ڕەچەڵەکی تۆهوو بریتییە لە وشەی (تاو) بەواتای هێڵو صەحابییەکان ئەو وشەیەیان بینیوە نەیانزانیوە واتاکەی هێڵەو وایانزانی زنجیرە چیایەکی مەزنە پێی دەوترێت قاف.. دەڵێین ئەو قسەیەی عبدالفادی دیسان پێکەوەبەستنی دوو شتی دوور لە یەك: هێڵو زنجیرە چیا، هەروەها تاو و قاف، سەباری ئەوەش وشەی تاو קו تەنها واتای هێڵ نادات بەڵکو هەروەها هێما و نیشانە.. تاد و وشەی گونجاوتر بۆ هێڵ هەن.

---

[64] تەعبیری ((ئەمە بارایتایە)) واتە ئەو قسەیە لە بارایتا בְּרַיְתָא هاتووە کە ئەمیان بریتییە لە یاسایەك یان بنەمایەکی دەرەوەی (مشناه)ـەکەی رابی یەهوودای ناسی:

A. W. Streane, *op. cit.*, p.147.

بابەتەکانیشی بریتین لە بابەتی دژ بە بەهەمان بابەتەکانی (میشناه)، هەروەها زانیاریی زیاتر بۆ میشناه دەدات، هەروەها بابەتێکی جیاواز لێی:

Stephen G. Wald, *Baraita*, in; Encyclopaedia Judaica, vol. 3, p.124.
[65] A. W. Streane, *op. cit.*, pp. 58-9.

بەشــی دووەم

پرسیارە مێژووییەکان

لەم بەشە بابەتە لەیەکچووەکانمان پێکەوە کۆکردۆتەوە، بۆ نموونە
هەموو باسەکانی مەسیحو مەریەممان لە یەك بەش کۆکردۆتەوە یان
هەموو باسەکانی پێغەمبەران...تاد

میسر و فیرعەون و ئیسرائیلییەکان

١-هامان وەزیری فیرعەون بوو

((... إِنَّ فِرْعَوْنَ وَهَامَانَ وَجُنُودَهُمَا كَانُوا خَاطِئِينَ – القصص:٨)).

((وَقَالَ فِرْعَوْنُ يَا أَيُّهَا الْمَلَأُ مَا عَلِمْتُ لَكُم مِّنْ إِلَهٍ غَيْرِي فَأَوْقِدْ لِي يَا هَامَانُ عَلَى الطِّينِ فَاجْعَل لِّي صَرْحًا لَّعَلِّي أَطَّلِعُ إِلَى إِلَهِ مُوسَى وَإِنِّي لَأَظُنُّهُ مِنَ الْكَاذِبِينَ – القصص:٣٨)).

((وَقَالَ فِرْعَوْنُ يَا هَامَانُ ابْنِ لِي صَرْحًا لَّعَلِّي أَبْلُغُ الْأَسْبَابَ – غافر: ٣٦)).

عبدالفادی نووسیویەتی: قورئان دەڵێت هامان وەزیری فیرعەون بوو بەڵام مێژوو دەیسـەلمێنێت هامـان وەزیری ئەحشـویریش بـوو و مـاوەی نێـوان فیرعەونو هامان نزیکەی هـەزار ساڵ بووە. فیرعەون پادشای میسر بوو و هامان وەزیر بووە لە بابل. کتێبی ئەستیریش لە تەورات دەڵێت هامان وەزیری ئەحشویریش پادشای فارسەکان بوو کە یۆنانییەکان پێیان دەوت زرکیس (قسەی عبدالفادی تەواو).

* * * *

ئەگـەر راسـت بێـت پێغەمبـەری ئیسلام ناوی هامانی لـە کتێبی ئێستێر אֶסְתֵּר وەرگرتووە ئـەو پرسیارە دێتـە پێشـەوە: بۆچی لـەو هـەموو باسـەی مۆردخای‌و ئێستێرو هامان‌و[66] ئەحشویرۆیش[67]، موحەممەد لێی تێک بچێت‌و

---

[66] باسێکی لەوە دوورودرێژترم هەیە لەبارەی هامان لە لێکۆڵینەوەی (ئاماژەکانی قورئان بۆ رەمسیسی دووەم وەک فیرعەونەکەی مووسا) کە لە کۆنگرەی (بەرگری لە قورئان) پێشکەش کرا، لێرەش زیادە زانیاری هەن کە لەو لێکۆڵینەوەیە نین.

[67] ئەحشویرۆش אֲחַשְׁוֵרוֹשׁ بە عیبری، خشایارشا بە فارسی‌و کسێرکسیس Xerxes بە یۆنانی ، لە ئینگلیزی بە زێرکسیس دەخوێنرێتەوە.

بـه وەزیـری فیرعـەونی ⁶⁸ بزانێت؟ ئـەوە چیـرۆکێك بـوو نـەك دێڕێك لـەناو بەسەرهاتێك تا لێی تێك بچێت.

ئەگەرچی یادی ئێستێر بۆته جەژنێك بەناوی (پووریم)و لەو جەژنه كتێبەکە بەدەنگی بەرز دەخوێنرێتەوە بەڵام گومان لەوە كراوە کە کتێبی ئێستێر کە ناوو بەسـەرهاتی هامـانی لـەخۆگرتووە کتێبێکی قانوونی (واتـه دروست)ی پەیمانی کۆن بێت، تاکه کتێبێکیشه له دەستنووسەکانی دەریای مردوو نییه ⁶⁹ و یەکێکه لەو کتێبانەی گومان له ڕاستێتییان هەیه.

سەبارەت به هامانیش کتێبەکه به هامانی (عەمالیقی) ⁷⁰ ناوی دەبات. ئەگەر هامان خەڵکی ناوچەی باکووری نیمچەدوورگەی عـەرەب بووبێت ئەوە زیاتر گونجاوە وەزیری فیرعـەونێکی میسر بێت، نـەك تـەنها لـەبـەر نزیکیی ناوچەکه بەڵکو لەبەر ئەوەی هەندێك کەسانی ئاسیایی گەیشتبوونه پلەی بەرز له میسر.

لەو سەردەمه خەڵکێکی زۆری کەنعانیو سووری چووبوونه میسرو ببوونه بەشێك له کۆمەڵگەی میسری. ئەوانه ناوی میسرییان لـەخۆیان نابوو بەڵام هەشـبووە نـاوی ئەسـڵیی خـۆی هێشتبووەوە وەك ئورخییـا کـه بـووه سەرکردەیەکی سەربازیی سێتیی یەکـەم، باوکی ڕەمسیسی دووەم. ئورخییا بەئەسڵ ناوێکی (خورری)یه: ئورخی-تێشوپ. ⁷¹ کوڕەکـەی ئورخییاش ناوی

<hr>

⁶⁸ قورئان تەنها ناوی هامان دەباتو پلەکەی ناڵێت، واتـه دانانی پلـەی وەزیر بۆ هامان تێگەیشتنی خەڵکه له قورئان.

⁶⁹ ستیفن م. میلر، روبرت ف. هوبر، تاریخ الکتاب المقدس، ص ٤٤.

⁷⁰ عەمالیق עֲמָלֵק گەلێکن شەڕیان دژی مووساو گەلەکەی کرد پاش دەرچوونیان له میسر پاش ئەوەی گەیشتنه سینا. له کتێبی تەکوین عەمالیق کوڕەزای (عێساو)ی بـرای یەعقووبه (تکوین ٣٦: ١٢). عەمالیق وەك یەکێك له دوژمنەکانی بەنو ئیسرائیل باس کراون.

⁷¹ کینیث کیتشن، رمسیس الثانی، ص ٥٦.

یوپا (یوپیَ) بوو که ناویَکی کەنعانییەو [72] ئەویش فەرمانبەریَکی گەورە بوو لای
رەمسیسی دووەم.

هەندیَک نووسەری ئیسلامی هەوڵیان داوه بۆ دۆزینەوەی ناویَکی میسریی
کۆن له هامان بچیَت یان لیَوەی نزیک بیَت، بۆ نموونه باسی هاوریَیەکی
مندالیی رەمسیسی دووەم کراوه که چەند پلەیەکی بەرزی لای رەمسیس
وەرگرتبوو ئەویش ئیمن ئم ئنت (ئامون ئم ئینت) و که ناوی خوداوەند ئامون
له ناوەکەی له هامانەوه نزیکه.

ئامون ئم ئینت یاوەری رەمسیس بوو لەو کاتەی رەمسیس جیَگری باوکیو
میراتگری بوو. جگه لەوەش کەسوکاری دەسەڵاتداریشی هەبوون [73] . دوای
مردنی (سیَتیی یەکەم)ی باوکیشیو بوونی رەمسیسی دووەم به فیرعەونی
نویَ پلەی ئامون ئم ئینتی بەرزکردەوه بۆ پلەی سەرکرده عارەبانەکانی
پادشاو چاودیَریی ئەسپەکان [74] که پلەیەکی بەرز بوو چونکه هەموو کەسیَک
نەدەبووه بەشیَک لە هیَزی ئەسپسواری، دواتریش کرایه سەرکردەی
میلیشیاکانی (معجئی - mɛdʒi)، که هیَزیَکی تایبەتی پۆلیسن بۆ پاراستنی
شارەکانو گۆرستانەکان، ئینجا بەریَوەبەری پیشەسازی. [75] ناوبراو کاری
رامسیوم (پەرستگەی جەنائیزیی رەمسیس) پیَ سپیَردرابوو و بەریَوەبەری
پرۆژه شویَنەوارییەکانی پادشا بوو [76] .

سەبارەت بە باسی ئیَستیَر وەزیریَکی خشایارشا بەناوی هامانەوه
نەناسراوه بەڵکو لەوەش ناچیَت هیچ لەو بەسەرهاتانەی چەوساندنەوەی
جوولەکە لەسەردەمی خشایارشاو شووکردنی ئیَستیَر بە هەبووین.

---

[72] ك. كيتشن، رمسيس الثاني، ص ٥٦. لەم وەرگیَرانه عەرەبییه نووسراوه (اورحى)،
راستەکەشی (خ) نەك (ح). له ئەسلّه ئینگلیزییەکەش: ئورهییا، واته به (ه).

[73] ك. كيتشن، رمسيس...، ص ٥٥.

[74] ك. كيتشن، رمسيس...، ص ٧٣.

[75] ك. كيتشن، رمسيس...، ص ١٩٩.

[76] ك. كيتشن، رمسيس...، ص ١٧٩.

چیرۆکەکەش ناماقوولّە چونکە بەھۆی ئەوەی مۆردخای، مامی ئێستێر، کرنووشی بۆ ھامان نەبردبوو ھامان بریاری دابوو جوولەکە لەناوبەرێت.

وەگرتنی باسەکان وەک مێژوویەکی راستەقینە کێشەی زۆری مێژوویان بەدواوەیە، جگە لەوەش پیلانەکە پڕە لەو شتانەی دوورە ڕووبدەن وەک ئەوەی مۆردخای ناسراوە کە جوولەکەیەکی ناو کۆشکە کەچی ئێستێر کە ئامۆزایەتی و تەبەنای کردووە و رۆژانەی سەردانیی دەکات دەتوانێت ڕەگەزو ئاینی خۆی بشارێتەوە.[77]

لێکۆلەرەوان ھەولّیان داوە ئێستێر بکەنە کەسێکی تر لە سەردەمێکی تر وەک بۆ نموونە ئێستێر کلیۆپاترای سێیەم بێت کە ھاوڕێی جوولەکە بوو و ژنی پەتلیمۆسی سێیەم یوریگێتیس (سەدەی دووەمی پێش زاین) کە ئەمیان لەجیاتی خشایارشا بێت، ھامانیش حزبی دژ بە جوولەکە لە کۆشکی پەتلیمۆس.[78]

بۆچوونێکی تر ئەوەیە نووسەری کتێبەکە چیرۆکەکەی ھۆنیوەتەوە بۆ ئەوەی تەفسیری فیستڤالّێک بکات کە ھەیە، واتە پوریم.[79] بۆچوونێکی تریش دەلێت ئێستێرو مۆردخای دوو خوداوەندی بابلیی مەردوخو عشتارن.[80]

دەشکرێت جوولەکە جەژنێکی وەکو نەورۆزیان وەرگرتبێتو کردبێتیان فیستڤالّی خۆیانو دوایی چیرۆکی سەرکەوتنی جوولەکە بەسەر ھامانیان بۆ زیادکردبێت وەک چۆن چیرۆکی کاوەو زوحاك لای کورد بۆتە چیرۆکێکی ھاوشانی نەورۆز، بۆیەش وا دەلێین چونکە بۆچوونێک دەلێت کە پێدەچێت پوریم، کە لە ١٤ و ١٥ ی ئادار[81] دەگێردرا، لە فیستڤالّی ئێرانیی (فاڤاردیگان) وەرگیرابێتو کە ئەمیان لە ١١ ی ئازارەوە بۆ ١٤ی ئازارەوە بەردەوام دەبێتو

---

[77] Albert I. Baumgarten, S. David Sperling, Scroll of Esther, in; Encyclopaedia Judaica, vol. 18, p.216.

[78] بۆ ئەمەو بۆ بۆچوونی تر بڕوانە سەرچاوەی سەرەوە.

[79] ibid, p.217.

[80] ibid, p.216.

[81] جوولەکە مانگەکانیان لە بابلییەکان وەرگرتووە، ئادار دەکەوێتە دوو مانگی ئێستای شوباتو ئازار.

لە وەرگێڕانی حەفتایی پەیمانی کۆنیش[82] لەجیاتی پووریم جەژنەکە بە فرورایا Phrouraia یان فوردایا Phourdaia ناوبراوه[83].

بەکورتی زۆر شت هەن دەربارەی چیرۆکەکەی ئێستێرو جەژنی پووریم باسکراونو ئەوەی لێرە گرنگە ئەوەیە باسی ئێستێرو هامان لە چیرۆک دەچنو گومانەکان بەتەواوەتی ئەو باسەیان دەورەداوەو هیچ لەو باسانە نە لە دوورو نە لە نزیك پەیوەندییان بە باسی هامانی قورئانەوە نییە مەگەر تەنها ناوی هامان. هامان لە قورئان خاوەن پیلانێك نەبوو بەڵکو جێبەجێکاری فەرمانەکانی فیرعەون بوو.

---

[82] چیرۆکەکە، کە بۆتە جێگەی ڕەخنە، بەکورتی دەڵێت پادشای پەتلیمۆسی دووەم، سەدەی سێیەمی پێش زاین، لە میسر داوای کرد پەیمانی کۆن بکرێتە یۆنانی بۆ ئەوەی بیخاتە کتێبخانەی ئەسکەندەریە ئیتر حەفتاو دوو زانای جوولەکەی هێناو ئەوان وەرگێڕانەکەیان کرد.

[83] ibid, pp.216-217.

٢-قاروون و هامان میسری بوون

((وَقَارُونَ وَفِرْعَوْنَ وَهَامَانَ وَلَقَدْ جَاءَهُم مُّوسَى بِالْبَيِّنَاتِ فَاسْتَكْبَرُوا فِي الْأَرْضِ وَمَا كَانُوا سَابِقِينَ -العنكبوت: ٣٩)).

((وَلَقَدْ أَرْسَلْنَا مُوسَى بِآيَاتِنَا وَسُلْطَانٍ مُّبِينٍ * إِلَى فِرْعَوْنَ وَهَامَانَ وَقَارُونَ فَقَالُوا سَاحِرٌ كَذَّابٌ * فَلَمَّا جَاءَهُم بِالْحَقِّ مِنْ عِندِنَا قَالُوا اقْتُلُوا أَبْنَاءَ الَّذِينَ آمَنُوا مَعَهُ وَاسْتَحْيُوا نِسَاءَهُمْ وَمَا كَيْدُ الْكَافِرِينَ إِلَّا فِي ضَلَالٍ -غافر: ٢٣-٢٥)).

عبدالفادى دەڵێت: مرۆڤ لەو ئایەتانەوە وا ى دەچێت کە قاروونو هامان لە نەتەوەى فیرعەون بوون بەڵام ئەمە هەڵەیە چونکە قاڕوون ئیسرائیلی بووە نەك میسریو لە قەومی مووسا بوو وەك چۆن لە قورئان هاتووه: ((ان قارون کان من قوم موسی فبغی علیهم-القصص:٧٦)).

****

ئەگەر مەبەست لە ناردنی مووسا بۆ قاڕوون ئەوه بێت قاڕوون میسری بووبێت چونکە پێکەوە لەگەڵ فیرعەونو هامان ناوی براوه ئەوه قسەى ڕەخنەگر ڕەخنە نییه بەڵکو بیانوو چونکە هەر خۆی ئایەتەکەى سەرەوەی نووسیوه بۆ سەلماندنی ئەوەی قاڕوون لە نەتەوەی مووسا بوو. سەبارەت بە قاڕوونیش کە گوایه قۆرەحی تەوراته بڕوانه دواتر.

۳- گوێرەکەی زێڕینی دروستکراوی سامیری بوو

((قَالَ فَإِنَّا قَدْ فَتَنَّا قَوْمَكَ مِن بَعْدِكَ وَأَضَلَّهُمُ السَّامِرِيُّ (٨٥) فَرَجَعَ مُوسَى إِلَى قَوْمِهِ غَضْبَانَ أَسِفًا قَالَ يَا قَوْمِ أَلَمْ يَعِدْكُمْ رَبُّكُمْ وَعْدًا حَسَنًا أَفَطَالَ عَلَيْكُمُ الْعَهْدُ أَمْ أَرَدتُّمْ أَن يَحِلَّ عَلَيْكُمْ غَضَبٌ مِّن رَّبِّكُمْ فَأَخْلَفْتُم مَّوْعِدِي (٨٦) قَالُوا مَا أَخْلَفْنَا مَوْعِدَكَ بِمَلْكِنَا وَلَكِنَّا حُمِّلْنَا أَوْزَارًا مِّن زِينَةِ الْقَوْمِ فَقَذَفْنَاهَا فَكَذَلِكَ أَلْقَى السَّامِرِيُّ (٨٧) فَأَخْرَجَ لَهُمْ عِجْلًا جَسَدًا لَهُ خُوَارٌ فَقَالُوا هَذَا إِلَهُكُمْ وَإِلَهُ مُوسَى فَنَسِيَ — طه: ٨٥-٨٨)).

عبدالفادی دەپرسێت: سامیرە شارێکی فەلەستینەو ئەو کاتەی ئیسرائیلییەکان لە میسر دەرچوون وجوودی نەبووەو هاروون لەسەر داوای ئەوان گوێرەکەی بۆ دروست کردن. ئیتر چۆن کەسێکی سامیری گوێرەکەکەیان بۆ دروست دەکات پێش ئەوەی سامیرییەکان بێنە بوون؟

* * * *

ئەو باسانەی خوارەوەشمان هەرچەندە لەڕووی لێکۆڵینەوەی مێژووییەو شوێنەوارییەوە ئەو دوورودرێژە نین، بەڵام ڕەنگە خوێنەری ئاسایی بە دوورودرێژیان بزانێت، ئەم درێژەپێدانەش پێویستە بۆ ئەوەی خوێنەر بزانێت کە باس لە مێژووی کۆن بەو سادەییە نییە کە عبدالفادی کردوویەتی کاتێک ویستوویەتی بە چەند وشەیەک باسێک ببڕێنێتەوە.

هاروون گوێرەکەکەی دروستکردبوو؟

قسەکەی عبدالفادی کە هاروون گوێرەکەی بۆ ئیسرائیلییەکان لەسەر داوای خۆیان دروستکردبوو قسەیەکە لە تەورات هەیە، باوەڕێکی نەشیاویشە پێغەمبەرێک کارێکی وا بکات، قورئانیش بۆمان باس دەکات کە هاروون بەو

دروستکردنەی گوێرەکەکەو بە پەرستنی ناڕازی بوو، ئەمەش گونجاوترە لە گێڕانەوەکەی تەورات.

وەنـــەبێت گێڕانەوەکـــەی تـــەوراتی بەردەستمان تـــەنها لەگـــەڵ کـــاری پێغەمبەران نەگونجاو بێت بەڵکو لەوە زیاتر لەگەڵ باسەکانی خودی تەورات گونجاو نییە.

ئێمە دەبینین کە لە تەوراتو لەو کاتەی هاروون گوێرەکەکە دروست دەکات خودا قسە لەگەڵ مووسا دەکاتو باسی هاروونی برای بۆ دەکات کە بیکاتە کاهنو باسێکی دوورودرێژی بۆ دەکات کە چیی بۆ بکات وەک باسی وردەکاریی جلوبەرگی کاهنێتی کە بۆ هاروونو کوڕەکانی بکرێن، ئەو کارەش بۆ هاروونو نەوەکەی تاهەتا دەبێت، ئەم باسەش یەک ئیصحاحی تەواوی داگیرکردووە (ئیصحاحی ٢٨ کە ٤٣ بڕگەیە) ئینجا ڕێوڕەسمی بەکاهنکردنی هاروون کە دەبێت مووسا بیکاتو ڕێوڕەسمەکانی تر کە پەیوەندییان بە هاروونو کوڕەکانییەوە هەیە کە ئیصحاحی ٢٩ یان داگیرکردووە، پاشان ئەو شتانەی دروستبکرێنو لەوانەش باسی هاروون هاتووە کە چی بکات (ئیصحاحی ٣٠). واتە لەو کاتەی خودا هەموو قسە دوورودرێژانە لەگەڵ مووسا دەکات سەبارەت بە هاروونو کوڕەکانیو کارە نوێکەیان کە کاهنێتیی بوون لەپڕ دەبینین هاروون خەریکی شتێکی ترە کە خودای توورە کردو ئیسرائیلییەکانی لەسەر سزا دا ئەویش دروستکردنی گوێرەکەکە لەسەر داوای ئیسرائیلییەکان (ئیصحاحی ٣٢: ١–٥). ئەم باسانە وا پیشان دەدەن کە خودا ئاگای لە کارەکەی هاروون نەبوو و لەو کاتەی هاروون ئەو گوناهە گەورەیەی دەکرد خودا دواپڕۆژێکی شکۆداری بۆ خۆیو نەوەکانی دادەمەزراند، کە ئەمە ناڕێکییەکی ئاشکرایە.

شاری سامیرە لەکاتی مووسا

ڕەخنەی ئەوە گیراوە کە سامیرە لەو کاتەی مووسا بنیات نەنرابوو ئیتر چۆن ناوی سامیری هاتووە، وەڵامەکەش یەکێکە لە سێ وەڵام:

یه‌که‌م ئه‌وه‌یه‌ گێڕانه‌وه‌ ده‌توانێت ناوی شوێنێک بڵێت که‌ کاتی ڕووداوه‌که‌ نه‌بووبێت وه‌ک چۆن کاتێک ناوی کوردستان به‌کارده‌هێنین بۆ باسکردنی مێژووی کۆنی کوردستانی سه‌رده‌می گه‌له‌ کۆنه‌کانی وه‌ک گوتییه‌کانو لوللوییه‌کانو خورڕییه‌کان..تاد، واته‌ کاتێک کورد وه‌ک ئه‌م نه‌ته‌وه‌یه‌ی ئێستا په‌یدا نه‌بوو و ناوی کوردستانیش هه‌روه‌ها په‌یدا نه‌ببوو. نموونه‌یه‌کی تر به‌کارهێنانی زاراوه‌ی فه‌له‌ستین له‌لایه‌ن مێژوونووسانو شوێنه‌وارناسانه‌وه‌ بۆ سه‌رده‌مانێک که‌ هێشتا ئه‌و ناوه‌ په‌یدا نه‌ببوو. به‌م واتایه‌ش ده‌کرێت ناوی سامیری بۆ نیشاندانی ئه‌وه‌ی ئه‌و که‌سه‌ خه‌ڵکی شوێنێکه‌ که‌ کاتی خۆی ناوێکی تری هه‌بووه‌و دوایی ناوه‌که‌ی بۆته‌ سامیره‌و هه‌روا ماوه‌ته‌وه‌. ئه‌م وه‌ڵامه‌ش بۆ ئه‌م حاڵه‌ته‌ که‌متر په‌سه‌ند ده‌که‌ین له‌چاو دوو وه‌ڵامه‌که‌ی تر له‌به‌ر ئه‌وه‌ی له‌ قورئان وه‌سفی سامیری له‌میانه‌ی گفتوگۆوی ڕاسته‌وخۆوه‌ هاتووه‌: ((قَالَ فَإِنَّا قَدْ فَتَنَّا قَوْمَكَ مِن بَعْدِكَ وَأَضَلَّهُمُ السَّامِرِيُّ (طه: ٨٥).. قَالَ فَمَا خَطْبُكَ يَا سَامِرِيُّ –طه: ٩٥)) مه‌گه‌ر له‌و حاڵه‌ته‌ی ناوی شاره‌که‌ له‌ کۆنه‌وه‌ سامیره‌ بووبێتو ناوی شه‌مرۆن یان شۆمه‌رۆن (ناوی عیبریی سامیره‌) ده‌ستکاریکردنێکی عیبری بووه‌ وه‌ک چۆن ده‌قه‌ ئاشورییه‌کان به‌و شاره‌یان ده‌وت سامیرینا نه‌ک شۆمه‌رۆن (بڕوانه‌ خوارتر).

سامیره‌ یان شۆمه‌رۆن

وه‌ڵامی دووه‌میش ئه‌وه‌یه‌ که‌ سامیره‌ کاتی مووسا به‌هه‌مان ناوه‌وه‌ هه‌بووه‌و گێڕانه‌وه‌که‌ی (کتێبی پادشایان) له‌ په‌یمانی کۆن سه‌باره‌ت به‌ دروستکردنی دواتری سامیره‌ ڕاست نییه‌. ئه‌و شاره‌ی پێی ده‌ڵێین سامیره‌ به‌ عیبری پێی ده‌وترێت شۆمه‌رۆن שׁוֹמְרוֹן. به‌پێی کتێبی پادشایان (١پادشایان ١٦: ٢٤) شۆمه‌رۆن پێشتر گردێک بوو پادشای ئیسرائیل (پادشانشینه‌

باکوورییەکەی جوولەکە) [84] عـۆمری (عامـەری یـاخود عۆمـەری) 𐤏𐤌𐤓𐤉 (دەوروبەری ٩٠٠ پێش زاین) کڕیبووی لە خاوەنەکەی کە نـاوی شـێمێر 𐤔𐤌𐤓 بوو و شاری شۆمەرۆنی لەسەر لوتکەکەی بنیـات نـا. نـاوی شـاری شۆمەرۆن (سامیرە)ش لە ناوی (شێمێر)ـەوە هاتووە. ئەو چیرۆکەی کە ڕەچەڵەکی ناوی شاری شۆمەرۆن بۆ شێمێر دەگێڕێتـەوە جێگـەی گومانـە چونکە کەمتر ڕێی تێدەچێت کەسێك شارێك بنیات بنێـتو بیکاتـە پایتـەختی پادشانشینەکەیو لەجیاتی هەر ناوێکی تر ناوی ئەو کەسە بەکاربهێنێت کە شـوێنی ئـەو شارەی لێ کڕیبوو. ئەم هەوڵە بۆ دیاریکردنی ڕەچەڵەکی ناوەکان نموونە تری هەیە کاتێك خەڵك واتای ناوی شارێك یان گوندێك نازاننو نزیکترین وشـە لە زمـانی خۆیان یان زمانێکی بێگانە دەدۆزنەوە بـۆ ئـەوەی نـاوی ئـەو شـوێنەی بدەنـە پاڵی. جاری وایشە کە وشەیەکی مەعقوولی نزیـك نـەبێت تەفسیری زۆر سـەیر پەیـدا دەبـن. [85] لەبـەر ئـەوە وای بـۆ دەچـین نـاوی گردەکە پێشـتریش هـەر شۆمەرۆن بووەو عۆمری ناوەکەی وەکو خۆی هێشتۆتەوەو نموونەش لە مێژوو لەسەر ئەمە زۆرە.

جێگـەی سـامیرە شـوێنەواری پـێش شـوێنەوارە ئیسـرائیلییەکانی لـەخۆ گرتووە. پشکنینە شوێنەوارییەکانی زانکۆی (هارڤارد) لە سـەرەتای سـەدەی بیست لە سامیرە دەریانخستبوو کە لە ژێر ئەو چینەی وا گومان دەبرێت هـی ئیسرائیلییەکان بێت کەلوپـەل دۆزراونەتەوە کە دیـارە دەگەڕێنەوە بـۆ خـەڵکی پـێش ئـەوانو لە سـەرانسەری فەڵەستین ئـەو کەلوپـەلانە دۆزراونەتـەوە. [86] بـەڵام ئەگـەر تەنانـەت پـێش عـۆمریش ناوەکـە شـۆمەرۆن نـەبووبێت ڕەنگـە نـاوی گردەکە شێمێر (ناوی کەسەکەی گردەکەی بە عۆمری فرۆشتبوو) بووبێت کە

---

[84] لەدوای سولەیمانی پێغەمبەرەوە دەوڵەتەکەی بووە دوو بەش: دەوڵەتی باکوور کە پێی وترا ئیسرائیلو سامیرە سێیەمو دوایەمین پایتەختی بـوو، دەوڵـەتی باشووریش کە پێی وترا دەوڵەتی یەهوداو پایتەختەکەی قودس بوو.

[85] لە کوردەواریی خۆمان نموونەی لەمە هەیە وەك تەفسـیرکردنی نـاوی گوندی (دێگەڵە) بەوە کابرایەك ((گەڵاوگەڵ)) دەڕۆشت!

[86] George A. Reisner, The Harvard Expedition to Samaria Excavations of 1909, in; JSTOR, vol. 3, No. 2, April, 1910, p.252.

ئەم ناوە نزیکە لە ناوی شۆمەرۆن. هەروەها دەکرێت ناوی ئەو شوێنە بەرز لە وشەی (شامەر)، بەواتای (دیمەن)، دارپێژرابێت. [87]

کێشەیەکیش ئەوەیە تا چەند باوەڕ بە گێڕانەوەکەی پەیمانی کۆن بکەین کە عۆمری سامیرەی بنیات نابوو. ئێمە نازانین کۆنترین کۆشك کە لەوێ دۆزراوەتەوەو بۆ ئەو سەردەمە دەگەڕێتەوە هی عۆمرییە یان هی پێش ئەوە. (رایزنەر)، کە بەرێوەبەری پشکنینی دوو ساڵی ١٩٠٩ و ١٩١٠ لە راپۆرتی ساڵی ١٩٠٩ دەربارەی پشکنینی شوێنەواریی زانکۆی هارڤارد لە سامیرە دەڵێت هیچ نووسراوێك لە کۆشکە ئیسرائیلییەکە نەدۆزراوەتەوەو پشکنینەکانیش ناوی تەنانەت یەك پادشای ئیسرائیلییان لێ بەئەنجام نەکەوتوونو دەستنیشانکردنی ئەوەی بیناکە کۆشکە ئیسرائیلییەکەی عۆمرییە، دوای ئەویش هی ئاخئاب، دەگەڕێتەوە بۆ بەڵگە شوێنەوارییەکان. [88] دواتریش لە راپۆرتی تەواوی هەر سێ ساڵەکە کە لەدوو تۆی کتێبێك دەرچووە دەڵێت کە لە پشکنینی ساڵی ١٩٠٩ـەوە وا دیار بوو کە یەکەم بینای سەر لوتکەی گردەکە لەرووی قەبارەو پێکهاتەوەو دروستکردنەوە پادشایانە بووەو دەبێت کاتی کرینی گردەکە لەلایەن پادشاکانی ئیسرائیلەوە دروستکرابێت، بەڵگەش لەسەر ئەوە لە پشکنینی ١٩١٠ بوو کاتێك ژمارەیەك لەتەگۆزەی نووسراو دۆزرانەوە" گۆزەیەکی سەردەمی ئۆسۆرکۆنی دووەم (پادشای بنەماڵەی ٢٢ی میسر کە بە رەچەڵەك لیبی بوو)ی هاوچەرخی ئاخئاب کە ئەمیان دوای عۆمری بوو، لەتەسواڵەتی نووسراوی ئیسرائیلی.. تاد. رایزنەر هێشتا گومانەکان پیشان دەدات کاتێك دەڵێت بیناکە لە کۆشك دەچێت نەك پەرستگەو هەرچەندە بەڵگەکان ئاشكرا نین بەڵام خۆیان ناویان ناوە کۆشکی ئیسرائیلی. [89] مێژووی تەواوی لەتەسواڵە نووسراوە ئیسرائیلییەکان نەزانراوەو

---

[87] A. E. Cowley, Samaria, in; Encyclopædia Biblica, vol. IV, col. 4255.

نووسەرەکە دەڵێت کە دەکرێت هەروەها شیێمێر ناوی تیرە بێت.

[88] G. A. Reisner, *op.cit.*, p.248.

[89] G. A. Reisner, in; Harvard Excavations at Samaria, 1908-1910, vol. 1, p.60.

لەو کۆشکە نەدۆزراونەتەوە کە بە هی عۆمری زانراوە بەڵکو لەو بەشەی کۆشکەکە کە دریژکراوەی ئەو کۆشکەیەو بە هی ئاخئاب زانراوە.[90]

بەم شێوەیەو هەرچەندە بەڵگە شوێنەوارییەکان پشتگیریی ئەوە دەکەن کە یەکەم بینای سەر گردەکە کۆشک بووە، بەڵام بڕیاردان لەسەر ئەوەی کۆشکەکە هی عۆمری بووە ناکرێت سەد لە سەد بەدڵنیاییەوە وەربگیرێتو دەمێنێتەوە ئەو پرسیارە: ئایا پێش ئەوەی عۆمری ئەو شوێنە بکاتە پایتەختی خۆی شوێنەکە شارێک نەبوو؟ بەو جۆرەش ناوبردنی سامیری لەلایەن قورئانەوە مەبەست لێی کەسێکی خەڵکی شاری سامیرەی کاتی مووساو پێش ئەوەی ببێتە پایتەختی پادشانشینە باکوورییەکەی جوولەکە.

ئەوەی جێگەی سەرنجە سامیرە لە دەقە ئاشوورییەکان، واتە سامیرینا یان سامێرینا، وەکو شێوە عیبرییەکەی نییە کە شۆمەرۆنە. ئینجا ئایا ناو عیبرییەکە دەستکاریکراوەو سامیرینا ناوە ئەسڵییەکەیە؟

شاری صومور

وەڵامی سێیەمیش ئەوەیە مەرج نییە سامیری لە سامیرەوە هاتبێتو بۆی هەیە کابرای سامیری خەڵکی شوێنێکی تر بووبێت. تەوراتیش کاتێک باسی دەرچوونی ئیسرائیلییەکان لە میسر باسی ئەوە دەکات کە شەشسەد هەزار کەس بوون جگە لە منداڵەکان، هەروەها ژمارەیەکی زۆریان لەگەڵ دەرچوون (خروج ١٢: ٣٨)، واتە ئەوانەی دەرچوون هەموویان ئیسرائیلی نەبوونو بۆی هەیە سامیری یەکێک لەوان بووبێت.

زۆر پێش رەمسیسی دووەم، کە زۆرترین بۆچوون کە ئەو فیرعەونی سەردەمی مووسا بوو، شارێک لە سووریا هەبووە بەناوی صومور Şumur. دوور نییە سامیری خەڵکی ئەوێ بووبێتو چووبێتە میسرو لەگەڵ ئیسرائیلییەکان میسری جێهێشتبێت. ئیحتمالی ئەوەی سامیریو خەڵکێکی

---

[90] G. A. Reisner, The Harvard Expedition to Samaria, *op.cit.*, p.227.

تری صومور چووبێتنه میسر بەوه بەهێزتر دەبێت کاتێک دەزانین ئەو شارە
مەڵبەندی ئەو ناوچەیەی سووریا بوو کە سەر بە میسر بوو. لەوەش زیاتر
صومور گرنگترین شاری سەر بە میسر بوو لە باکوور.[91]

صومور لە رۆژئاوای سووریا بوو بەڵام شوێنی تەواوی نەدۆزراوەتەوه.
پێشتر بە (سومره)ی ئەمرۆ زانرابوو لە باکووری شاری تەراپلوس[92]، بەڵام
بۆچوونە نوێکان شوێنەکەی بە (تەل کازەل) دەستنیشان دەکەن(بڕوانه
خوارەوه).

بەپێی (ئۆتۆ ڤێبەر) کە تێبینییەکانی سەر نامەکانی تەل ئەلعەمارنەی[93]
نووسیوه صومور بریتییه لە سیمورۆس (Simyros) Σίμυρος لای ستیفانوسی
بیزەنتی (سەدەی شەشەمی زاینی)، کسیمورا (Ximyra) Ξίμυρα لای
سترابۆنی جوگرافیاناسی یۆنانی (٦٤پ.ز-٢٤ ن)، زیمیرا Zimyra لای
پلینیۆسی رۆمایی (سەدەی یەکەمی زاینی). بە نووسینی هیرۆگلیفیش
دەنووسرا صمر (یان جمر) dmr[94]. بەپێی ئەو نووسینەش ڤاوڵەکان
نەدەنووسران بۆیه دەکرێت صومور بێت یان صەمەر یان صیمیر.. تاد.[95]
ئەوەی گرنگەو جێگەی سەرنجە شێوەیەکی نووسینی ناوەکەیه لای تحۆتمسی

---

[91] بڕوانه:

Trevor Bryce, Letters of the Great Kings of the Ancient Near East, p.151.
[92] O. Weber, in; Die El-Amarna Taflen, 2, S.1141.

[93] تەل ئەلعەمارنه، (ئخت ئاتون)ی کۆن، شوێنەواری پایتەختی ئیخناتون بوو. لەوگردە
ژمارەیەك نامە دۆزرانەوە کە بە خەتی مێخیو زمانی ئەکەدی نووسرابوون. ئەکەدی زمانی
جیهانیی ئەو سەردەمه بوو و بۆ ئاڵوگۆڕکردنی نامە بەکاردەهات. نامەکان لە پادشایانی
بابلو ئاشورو میتتانیو خاتی... تاد هەروەها لە فەمانرەواکانی شام بۆ ئیخناتونو
ئامینحوتپی باوکی لەگەڵ ژمارەیەك نامە بیٚ ناوبردنی پادشاکه، چەند نامەیەکی کەمی
ئەمانیش بۆ پادشاو فەرمانرەوای تر، نامەی کەسانی تریش لەو ئەرشیفه هەن جگه لە
چەند دقێکی داستانەکان.

[94] O. Weber, , in; Die El-Amarna Taflen, 2, S.1141.

[95] لە ناوە میسرییەکە هێمای یەکەم تێکەڵە لە (د) و (ج)و بە هێماگۆڕینی لاتینی بە d و
خەتێک لەژێر تەعبیری لیٚ دەکرێت، هەروەها (لا)ی عیبری، واتە (ص) کە ئێستا بە (تس)
دەخوێنرێتەوه.

سێیەمی بنەماڵەی ۱۸ی میسر که بەم جۆرەیە: صئمیرئ‌*ʤȝ-my-rȝ* که نزیکە
لە صامیرا یان صەمیرە. پادشا لە لەشکرکەشیی شەشەمی لە ساڵی سییەمیو
دوای چوونە قادش (قدشو به میسری) دەچێتە صەئمیرئ ئینجا ئارڤاد یان
ئارواد (به هیرۆگلیفی: *ȝ-rȝ-ṯ-wt*)[96] که ئەو دوو شارە نزیکی صومور بوون.
پادشا باسی زیانگەیاندن به دوو شارەکە دەکات بەڵام هیچ سەبارەت به
صومور ناڵێت. فیرعەونەکە دەڵێت کوڕانو برایانی سەرۆکەکانی ئەو ناوچانەی
بۆ میسر گواستەوه، واتە لەو کاتەوە کەسانی سەر به بنەماڵە فەرمانڕەواکان
لە میسر دەژیانو دیارە کەسانی سەر به صومور لەناویان بوون. ناوی صومور
بەهەمان ئەو شێوەیەی لە نووسینی تحۆتمسی سێیەم هاتووە لە نووسینەکانی
(کەڕنەك)ی سێتیی یەکەمی بنەماڵەی ۱۹ و باوکی ڕەمسیسی دووەم
هاتووە.[97]

وەك وتمان بۆچوونێکی نوێتر سەبارەت به صومور ئەوەیە (تەل
کازەل)ی[98] سووریایە نزیک دەریاو ڕۆژئاوای شاری (حیمص)ەو ئەمەیان
پشتگیریی شوێنەوارییی زیاتری هەیە. صومور هەروەها ڕۆژئاوای شاری
(قادش)ـە که شەڕی میسرییەکانو خاتییەکانی لەسەر هەبووەو یەکێك لە
قۆناغەکانی ئەو جەنگە لە کاتی ڕەمسیسی دووەم بوو.
تەل کازەل Tell Kazel که پشکنینی شوێنەڕایی تێ کرا بۆ ئەوەی بزانرێت
شاری سومور یان سیمورا Simyra یە ناوی لە کتێبی تەکوینو دەقەکانی

---

[96] Breasted, vol, II, S465, p.198.
[97] Breasted, vol. III, S114, p.114.

برێستد بۆ ئەمەیان دەڵێت لە دەقەکە *ṯ* هاتووە که پێویستە ڕئ. *rȝ*. بێت (هەمان
سەرچاوەو لاپەڕە پەراوێزی b).

[98] هیچ نووسراوێك لە تەل کازەل نەدۆزراوەتەوە پشتگیریی ئەوە بکات بەڵام تەواو دیارە
که ئەوێیە ئەوویش بەشتبەستن به شوێنە ستراتیجییەکەیو به دۆزراوە زۆرەکانی که
دەگەڕێنەوە بۆ سەردەمی برۆنزیی نوێو چینەکانی ۱ و۲ ی سەردەمی ئاسنین، واتە ئەو
کاتەی صومور دەورێکی سەرەکیی هەبووە لە ئامورڕو:
Leila Badre, Tell Kazel-Simyra, BASOR, 343, Aug. 2006, p.67.

میسریی کاتی تحۆتمسی سێیەمو لەوحەکانی تەل ئەلعەمارنە و دەقە ئاشورییەکانو نووسەرە کلاسیکییەکان (یۆنانیو ڕۆماییەکان) هاتوووە.[99]

لە کتێبی تەکوین (١٨ :١٠)و لە کتێبی یەکەمی هەواڵەکانی ڕۆژان (سفر اخبار الایام الاول، ١: ١٦) کەسی صەماری (تسەماری) 𐤑𐤌𐤓𐤉 کوڕی کەنعانە ئەویش کوڕی حام کوڕی نووحە. هەرچەندە ئەمە باسی سەردەمێکی زۆر کۆن دەکات بەڵام ئاشکرایە کەرەستەی نوێ بەکارهاتووە واتە ناوی شارێک یان تیرەیەکی سەردەمی نووسینەوەی ئەو ڕستەیەی پەیمانی کۆن بەکارهاتووە بۆ باسکردنی سەردەمێکی کۆنتر.

ناوی صومور لە چەندین نامەی تەل ئەلعەمارنە هاتووە. ناوی شاری صومور لەو نامانە بە چەند شێوەیەك هاتووە: صوموری، صومور، صومورا، زوموری.[100]

یەکێك لەو نامانە نامەی ریب-ئاددا (ریب-ئاددی، ریب-خاددا)یە (نامەی ژمارە EA68) کە فەرمانڕەوای گوبلا (جوبەیلی ئێستا لە لوبنان) بوو و بۆ پادشای میسر ئیخناتون ناردبووی، ریب-ئاددا بە فیرعەونەکە دەڵێت کە بەهۆی صوموورەوە، کە فەرمانبەرێکی فیرعەون فەرمانڕەوای بوو، گوبلا پارێزرابوو. دەشڵێت دوژمنایەتیی جەنگاوەرانی (خاپیرو) SA.GAZ.MEŠ بەرامبەری زۆر گەورەیە بۆیە فیرعەونەکە دوانەکەوێت لە ناردنی یارمەتیی بۆ صومور نەوەکو پەیوەندی بە خاپیروڕۆ بکەن[101] نامەیەکی تری هەمان کەس

<hr>

[99] Leila Badre, Tell Kazel-Simyra, p.65.

[100] بۆ ئەو شێوانەو شێوەی نووسینی ناوەکەو ژمارەی ئەو نامانەو ئەو دێڕانەی ناوی شارەکەی تێ هاتووە بڕوانە ناوی شارەکە لە پێڕستی ناوی جوگرافییەکان:
E. Ebeling, in; Die El-Amarna Taflen, II, S.1158.
[101] Knudtzon, Die El-Amarna Taflen, I, 68, S.361.

لەو نامانە ناوی ئەو خەڵکە کە بە کۆچەریو چەتەیی، هەروەها کۆیلە، ناسرابوون بە زاراوەی سومەری SA.GAZ یان GAZ .. هاتووەو بە (خاپیرو) زانراوە کە ئەمیان بە ئەکەدییە. خاپیرو یان عاپیرو نەتەوەیەکی دیاریکراو نەبوون بەڵکو زاراوەیەك بوو بۆ کەسانێکی وڵاتی دوورو‌بارو سووریاو دەوروبەریو ناوەکەیان زۆر پێش پەیدابوونی ئیسرائیلییەکان هەبوو بۆیە بۆچوونی جیاواز دەربارەی پەیوەندی ئەوان بە زاراوەی (عیبرییەکان)ـەوە هەیە بەڵام بەشێوەیەکی گشتی بۆچوونی زاڵ ئەوەیە خاپیرو

(EA76)، ناوی شارەکە بەشێوەی صومورا دەبات. لەم نامەیه ریب-ئاددا بە فیرعەون که ولاتی پادشا (واته ناوچەکانی سەر بە فیرعەون)و شاری صومور که پایتەختی پادشایه لەوێ پەیوەندییان بە خاپیرو GAZ.MEŠ ^{amêlu} وه کرد ئەویش دەستەوەستان بوو. ئینجا داوای ناردنی سەرباز دەکات.[102]

جگه له خاپیرو پادشانشینی بچووکی (ئاموررو) دوژمنێکی تر بوو و له باکووری گوبلا بوو و تا ئوگاریت دریژ دەبووەوه و سەرەتا سەر به میسر بوو و دوایی لێی یاخی بوو. نامەیەکی تر ریب-ئاددا (EA71) بۆ وەزیری فیرعەونەکەیەو لۆمەی دەکات که بۆچی به پادشای نەوت بۆ ناردنی سەرباز بۆ گرتنی صومور (صومورا). قسەش به عەبدی عەشیرتا، فەرمانڕەوای ئاموررو، دەلێت کە ئەو چییه تا ولاتی پادشا بۆ خۆی بەرێت؟ باسی بەهێزبوونی عەبدی عەشیرتاش دەکات بەهۆی کۆمەلانی خاپیرو GAZ ^{amêlu} وه.[103]

صومور کەوتبووه دەستی عەبدی عەشیرتا، دوای مردنی ئەمیش کەوتەوه دەستی میسرییەکان، بەلام گەورەتربوونی دەسەلاتی کورانی عەبدی عەشیرتا بەسەر ناوچەکە وای کرد صومور له مەترسی بێت، ئەوەش بوو جارێکی تر کەوته دەستیان، ئەو کەسەش که زیاتر ناوی دێت (ئازیرو)ی کوڕی عەبدی عەشیرتا بوو که هێشتا خۆی وەک وابەستەی فیرعەونی میسر خۆی بۆ ئەو فیرعەونه پیشان دەدا.[104] شارەکه بەهۆی شەڕو گەمارۆوه خراپی بەسەر هاتبوو، ئیخناتونیش فەرمانی به ئازیرو دابوو بنیاتی بنێتەوه، ئەویش بەلێنی پێدا بەلام بەلگه لەسەر ئەوه نییه که بەلێنەکەی جێبەجێکردبێت..[105]

له دەقه ئاشورییەکان هەر سێ ناوی صومور (به شێوەی صیمیررا)و زیماررا (ڕەنگه صەماری تەورات بێت)و سامیره (سامیرینا) وەک سێ شوێنی

پەیوەندییان به عیبرییەکانەوه نییەو زاراوەیەکی نەتەوەیی نییه. میسرییەکان پێیان وتوون (عپرو) که دەکرێت به (عەپرو) یان عەپیرو بخوێنرێتەوه.

[102] Knudtzon, Die El-Amarna Taflen, I, 76, S.383.
[103] Knudtzon, Die El-Amarna Taflen, I, 71, S.367
[104] Trevor Bryce, Letters of the Great Kings of the Ancient Near East, p.146ff.
[105] *ibid.*, pp.151-2.

جیاواز دەردەکەونو ئەمە ئیحتمالی سەرچاوەی ناوی کابرای سامیری زیاد دەکات بۆ دوان وەك لە خوارتر ڕوونی دەکەینەوە.

صومور لای ئاشووریيەکان بە صیمیررا Şimirra ناوبراوە" تیگلات پلاسەری سێیەم (٧٤٥–٧٢٧ پ.ن) باسی ژمارەیـەك شاری ناوچـەکە دەکات کـە صیمیررا یەکێکیانە دوای ناوی گوبلا .. کە ئەمانەی خستە ژێر دەسەڵاتی خۆی. هەر لەو نووسراوەو پاش صیمیررا شارێکی تر هەیە ئینجا ناوی شاری زیماررا Zimarra.[106] شـارەکانی بـاکووری کـەناری سـووریا لـە هـەرێمێك ڕێکخرابوون کە مەرکەزەکەی صیمیررا بوو.[107] دواتر ناوی صیمیررا بەپاڵ سامیرە لە نووسراوێکی سارگۆنی دووەمی ئاشووری سەبارەت بە شەڕی سالّی دووەمی (٧٢٠ پ.ن) دژی چـەند شارێکی سووریاو فەڵەسـەتین وەك قارقارو صـیمیرراو دیمەشـقو سـامیرە (لـە دەقەکـە: Samirina)و غـەززە .... و بەپشتیوانیی فیرعەونی میسر جەنگا.[108] هەبوونی ناوی زیماررا بەپاڵ صیمیررا لە یەك دەقی تیگلات پلاسـەری ئاشوری ئیحتمالێکی ترمان بۆ سەرچاوەی ناوی (سامیری)ی قورئان زیاد دەکاتو بـەم جۆرە نەك تـەنها صومور یان (صیمیررا)مان هەیە بـۆ ئەسڵی ناوی سامیری بەڵکو (زیماررا)شمان هەیە. لەڕێگەی ئەو دەقەی سەرەوەی تیگلات پلاسەرو دەقێکی تری ئاشکرا دەبێت کە زیماررا شارێکی ترەو جیایە لـە صیمیررا و سامیرە. ناوی سامیرە لـەم دەقەی تری تیگلات پلاسەر بەشێوەی سامێرینا Samerina بوو ل لە هەمان ئەو دەقە ناوی صیمیررا هاتووە کـە لەگـەڵ چـەند شارێك لەسـەر کـەناری دەریا

---

[106] Luckenbill, Ancient Records of Assyria and Babylonia, vol. I, S815 (p.292).
[107] Nicholas Geoffrey Lemprière Hammond ,Empires and Other States of the Near East, p.468.

لـە سەرچـاوەی خـوارەوە: سـترابۆ پێـی وتـووە سیمورا Simyra (بـەپێی خوێندنـەوەی یۆنانیی ل شتێکی نزیکە لە "و"و ئێستا (سومرا)یە، بەلّام نووسەرەکە صومور بە زەمار Zemar دەنووسێت کە لە تـەورات هاتووە (تـەکوین ١٠: ١٨)، بـەلّام بەبۆچـوونی خۆمـان ئەوە هەلّەیە چونکە وەك باسمـان کرد لـە نووسراوەکەی سـەرەوەی تیگلات پلاسـەری سێیەم لە دوای ناوی سیمیررا شارێکی تر ئینجا شاری زیماررا Zimarra هاتووە کە ناوی ئەمیان نزیکتره لە زەمار.

[108] Luckenbill, Ancient Records of Assyria and Babylonia, vol. II, S5 (p.3).

بوون. [109] كەواتە دەكرێت سامیری خەڵكی زیماررا بووبێت هەرچەندە ئێمە زیاتر ئەوە پەسەند دەكەین كە خەڵكی صومور (صیمیرای ئاشوری) بووبێت، ئەوەش بەبێ ئەوەی ئیحتمالی هەبوونی سامیرە لە كاتی مووسا پشتگوێبخەین وەك چۆن لە سەرەوە ڕوونمان كردەوەو كە بەم جۆرە دەكرێت سامیری خەڵكی یەكێك لەو سێ شارە بووبێت.

بەم شێوەیەش نەك تەنها وەڵامی ئەو ڕەخنەیە دەدەینەوە بەڵكو هەروەها ئێمە زیاتر لە یەك وەڵاممان هەیە. وەك وتیشم باسی مێژووی كۆنو شوێنەوار بەو ئاسانییە نییە كەسێك ناوێك ببینێتو بەسەرپێیی ئەنجامێكی لێ دەربهێنێت.

[109] D. D. Luckenbill, Ancient Records of Assyria and Babylonia, vol. I, S772 (p.276).

٨-فیرعەون لە خنکان ڕزگاری دەبێت

وَجَاوَزْنَا بِبَنِي إِسْرَائِيلَ الْبَحْرَ فَأَتْبَعَهُمْ فِرْعَوْنُ وَجُنُودُهُ بَغْيًا وَعَدْوًا حَتَّى إِذَا أَدْرَكَهُ الْغَرَقُ قَالَ آمَنتُ أَنَّهُ لَا إِلَهَ إِلَّا الَّذِي آمَنَتْ بِهِ بَنُو إِسْرَائِيلَ وَأَنَاْ مِنَ الْمُسْلِمِينَ * آلْآنَ وَقَدْ عَصَيْتَ قَبْلُ وَكُنتَ مِنَ الْمُفْسِدِينَ * فَالْيَوْمَ نُنَجِّيكَ بِبَدَنِكَ لِتَكُونَ لِمَنْ خَلْفَكَ آيَةً وَإِنَّ كَثِيرًا مِّنَ النَّاسِ عَنْ آيَاتِنَا لَغَافِلُونَ – يونس: ٩٠-٩٢)).

عبدالفادی دەڵێت ئەم ئایەتە دەڵێت فیرعەون لە خنکان ڕزگاری بوو بەڵام لە سوورەتی القصص دەڵێت فیرعون خنکا:

وَقَالَ فِرْعَوْنُ يَا أَيُّهَا الْمَلَأُ مَا عَلِمْتُ لَكُم مِّنْ إِلَهٍ غَيْرِي فَأَوْقِدْ لِي يَا هَامَانُ عَلَى الطِّينِ فَاجْعَل لِّي صَرْحًا لَّعَلِّي أَطَّلِعُ إِلَى إِلَهِ مُوسَى وَإِنِّي لَأَظُنُّهُ مِنَ الْكَاذِبِينَ * وَاسْتَكْبَرَ هُوَ وَجُنُودُهُ فِي الْأَرْضِ بِغَيْرِ الْحَقِّ وَظَنُّوا أَنَّهُمْ إِلَيْنَا لَا يُرْجَعُونَ * فَأَخَذْنَاهُ وَجُنُودَهُ فَنَبَذْنَاهُمْ فِي الْيَمِّ فَانظُرْ كَيْفَ كَانَ عَاقِبَةُ الظَّالِمِينَ – القصص: ٣٨-٤٠)).

کەواتە قورئان لەگەڵ خۆی ناڕێکە هەروەها ناڕێکە لەگەڵ قسەی داوودی پێغەمبەر کە وتبووی: ((پاڵی بە فیرعەونو هێزەکەیەوە نا بۆ ناو دەریای سووف (یەم سووف) ‏‎ﮒ‎ﳵﲡ‎)) (مەزموووری ١٣٦: ١٥).

* * * *

ئەگەر بەپێی تەفسیری باو قسە بکەین دەڵێین ناڕێکی نییە لە نێوان دوو باسەکەی قورئان چونکە دووەمیان بەئاشکرا باسی خنکانی فیرعەون دەکات، یەکەمیشیان هەر باسی خنکان دەکات بەڵام ئەوە لاشەی فیرعەون بوو کە ڕزگاری بوو نەک فیرعەون بەزیندوویی.

ئایەتەکە دەڵێت (ڕزگارت دەکەین بە لاشەتەوە) یان (بەهۆی لاشەتەوە ڕزگارتان دەکەین)و ئەوەی لێ تێدەگەین کە فیرعەون خنکا بەڵام لاشەکەی ڕزگاری بوو، ئەوەشە ئەوانەی باسی ئیعجازی قورئان دەکەن دەیکەنە بەڵگە لەسەر ئیعجاز، واتە قورئان باسی ئەوە دەکات لاشەی فیرعەون ڕزگاری بوو بۆ ئەوەی ببێتە نیشانە بۆ ئەو کەسانەی دوای خۆی، لە سەدەی نۆزدەش

مۆمیاکەی رەمسیسی دووەم دۆزرایەوەو تا ئێستا ماوەو خەڵك دەتوانن
بیبینن.

ئەوەی جێگەی سەرنجە ئەوەیە ئەو مەزموورەی عبدالفادی کردوویەتی بە
بەڵگە کە فیرعەون خنکا بۆ خۆی بەڵگە نییە: خودا فیرعەونو هێزەکە پاڵ
پێوەنا بۆ ناو دەریای (سووف)، بەڵام بەئاشکرا ناڵێت خنکا. ئەوەش وای
کردووە لە لێکۆڵەرەوەیەکی تەورات کە بڵێت مووسا باسی تێکشکاندنی
لەشکری فیرعەونی کردووە بەڵام قەت باسی لەناوچوونی خودی فیرعەونی
نەکردووە ¹¹⁰، واتە هەمان ئەو قسەیە دەکات کە عبدالفادی کردوویەتی بە
رەخنە بەسەر قورئان.

لێرە ئەگەر بەکورتیش بێت پێم باشە باسێکی خنکانی فیرعەون بکەم کە
باسێکە لە لێکۆڵینەوەیەکی پێشتری خۆمە ¹¹¹:

زۆربەی بۆچوونەکانو بەڵگەکان ئەوەن کە رەمسیسی دووەم فیرعەونی
مووسا بوو، بەڵام شیکردنەوەی مۆمیای رەمسیسی دووەم (کە لەرووی
دەرەوە کرابوو) نەیسەلماندووە کە بە خنکان مردبوو، هەروەها ئەوەشی
ئاشکرا کردبوو کە لەکۆتایی ژیانی ژمارەیەك نەخۆشیی پیریی هەبوو و
نەخۆشییەکانی بەجۆرێك بوون نەیاندەهێڵا سواری عارەبانەی جەنگ بێتو
شوێنی بەنو ئیسرائیل بکەوێت. لەوەشەوە ئەو بۆچوونەم خستە روو کە
رووداوی دەرچوون لە کۆتایی ژیانی رەمسیس نەبوو بەڵکو پێشتر بوو و
رەمسیسی دووەم لە دەریا خنکابوو بەڵام خنکان (غرق) واتای مردن نییە
بۆیە وای بۆچووبووم کە رەمسیسی دوای ئەوە تا مردنی لە حاڵەتی بێهۆشی
بوو. بۆ پاڵپشتی ئەوەش ئەوەم کرده بەڵگە کە تەنها یەك جار باسی خنکانی
خودی فیرعەون کراوەو جارەکانی تر باسی ئاڵی فیرعەون یان سەربازەکانی
فیرعەون کراوە. هەروەها ئایەتی ((فاخذناه وجنودَه فنبذناهم في اليم وهو مُليم-
الذاريات: ٤٠)) هەیە کە موفەسیران وشەی (مليم)یان بە لۆمەکراوە تەفسیر

——————————————

¹¹⁰ Douglas Petrovich, Amenhotep II and the Historicity of the Exodus-
Pharaoh, pp.89-90.

¹¹¹ لێکۆڵینەوەکەم لە کۆنگرەی بەرگری لە قورئان کە پێشتر ئاماژەم بۆ کردبوو.

کردووە بەمەرجێک ئەوە لەگەڵ زمانی عەرەبی ناگونجێت، ئەو وشەیەش یەک جاری تر بەکارهاتووە ئەویش بۆ یوونسی پێغەمبەر کە خۆی فڕێدایە دەریاو نەهەنگەکە قووتی داو نەمردو ئەو حاڵەتەی تووشی ببوو لە هی لۆمەکردن ناچێت: ((فَالْتَقَمَهُ الحوتُ وهو مُلیم -الصافات: ١٤٢))، بۆیە لەوە دەچێت ئەوەی فیرعەون حاڵەتێکی لەو جۆرە بێت نەک مردن بەهۆی خنکانەوە.

٣٠-كچی فیرعەون یان ژنەكەی؟

((وَقَالَتِ امْرَأَتُ فِرْعَوْنَ قُرَّتُ عَيْنٍ لِّي وَلَكَ لَا تَقْتُلُوهُ عَسَى أَن يَنفَعَنَا أَوْ نَتَّخِذَهُ وَلَدًا وَهُمْ لَا يَشْعُرُونَ −القصص: ٩)).

سوورەتی قەصەص باسی ئەو ئافرەتە دەكات كە موسای لە ڕوبارەكە هەلگرتەوە كە ژنی فیرعەون بوو، تەوراتیش دەلێت كچی فیرعەون چووە ڕوبارەكـە خـۆی بشـواتو سـەبەتەكەی بـینیو كەنیزەكـەی نـارد بـۆ هەلگرتنەوەیو بینی مندالێكە دەگری ئیتر دلی بۆی نەرم بوو و وتی ئەمە مندالێكی عیبرییەكانە... تا دەگاتـە ئـەوەی كـە گـەورە دەبێت دایكـی دەیهێنێتەوە بۆ كچەكەی فیرعەونو ئەم دەیكاتە كوڕی خۆی (خروج٢: ٥− ١٠). عبدالفادی ئەم باسە بەكورتی دەهێنێتەوە.

*** * * ***

لە قورئان باسی ئەوە نەكراوە كێ موسای هەلگرتەوە، ئایەتەكەی پـێش ئەوە دەلێت : ((فالتقطه آل فرعون لیكون لهم عدواً وحَزَناً..)). دەكرێت كچەكەی فیرعەون بێت. لـە ئایەتەكـەی دوای ئەوەش ژنەكەی فیرعەون بە فیرعـەون دەلێت مەیكوژن بەلكو بەكەلكمان بێت یان بیكەینە مندالی خۆمان. كەواتە گێڕانەوەكەی تەورات باسەكەی كورتكردۆتەوەو كەسایەتییەكەی كردۆتە یـەك كەس ئەویش كچی فیرعـەون. نموونەی تریشمان هەیە لە كورتكردنەوە لـە باسەكانی تەورات كە دواتر دەیانبینین. بەئاسانیش تێدەگەین حـەزی ژنەكەی فیرعەون بەوەی مندالەكە بكاتە كوڕی خۆی بۆچی بووە. ڕەمسیسی دووەم چەند ژنێك بوو و نزیكەی سەد كوڕو كچی هـەبووە، مندالەكانیشی بـەردەوام دەمـردنو كاتێك خـۆی مـرد ئەوەندەی كوڕی نـەمابوو. ڕەنگە ئـەو ژنـەی فیرعەون مندالی نەدەبوو، یان كچی بووەو حەزی دەكرد كوڕی هەبێت.

بەلام جگە لەم وەلامە دەتوانین ئەوەش بلێین كە هـەردوو باسـەكە ڕاسـتن واتە ئافرەتەكە كچی فیرعەونو ژنێشی بوو. چەندین فیرعەون خوشكی خۆیان

یان، ئەمەشیان کەمتر، کچی خۆیانیان دەهێنا. واش دیارە ئەوە تایبەت بووە بە بنەماڵەی پادشایانە. رەنگە هۆیەکی ئەوەش بگەڕێتەوە بۆ ئەوەی کە ئەو جۆرە ژنهێنانە، کە لە ئەفسانەکانی تایبەت بە خوداوەندەکان هەیە، وەك ئیمتیازێکی پادشایانە تەماشا دەکرا کە پادشاکە لە خەڵکەکە جیادەکاتەوە.[112] هەرچەندە بەپاڵ ئەوە ڕێی تێدەچێت دەوری هەبووبێت لە هێشتنەوەی دەسەڵات لەناو بنەماڵەکە.[113]

رەمسیسی دووەم کە پاڵێوراوی گەورەیە بۆ ئەوە فیرعەونی مووسا بێت ژمارەیەك ژنی هەبووە کە یەکێکیان بنت عنات، کچی گەورەی خۆی لە ئیزیس نفرت (ئست نفرت)ی ژنی. کچێکی تری رەمسیس مریت ئیمن (مریت ئامون) لە ژنەکەی نفرتاری. کچێکی تری کە دواتر بووە ژنی ناوی (نبت تاوی) بوو. یەکێکی تر (حنت می رع) کە ناسراو نییە.

بەپێی لێکۆڵینەوەیەکیش نموونەی زۆر کەم هەن بۆ ژنهێنانی لەم جۆرە لە ناو خەڵکی سادە لە میسری فیرعەونی.[114] رەنگە ژنهێنانی براو خوشك لە ناو پادشایانی سەردەمی پادشانشینی نوێو بەتایبەتی بنەماڵەی ۱۸ (بنەماڵەکەی پێش ئەوەی رەمسیسی) زیاتر هەبووبێت، بەڵام لە سەردەمی تریش هەبووە، تەنهاش لە سەردەمی ڕۆمایی لە میسر ژنهێنانی براو خوشك لەناو خەڵکی ئاسایی بڵاوببووەوە.[115]

---

[112] Ian Shaw, Paul Nicholson, The British Museum Dictionary of Ancient Egypt, p.171, Terry G. Wilfong, Marriage and Divorce, in; Oxford Encyclopedia of Ancient Egypt, vol. II, p.343.

[113] Wilfong, *ibid*, p.343.

[114] *ibid*, p.344.

[115] *ibid.*

٣١-فرێدانی منداڵان بۆ ناو ڕووبارەکە پێش لەدایکبوونی مووسا بوو نەك دوای ناردنی بە پێغەمبەر

((وَقَالَ الْمَلَأُ مِن قَوْمِ فِرْعَوْنَ أَتَذَرُ مُوسَى وَقَوْمَهُ لِيُفْسِدُواْ فِي الْأَرْضِ وَيَذَرَكَ وَآلِهَتَكَ قَالَ سَنُقَتِّلُ أَبْنَاءهُمْ وَنَسْتَحْيِي نِسَاءهُمْ وَإِنَّا فَوْقَهُمْ قَاهِرُونَ -الاعراف:١٢٧)).

((إِنَّ فِرْعَوْنَ عَلَا فِي الْأَرْضِ وَجَعَلَ أَهْلَهَا شِيَعًا يَسْتَضْعِفُ طَائِفَةً مِّنْهُمْ يُذَبِّحُ أَبْنَاءهُمْ وَيَسْتَحْيِي نِسَاءهُمْ إِنَّهُ كَانَ مِنَ الْمُفْسِدِينَ * وَنُرِيدُ أَن نَّمُنَّ عَلَى الَّذِينَ اسْتُضْعِفُوا فِي الْأَرْضِ وَنَجْعَلَهُمْ أَئِمَّةً وَنَجْعَلَهُمُ الْوَارِثِينَ * وَنُمَكِّنَ لَهُمْ فِي الْأَرْضِ وَنُرِي فِرْعَوْنَ وَهَامَانَ وَجُنُودَهُمَا مِنْهُم مَّا كَانُوا يَحْذَرُونَ * وَأَوْحَيْنَا إِلَى أُمِّ مُوسَى أَنْ أَرْضِعِيهِ فَإِذَا خِفْتِ عَلَيْهِ فَأَلْقِيهِ فِي الْيَمِّ وَلَا تَخَافِي وَلَا تَحْزَنِي إِنَّا رَادُّوهُ إِلَيْكِ وَجَاعِلُوهُ مِنَ الْمُرْسَلِينَ – القصص: ٤-٧)).

عبدالفادی دەڵێت لە سوورەتی ئەعراف میسرییەکان شکاتی مووسایان لای فیرعەون کرد ئەویش وتی منداڵەکانیان دەکوژینو ئافرەتەکانیان دەهێڵینەوە، سوورەتی قەصەصیش باس لە فیرعەون دەکات کە پێش لەدایکبوونی مووسا منداڵەکانی دەکوشتو ئافرەتەکانی دەهێشتەوە، بەم جۆرەش ئەو دوو ئایەتە ناڕێکن بەیەکتر.

* * * *

کاتێك ڕەخنە دەگیرێت بەوەی کە ناڕێکی لە باسەکان هەیە پێویستە بزانرێت کە ناڕێکی کاتێك ڕاستە ئەگەر یەکێك لە دوو شتەکە هەبێتو ئەوەی تر نەبێت. ئەم حاڵەتەش ئەو ناڕێکییە نایگرێتەوە چونکە هەردوو کارەکە دەکرێت هەبووبن، واتە دەکرێت پێش لەدایکبوونی مووسا کوشتنی منداڵەکان ڕوویدابێت، دەشکرێت دوای ئەوەی مووسا بووە پێغەمبەر کارەکە دەستی پێکردبێتەوە. کاتێکیش دەڵێین ((دەکرێت هەبووبن)) مەبەستمان لە مەنهجی بیرکردنەوەو ڕەخنەیە ئەگینا لە قورئان بە ئەکیدی هەبووە چونکە جاری

٩٦

دووەم کـه باسـکراوەو وەك لـه ئایەتـەکان دیـارە دوای ئـەوەی سیحری جادووگەرانی فیرعەون بەتاڵ بوو و ئەمان باوەڕیان به مووسا هێنا:

((قَالَ فِرْعَوْنُ آمَنتُم بِهِ قَبْلَ أَن آذَنَ لَكُمْ إِنَّ هَذَا لَمَكْرٌ مَّكَرْتُمُوهُ فِي الْمَدِينَةِ لِتُخْرِجُواْ مِنْهَا أَهْلَهَا فَسَوْفَ تَعْلَمُونَ * لأُقَطِّعَنَّ أَيْدِيَكُمْ وَأَرْجُلَكُم مِّنْ خِلاَفٍ ثُمَّ لأُصَلِّبَنَّكُمْ أَجْمَعِينَ * قَالُواْ إِنَّا إِلَى رَبِّنَا مُنقَلِبُونَ * وَمَا تَنقِمُ مِنَّا إِلاَّ أَنْ آمَنَّا بِآيَاتِ رَبِّنَا لَمَّا جَاءتْنَا رَبَّنَا أَفْرِغْ عَلَيْنَا صَبْرًا وَتَوَفَّنَا مُسْلِمِينَ * وَقَالَ الْمَلأُ مِن قَوْمِ فِرْعَوْنَ أَتَذَرُ مُوسَى وَقَوْمَهُ لِيُفْسِدُواْ فِي الأَرْضِ وَيَذَرَكَ وَآلِهَتَكَ قَالَ سَنُقَتِّلُ أَبْنَاءهُمْ وَنَسْتَحْيِي نِسَاءهُمْ وَإِنَّا فَوْقَهُمْ قَاهِرُونَ -الاعراف: ١٢٣-١٢٧)).

عبدالفادی نازانێت کـه ئـەو ڕەخنـه هەڵەیـه باسـێکی تـەورات دەگرێتـەوە ئـەویش ئیشی سوخرەی بـەنو ئیسرائیل کـه فیرعـەون پێـی دەکـردن پێـش لەدایکبوونی مووسا (خروج: ئیصحاحی ١)و بەردەوام بوو بۆ دوای ئەو کاتـەی مووسا بووه پێغەمبەر، بەڵکو قورستریش کرا لەسەریان (خروج: ئیصحاحی ٥). ئایا دەکرێت بلێین دوو باسەکه دژ به یەکن؟

٣٢- مارەیی ژنەکەی مووسا

((قَالَ إِنِّي أُرِيدُ أَنْ أُنكِحَكَ إِحْدَى ابْنَتَيَّ هَاتَيْنِ عَلَى أَن تَأْجُرَنِي ثَمَانِيَ حِجَجٍ فَإِنْ أَتْمَمْتَ عَشْرًا فَمِنْ عِندِكَ وَمَا أُرِيدُ أَنْ أَشُقَّ عَلَيْكَ سَتَجِدُنِي إِن شَاء اللَّهُ مِنَ الصَّالِحِينَ — القصص: ٢٧)).

عبدالفادی دەڵێت زانراوە کە یەثرۆن، خەزووری مووسا حەوت کچی هەبووە نەك دوانو یەکێکیانی دا بە مووسا بێئەوەی هەشت یان دە ساڵ خزمەتی بکات. ئەوەی خزمەتی خەزووری کرد وەك مارەیی کچەکەی یەعقووب بوو کە حەوت ساڵ خزمەتی کرد (تکوین ٢٩: ١٨).

* * * *

تا چەند دەتوانین باوەڕ بەوە بکەین لەکاتێك خودی تەورات نارێکە لەبارەی خەزووری مووسا؟ تەورات (خروج ٢: ١٨) ناوەکەی بە رەعوئیل רעואל دەبات (هەروەها لە کتێبی ژمارەکان ١٠: ٢٩ کە چوارەم کتێبی پێنج کتێبی تەورات)، بەڵام لە ئیصحاحی دوای ئەو (خروج ٣: ١،هەروەها لە چەند شوێنێکی تری کتێبی دەرچوون) ناوی بە یەثرۆن (یترۆ، یثرۆ) יתרו دەبات. لە کتێبی ژمارەکان حۆباب חבב کوڕی رەعوئێلە بەڵام لە کتێبی قازییەکان (١١: ٤) حۆباب خۆی خەزووری مووسایە. لەو دوو کتێبەی تەورات (دەرچوون، ژمارەکان) خەزووری مووسا بە میدیانی (خەڵکی میدیان) ناوبراوە بەڵام لە قازییەکان بە قینی קיני (قضاة١: ١٦ و ٤: ١١).[116]

هەر لەوێش تەورات دەڵێت مووسا مەڕەکانی خەزووری دەلەوەڕاند کە ئەمە واتای ئەوەیه کاری بۆ خەزووری دەکرد. سەبارەت بەوەش کە یەعقووب وەکو مارەیی حەوت ساڵ خزمەتی خەزووری کرد شتی نامەعقوول لەو باسە هەیە

---

[116] بۆ ئەمانە و هەوڵی وەڵامی ئەو نارێکییانە بڕوانە:

Nahum M. Sarna, S. David Sperling, *Jethro*, in; Encyclopaedia Judaica, vol. 11, pp. 251-2.

ئەویش کە یەعقووب حەزی لە راحیل بوو و حەوت ساڵ خزمەتەکەی بۆ باوکی تەواو کرد ئینجا باوکی پێی دا، واتە یەعقووب حەوت ساڵ چاوەڕێی کردو کاری کرد تا ئەوی دەستکەوت. چیرۆکەکە دوای ئەوە دەڵێت باوکی راحیل کچەکەی تری دا بە یەعقووب، چونکە گەورەکەیان بوو، بێئەوەی یەعقووب بزانێت چونکە شەو بوو بۆیە یەعقووب داوای راحیلی کردەوە ئەویش وتی دوای هەفتەیەك دەیداتێ بەو مەرجەی حەوت ساڵی تر کاری بۆ بکات (تەکوین ٢٩ :٩–٢٨).

جگە لە نامەعقوولیەتی چیرۆکەکە بەڵام وا دیارە دوو چیرۆکنو تێکەڵ بە یەك کرابن. چیرۆکی دووەم، ئەویش تەنها ئەم برە: راحیل دەدرێت بە یەعقووب ئینجا حەوت ساڵی کار بکات، ڕێی تێدەچێت بۆیە دوور نییە لە چیرۆکێکی تر وەرگیراوەو تێکەڵ بە چیرۆکە سەیرەکەی پێشتر کراوە ئەویش کارکردن بۆ حەوت ساڵ ئینجا یەعقووب راحیل بهێنێت، سەرباری ئەوەش فێڵی لێدەکرێت.

٣٣-ئیسرائیل میراتیی میسری نەگرت

((قَالَ مُوسَى لِقَوْمِهِ اسْتَعِينُوا بِاللّهِ وَاصْبِرُواْ إِنَّ الأَرْضَ لِلّهِ يُورِثُهَا مَن يَشَاء مِنْ عِبَادِهِ وَالْعَاقِبَةُ لِلْمُتَّقِينَ * قَالُواْ أُوذِينَا مِن قَبْلِ أَن تَأْتِينَا وَمِن بَعْدِ مَا جِئْتَنَا قَالَ عَسَى رَبُّكُمْ أَن يُهْلِكَ عَدُوَّكُمْ وَيَسْتَخْلِفَكُمْ فِي الأَرْضِ فَيَنظُرَ كَيْفَ تَعْمَلُونَ -الاعراف: ١٢٨-١٢٩)).

عبدالفادی ڕەخنەی ئەوە دەگریّت کە قورئان هەڵەی کردووە کاتیّک باسی ئەوەی کردووە میسر بووە میراتیی بەنو ئیسرائیل. عبدالفادی قسەی بەیزاوی دەگیّریّتەوە کە گیّراویانەتەوە کە میسر بەشیّک بوو لە وڵاتانەی دەست بەنو ئیسرائیل لە کاتی داوود کەوت (ج٣، ص٥١). عبدالفادی دەڵیّت هەموو کەس دەزانیّت کە خاکی کەنعان نەک میسر بووە میراتیی بەنو ئیسرائیل.

هەڵبەت لەو دوو ئایەتەی کە عبدالفادی هیّناونی ئاشکراتر و گونجاوتر بۆ مەبەستەکەی هەیە ئەوەیش لە سوورەتی الشعراء: فَأَخْرَجْنَاهُم مِّن جَنَّاتٍ وَعُيُونٍ * وَكُنُوزٍ وَمَقَامٍ كَرِيمٍ * كَذَلِكَ وَأَوْرَثْنَاهَا بَنِي إِسْرَائِيلَ (الشعراء: ٥٧-٥٩).

ئەگەر ئەوەشی ببینیایە دڵی خۆشتر دەبوو بەڵام مەخابن دڵخۆشییە یەکەمەکەی لەجیّگەی خۆی نییە چونکە قسەی بەیزاوی تەنها قسەیە، ئەم ئایەتەی دواییش ئەگەر بیزانیایە هەر سوودی نەدەبوو چونکە بەڵیّ بەڕاستی بەنو ئیسرائیل میراتیی میسریان گرت بەڵام لەکویّ؟ لە فەلەستینو دەوروبەری لەبەر ئەوەی ئەوانە موڵکی میسر بوون. دوای ڕەمسیسی دووەم مرنپتاحی کوڕیو فیرعەونەکانی دوای ئەو هەوڵی گەڕاندنەوەی هەیبەتی میسر لەو ناوچانەیان دابوو بەڵام وردەوردە ئەو ناوچانەیان لەدەست دەردەچوونو بەنو ئیسرائیل وردەوردە دەستیان بەسەر چەند ناوچەیەک دەگرت تا شکۆمەندییەکی گەورەیان لەسەردەمی داوود و زیاتر سەردەمی سولەیمان دامەزرا.

دەربارەی گورزەکان لە میسر

دوو پرسیار هەن: ژمارە ٣٤ کە باسی هەموو گورزەکانەو ژمارە ٥١ کە باسی لافاوە.

٣٤-گورزەکان کە لە میسر دران دە بوون نەك نۆ

وَلَقَدْ آتَيْنَا مُوسَى تِسْعَ آيَاتٍ بَيِّنَاتٍ فَاسْأَلْ بَنِي إِسْرَائِيلَ إِذْ جَاءهُمْ فَقَالَ لَهُ فِرْعَوْنُ إِنِّي لَأَظُنُّكَ يَا مُوسَى مَسْحُورًا * قَالَ لَقَدْ عَلِمْتَ مَا أَنزَلَ هَؤُلاء إِلاَّ رَبُّ السَّمَاوَاتِ وَالأَرْضِ بَصَآئِرَ وَإِنِّي لَأَظُنُّكَ يَا فِرْعَونُ مَثْبُورًا * فَأَرَادَ أَن يَسْتَفِزَّهُم مِّنَ الأَرْضِ فَأَغْرَقْنَاهُ وَمَن مَّعَهُ جَمِيعًا * وَقُلْنَا مِن بَعْدِهِ لِبَنِي إِسْرَائِيلَ اسْكُنُواْ الأَرْضَ فَإِذَا جَاء وَعْدُ الآخِرَةِ جِئْنَا بِكُمْ لَفِيفًا (الاسراء : ١٠١-١٠٤).

عبدالقادری لێرە سێ ڕەخنەی هەیە:

١-لە قورئان باسی نۆ گورز کراوە بەڵام تەورات باسی دە گورز دەکات.

٢-پاش لەناوچوونی فیرعەونو لەشکرەکەی لە دەریا بەنو ئیسرائیل لە میسر نیشتەجیّ نەبوون بەڵکو لە کەنعان.

٣-فیرعەون نەیدەویست جوولەکە لە میسر دەربکات بەڵکو دەیویست بیانهیّڵێتەوە بۆ ئەوەی کۆیلەیان بکات.

*** * * ***

سەبارەت بە گورزەکان ئایەتەکە باسی نۆ گورز ناکات بەڵکو نۆ نیشانە کە موفەسیرەکان بەچەند جۆرێك تەفسیریان کردووە ئەمانەی خوارەوە نزیکترن لە دەقەکانی قورئان:

نیشانەی کردنی دارەکە بە مار، نیشانەی دەستەکە، خوێن، بۆق، کوللە، لافاو، ((قوممەل))، قاتوقڕی، خنکان لە دەریا.

نیشانەی دوایەمین نیشانە نەبوو بۆ فیرعەون چونکە دوای لەناوچوونی لەشکرەکەی فیرعەون بوو بەلام دەتوانرێت بوترێت نیشانە بوو بۆ خەلکی میسر بەگشتی. دەشکرێت لەجیاتی ئەوە (الرجن) بێت کە سزایەکی ناونەبراوە:

((وَلَمَّا وَقَعَ عَلَيْهِمُ الرِّجْزُ قَالُواْ يَا مُوسَى ادْعُ لَنَا رَبَّكَ بِمَا عَهِدَ عِندَكَ لَئِن كَشَفْتَ عَنَّا الرِّجْزَ لَنُؤْمِنَنَّ لَكَ وَلَنُرْسِلَنَّ مَعَكَ بَنِي إِسْرَائِيلَ * فَلَمَّا كَشَفْنَا عَنْهُمُ الرِّجْزَ إِلَى أَجَلٍ هُم بَالِغُوهُ إِذَا هُمْ يَنكُثُونَ- الأعراف: ١٣٤-١٣٥)).

سزاکانی تەوراتیش دە سزان: خوێن، بۆق، مێشووولە، مێش، تەپوتۆز، دوومەڵ، تەرزە، کوللە، تاریکی، مردنی نۆبەرەکانی میسرییەکان. بەم جۆرەش ئەوانەی لە قورئان باسکراون جیاوازن لەوانەی تەورات چونکە ئەوانەی قورئان نیشانەن کە بەشێکیان سزانو ئەوانەی تەورات سزانو دەکرێت سزای تر هەبن لە قورئان باس نەکرابن یان بەپێچەوانەوە دە سزاکەی تەورات لەوە کەمتر بنو نووسەرانی تەورات زیادیان کردبن.

سەبارەت بە رەخنەی دووەمیش کە گوایە قورئان وتوویەتی ئیسرائیلییەکان لە میسر نیشتەجێ بوون، ئەوە هەڵەیەکە دەگەرێتەوە بۆ تێگەیشتنی عبدالفادی چونکە ئایەتەکە دەڵێت: ((وَقُلْنَا مِن بَعْدِهِ لِبَنِي إِسْرَائِيلَ اسْكُنُواْ الأَرْضَ))، مەبەستیش لە زەوی لێرە ئەو زەوییەیە کە لە ئایەتی تر بە ((زەویی پیرۆز)) ناوبراوە واتە فەلەستینو دەوروبەری وەک چۆن لەسەر زاری مووسا دەڵێت: ((يَا قَوْمِ ادْخُلُوا الأَرْضَ الْمُقَدَّسَةَ الَّتِي كَتَبَ اللّهُ لَكُمْ..- المائدة: ٢١))، لەدوای خنکاندنی قەومەکەی فیرعەونیش: ((وَأَوْرَثْنَا الْقَوْمَ الَّذِينَ يُسْتَضْعَفُونَ مَشَارِقَ الأَرْضِ وَمَغَارِبَهَا الَّتِي بَارَكْنَا فِيهَا... – الاعراف: ١٣٧)).

سەبارەت بە رەخنەی سێیەم کە قورئان دەڵێت فیرعەون ویستبووی بەنو ئیسرائیل لە میسر دەربکات بەلام تەورات دەڵێت فیرعەون دەویست بۆ کۆیلێتی بیانهێڵێتەوە قورئان روونە لەوەی فیرعەون نەیویست ئیسرائیلییەکان دەربچن چونکە جگە لەوەی کە فیرعەون نە زۆری لێکردبوونو نە رێگەی پێدابوون دەربچن ئەو تەنانەت قبوولیشی نەکردبوو دەربچن (بڕوانە ئایەتەکانی دواتر)و دەرچوونەکەیان بە شەو بوو: ((وَلَقَدْ أَوْحَيْنَا إِلَى مُوسَى أَنْ

أَسْرِ بِعِبَادِي فَاضْرِبْ لَهُمْ طَرِيقًا فِي الْبَحْرِ يَبَسًا لَّا تَخَافُ دَرَكًا وَلَا تَخْشَى-طه: ٧٧))،
((وَأَوْحَيْنَا إِلَى مُوسَى أَنْ أَسْرِ بِعِبَادِي إِنَّكُم مُّتَّبَعُونَ-الشعراء: ٥٢))، ((فَأَسْرِ بِعِبَادِي
لَيْلًا إِنَّكُم مُّتَّبَعُونَ-الدخان: ٢٣)).

شەوەرەوییەکە، کە ڕوالّەتی دەقی تەوراتیشە، گونجاوترە لە باسەکەی
تەورات کە لەلایەک دەڵێت فیرعەون پاش گورزی مردنی نۆبەرەکان ڕێگەی دا
ئیسرائیلییەکان دەربچن، میسرییەکانیش خۆیان داکۆکییان لێکردن کە
دەربچن (خروج ١٢: ٣١-٣٣)، کەچی هەرچەندە میسرییەکان زانییان بەنو
ئیسرائیل ولّات جێدەهێلّن قبوولێشیان کرد کەلوپەلی زیو و زێڕ و پۆشاکیان
بە قەرز بدەنیّ.

دیارە نووسەرانی تەورات بۆ پاساو هێنانەوە بۆ ئەمە ئەوەیان زیاد کردووە
کە خودا نیعمەتی بە ئیسرائیلییەکان بەخشی کە میسرییەکان ئەو
کەلوپەلانەیان بە قەرز پێدان (خروج ١٢: ٣٥-٣٦، هەروەها ٣: ٢١-٢٢،
هەروەها ١١: ٢-٣).[117]

ئەو قسەیەش کە لە کتێبی (ژمارە) هاتووە تەفسیری ئەوە ناکات بەلّکو
ئالّۆزتری دەکات. لەو کتێبە وتراوە کە ئیسرائیلییەکان بەبەرچاوی
میسرییەکان دەرچوون چونکە میسرییەکان خەریکی ناشتنی نۆبەرەکانیان
بوون (العدد ٣٣: ٣-٤) چونکە کتێبی دەرچوون باسی وەرگرتنی کەلوپەلەکان
پاش مردنی نۆبەرەکان دەکات، کەواتە نەک تەنها میسرییەکان شتەکانیان بە
ئیسرائیلییەکان دا هەرچەندە دەیانزانی ولّات جێدەهێلّن بەلّکو لەوە زیاتر ئەو
کارەیان کرد لەو کاتەی ئەو کارەساتە لە هەموو مالّەکان قەومابوو.

---

[117] داواکارییە کۆنەکەی مووسا ئەوە بوو بۆ ماوەی سێ ڕۆژ بچنە چۆلّەوانی بۆ ئەوەی
جەژنی خودا بگێڕنو ئەمە وەکو فێلّێک بوو بۆ ئەوەی بەتەواوەتی لە میسر هەلّبێن (خروج
٥: ٣)، بەلّام سیاقی باسی ڕێگەپێدانەکەی فیرعەونو داواکەی میسرییەکان وا دەخوازێت
ڕێگەپێدانەکە بۆ دەرچوونێکی تەواوەتییە نەک کاتی، ئەوەش بەئاشکرایی لە (خروج ١١:
١) دیارە کە خودا پێش گورزی نۆبەرەکان دەلّێت: ((کاتێکیش بەرەلّاتان دەکات
بەتەواوەتی لێرە دەتانکاتە دەرەوە))، هەروەها (خروج ١٢: ٣٩): ((چونکە لە خاکی
میسر دەرکران)).

قورئان باسی داواکارییەکەی مووسا کە فیرعەون ئیسرائیلییەکان بەرەڵا بکات: ((وَقَالَ مُوسَى يَا فِرْعَوْنُ إِنِّي رَسُولٌ مِّن رَّبِّ الْعَالَمِينَ *حَقِيقٌ عَلَى أَن لاَّ أَقُولَ عَلَى اللَّهِ إِلاَّ الْحَقَّ قَدْ جِئْتُكُم بِبَيِّنَةٍ مِّن رَّبِّكُمْ فَأَرْسِلْ مَعِيَ بَنِي إِسْرَائِيلَ–الاعراف: ١٠٤–١٠٥))، ((وَلَقَدْ فَتَنَّا قَبْلَهُمْ قَوْمَ فِرْعَوْنَ وَجَاءهُمْ رَسُولٌ كَرِيمٌ *أَنْ أَدُّوا إِلَيَّ عِبَادَ اللَّهِ إِنِّي لَكُمْ رَسُولٌ أَمِينٌ– الدخان: ١٧–١٨)). ئەوان بەڵێنیان بە مووسا دا قەومەکەی بەرەڵا بکەن بەڵام بەڵام پاشگەزبوونەوە: ((وَلَمَّا وَقَعَ عَلَيْهِمُ الرِّجْزُ قَالُواْ يَا مُوسَى ادْعُ لَنَا رَبَّكَ بِمَا عَهِدَ عِندَكَ لَئِن كَشَفْتَ عَنَّا الرِّجْزَ لَنُؤْمِنَنَّ لَكَ وَلَنُرْسِلَنَّ مَعَكَ بَنِي إِسْرَآئِيلَ* فَلَمَّا كَشَفْنَا عَنْهُمُ الرِّجْزَ إِلَى أَجَلٍ هُم بَالِغُوهُ إِذَا هُمْ يَنكُثُونَ–الاعراف: ١٣٤–١٣٥)).

بۆیە ڕەنگە وشەی (زەوی) لە ئایەتی ((فَأَرَادَ أَن يَسْتَفِزَّهُم مِّنَ الأَرْضِ فَأَغْرَقْنَاهُ وَمَن مَّعَهُ جَمِيعًا)) هەمان وشەی زەوییە کە مەبەست لێی زەوییی پیرۆز، واتە فیرعەون ویستی نەچنە ناو فەڵەستین کە سەر بەو بوو و هەر ئەو بوو ناچاری کردبوون ئەو ڕێگەیە بگرنە بەرکە لە ڕێگەی میسر–فەڵەستین دووریاندەخاتەوە.

لە تەوراتیش گۆڕینی ئەو ڕەوتە باس کراوه بەڵام تەفسیرێکی تری پێدراوه کە گوایه خودا ئەو ڕەوتەی پێ گۆڕین: ((کاتێکیش فیرعەون گەلەکەی بەرەڵا کرد خودا ڕێگەی خاکی فەڵەستینییەکانی پێ پیشان نەدان هەرچەندە نزیک بوو چونکە خودا وتی: نەوەکو گەلەکە پەشیمان ببنەوە ئەگەر تووشی جەنگ ببنو بگەڕێنەوە بۆ میسر، ئیتر خودا ڕووی گەلی وەرچەرخان بەرەو ڕێگەی چۆڵەوانیی دەریای سووف– خروج ١٣: ١٧–١٨)).

ئەوەش کە ئەم بۆچوونەمان بەهێز دەکات ئەوەیە باسی ئەم هەوڵەی فیرعەون بۆ ڕێگەگرتن لە بەنو ئیسرائیل بچن بۆ فەڵەستینو خنکانی لە دەریا لە یەك ئایەت هاتووه بەجۆرێك تێدەگەین لە یەك کات بوو، دیاریشه پێش

ئەوەی لەشکرەکەی نوقمی دەریا بێت بەنو ئیسرائیل بەرەو فەلەستین دەچوون ئەویش نەویست بچن بەڵکو ویستی دەستگیریان بکات.[118]

---

[118] وشەی (استفز) و شێوەکانی لە چەند ئایەتێکی قورئان هاتوون کە یەکێکیان لەگەڵ دەرکردن ناگونجێت: واستفزز من استطعت منهم بصوتك کە قسەی خودایە لەگەڵ ئیبلیس. واتایەکی (فز) بریتییە لە ترساندن (لسان العرب، ٥، ص ٣٠٤٩). ئەسلی فرمانی (استفزز)یش لای قورتوبی (برین)ـە (الجامع لاحکام القران، ١٣، ص ١١٨)، بەم شێوەیەش دەتوانین بڵێین فیرعون ویستی ڕێگەی گەیشتن بە زەویی پیرۆزیان پیّ ببرێت کە دیارە ئەمە نیازی بوو.

٥١-لافاو بۆ میسرییەکان

((فَأَرْسَلْنَا عَلَيْهِمُ الطُّوفَانَ وَالْجَرَادَ وَالْقُمَّلَ وَالضَّفَادِعَ وَالدَّمَ آيَاتٍ مُفَصَّلَاتٍ فَاسْتَكْبَرُواْ وَكَانُواْ قَوْمًا مُجْرِمِينَ -الاعراف:١٣٣)).

عبدالفادی پاش ناوبردنی دە گورزەکە کە لە میسرییەکانی دا دەڵێت لافاو لە میسری کاتی فیرعەونی نەدا بەڵکو ڕووداوێکی ناودار بوو تووشی قەومی نووح بوو وەك لە قورئان هاتووە.

* * * *

یەکێك لەو گورزانەی لە تەورات هاتوون ڕووداوێکی نزیکە لە لافاو. گورزەکە بە کورتی بە گورزی تەرزە ناسراوە بەڵام ئەگەر وردەکارییەکەی ببینین دەزانین کە پێویستە ئەنجامەکەی لافاو بووبێت چونکە باسی ناردنی تەرزە بە ئەندازەیەکی زۆر گەورە دەکات کە لەوتەی میسر دامەزرابوو نموونەی نەبووە (خروج ٩: ١٨)و سەرانسەری میسر گرتەوە(خروج ٩: ٢٢ و ٢٥)و شتێکی زۆر مەزن بوو کە هاوشێوەی لە هەموو زەویی میسر ڕووی نەدابوو لەو کاتەوە ببووە نەتەوە (خروج ٩: ٢٤)، دواییش دەزانین تەنها تەرزەو هەورەگرمەش نەبوو بەڵکو بارانیش بوو (خروج ٩: ٣٣).

تەرزەو بارانی مەزنی وا لە هەر شوێنێك بباریت لافاوی بەدوا نایەت؟ بێگومان لافاوەکە دێت ئەگەر لە زەوییەکی ئاسایی بێت، بەڵام بۆ میسر لافاوەکە حەتمییە چونکە بەشە ئاوەدانەکەی میسر بریتییە لە دۆڵێك نیلی بەناو دەڕوات، دۆڵی نیلیش هێندە بەرتەسکە بەجۆرێك کە لەو شوێنەی تاڤگەی یەکەم (لە باشووری میسر) جێدەهێڵێت بۆ تەنها ١٠ میل (١٦ کیلۆمەتر) فراوان دەبێتو کاتێك دەڕژێتە ناو دەریا (واتە لە باکوور و کە

زەوییەکە فراوان دەبێت) دەوروبەری ٣١ میل (نزیکە ٥٠ کیلۆمەتر) دەبێت[119]،
بەڵام لە هەندێک شوێن زۆر لەوەش کەمتر دەبێت، بۆیە هەموو ئەو تەرزە
بارانە لە شوێنێکی بچووک کۆدەبنەوەو ئاستی رووبارەکە بەرزدەکەنەوەو
دەبنە لافاو.

<hr>

[119] ج. ﻫ. بریستد، تاریخ مصر، ص٢.

٣٥-بەردەکەی حۆرێب بیرەکانی ئێلیم نییە

وَإِذِ اسْتَسْقَى مُوسَى لِقَوْمِهِ فَقُلْنَا اضْرِب بِّعَصَاكَ الْحَجَرَ فَانفَجَرَتْ مِنْهُ اثْنَتَا عَشْرَةَ عَيْناً قَدْ عَلِمَ كُلُّ أُنَاسٍ مَّشْرَبَهُمْ كُلُواْ وَاشْرَبُواْ مِن رِّزْقِ اللَّهِ وَلاَ تَعْثَوْاْ فِي الأَرْضِ مُفْسِدِينَ –البقرة: ٦٠)).

وَقَطَّعْنَاهُمُ اثْنَتَيْ عَشْرَةَ أَسْبَاطًا أُمَمًا وَأَوْحَيْنَا إِلَى مُوسَى إِذِ اسْتَسْقَاهُ قَوْمُهُ أَنِ اضْرِب بِّعَصَاكَ الْحَجَرَ فَانبَجَسَتْ مِنْهُ اثْنَتَا عَشْرَةَ عَيْنًا قَدْ عَلِمَ كُلُّ أُنَاسٍ مَّشْرَبَهُمْ وَظَلَّلْنَا عَلَيْهِمُ الْغَمَامَ وَأَنزَلْنَا عَلَيْهِمُ الْمَنَّ والسَّلْوَى كُلُواْ مِن طَيِّبَاتِ مَا رَزَقْنَاكُمْ وَمَا ظَلَمُونَا وَلَكِن كَانُواْ أَنفُسَهُمْ يَظْلِمُونَ –الاعراف: ١٦٠)).

قورئان باسی موعجیزەیەکی مووسا دەکات: کاتێک قەومەکەی داوای ئاویان لێ کرد خودا فەرمانی پێدا بە دارەکەی لە بەرد بدات ئیتر دوانزه کانی، بە ژمارەی دوانزه تیرەی قەومەکەی، تەقینەوە. عبدالفادی دەقی تەورات دەهێنێتەوە کە خەڵکەکە گەیشتنه (ئێلیم)و دوانزه کانیو حەفتا دارەخورمایان بینی (خروج ١٥: ٢٧) پاشان ئەوێیان جێهێشتو چوونه چۆڵەوانیی (سین) که کەوتۆته نێوان ئێلیمو سینای (سینائ) סִינַי (خروج ١٦: ١)، لەوێشەوە چوونه (رفیدیم)و ئاو لەوێ نەبوو، خەڵکەکەش بێزاریی خۆیان لە مووسا دەربرِی ئەویش داوای لە خودا کرد، خوداش پێی وت دەچمه سەر ئەو بەردەی لە (حۆرێب)ـه تۆش به دارەکه لێی بدەو ئاوی لێی دەردەچێت (خروج ١٧: ١—٦).

* * * *

رەخنەکەی عبدالفادی ئەوەیه ئەو دوانزه کانییەی ئێلیم ئەو بەردەی حۆرێب نییه. رەنگه مەبەستی ئەوه بێت دوانزه کانییەکه لە ئێلیم هەبوونو لێدانی بەردەکه لە حۆرێب بوو بەلام لەوێ دوانزه کانی نەبووه بەڵکو تەنها باسی ئاو دەرچوون کراوه.

١٠٨

مافی خۆشمانە بپرسین: چۆن بوو لە ئێلیم אֵילִם بە ژمارەی تیرەکانی بەنو ئیسرائیل کانی هەبوون، بەڵام لە حۆرێب חֹרֵב دوانزە کانی بە دارەکەی مووسا هەڵنەقوڵان؟ ئەمەش بۆ خۆی دوو پرسیارە: یەکەمیان ئەوەیە دوانزە تیرەکە دەگەنە شوێنێکو دەبینن دوانزە کانی بۆیان ئامادەن (لە هەندێک وەرگێڕانی تەورات لەجیاتی دوانزە کانی دوانزە بیر هەبوون)، کە ئەمەیان لە ڕێککەوتێکی زۆر سەیر دەچێت بەپێچەوانەی قورئان کە ئەمە بۆ کارێکی بەئەنقەست دەگەڕێنێتەوە. دووەم پرسیاریش ئەوەیە پاش ئەو ڕێککەوتە سەیرە دەچنە رفیدیم رְפִידִים کە ئاوی لێ نەبوو و داوای ئاو دەکەن کەچی کارە بەئەنقەستەکەو موعجیزە خوداییەکە وەکو ڕێککەوتەکەی پێ نەکراو لەجیاتی دوانزە کانی یەک کانی هەڵقوڵا.

ئاشکرایە هەبوونی دوانزە کانی بۆ دوانزە تیرە بۆ ئەوەی هەر تیرەیەک کانیی خۆیی هەبێت هەر وەک قورئان دەڵێت: ((قَدْ عَلِمَ كُلُّ أُنَاسٍ مَّشْرَبَهُمْ)). تەنانەت لە تەوراتیشو لە باسی ڕۆیشتن لە سینەوە بۆ رفیدیم وتراوە: ((پاشان هەر کۆمەڵێکی بەنو ئیسرائیل لە چۆڵەوانیی سین دەرچوون بەپێی قۆناغەکانیان)) (خروج ١٧: ١). کەواتە کێشەکە لە دەقی تەورات هەیە.

بەپاڵ هەموو ئەمانەشەوە نارێکییەک لەباسەکانی تەوراتی بەردەستمان هەیە چونکە ئەوەی لەسەرەوە بینیمان لە کتێبی (دەرچوون) بوو، بەڵام لە کتێبی (ژمارە) شتی تر هەیە: بێزاریی ئیسرائیلییەکان لە رفیدیم نەبوو بەڵکو لە چۆڵەوانیی صین (تسین) بوو ((کە قادێشە)). چیرۆکەکەش لێرە جیاوازە چونکە لەجیاتی فەرمانی خودا کە مووسا بە دارەکەی لە بەردەکە بدات پێی وت قسە لەگەڵ بەردەکە بکات بەڵام مووسا دوو جار دارەکەی بە بەردەکە کێشاو ئاو دەرچوو. ئەمەش شتێکی بچووکە لەچاو ئەمەی خوارەوە:

ئەم ڕووداوەی کتێبی (ژمارە) لە دوای ساڵی دووەمی دەرچوونیان بوو، بەڵام باسەکەی کتێبی (دەرچوون) لە سەرەتای دەرچوونیان بوو، ئەویش لە مانگی دووەمی دەرچوونیان (خروج ١٦: ١)، زیاتریش لەوە تەئیکد دەبین کاتێک دەبینین لە مانگی سێیەمی دوای دەرچوونیان لە رفیدیم چوون بۆ سینائ (خروج ١٩: ١).

کتێبی (ژماره)ش چۆڵەوانیی سین מדבר סין و چۆڵەوانیی صین (تسین) מדבר צן ی به دوو شوێنی جیاواز پیشان داوه. رێرەوی ئیسرائیلییەکانیش ئەوه دەردەخات: دەچنه چەند شوێنێک پاشان ئێلیم که دوانزه کانییەکەی لێ بوو پاشان دەریای سووف (دەریای سوور)، پاشان چۆڵەوانیی سین پاشان دوفقه דפקה پاشان ئالووش אלוש پاشان رفیدیم لەویش ئاو نەبوو بیخۆنەوه بەڵام کتێبەکه باسی دەرچوونی ئاو له بەردەکه ناکات پاشان چۆڵەوانیی سینائ، ئینجا پاش ژمارەیەك قۆناغو شوێنی تر گەیشتنه چۆڵەوانیی صین که قادێشه (العدد ٣٣: ٩ ـ ٣٦). ئا لێرەش، واتـه چۆڵەوانیی صین باسی دەرچوونی ئاوەکه له بەردەکه کراوه (ئیصحاحی ٢٠) نەك رفیدیم، وەك کتێبی دەرچوونی باسی کردووه، که ئەم ریفیدیمه دوای سین بوو (العدد ٢٠: ١ـ١١)، ئەمەش مانگی یەکەمی ساڵی سێیەم بـوو نـەك سـەرەتای دەرچـوونیانو بـەم جۆره نارێکیی نێوان دوو کتێبەکه هەیه. ئەوەشی زیاتر گومانەکه ناهێڵێت ئەوەیه له کتێبی دەرچوون مووسا شوێنەکه ناو دەنێت مەسساه מסה و مـەریبا מריבה لەبـەر ئـەوەی گەلەکه ناکۆکیی لەگەڵ خـودا کردو لەبـەر ئـەوەی خودایـان تـاقیکردەوه(خروج ١٧: ٧)، لـه کتـێبی ژمارەش خـودا شوێنەکه ناو دەنێت مەریباه لەبەر ئەوەی بەنو ئیسرائیل ناکۆکییان لەگەڵ پەروەدگاریان کرد(العدد٢٠: ١٣)، واته باسی یەك رووداوی دەرچوونی ئاو لـه بـەرد کراوه بەڵام له هەر کتێبێك لەم دوانه له کاتێكو شوێنێکی جیاواز باس کراوه" له کتێبی دەرچوون له رفیدیم بـوو و لـه کتـێبی ژماره له چۆڵەوانیی صین بوو. سەرباری هەموو ئەمەش ناوی مەریباه له هەردوو شوێنەکه هەیه.

لەناو ئەم نارێکییانەش چۆن دەتوانین بڵێین تەوراتی بەردەستمان حاکمـه بەسەر قورئانو قسەکەی ئەو راسته سەبارەت به چیرۆکی دوانزه کانییەکه؟

٣٦-دوو لەوحەکەی شەریعەت

((وَكَتَبْنَا لَهُ فِي الْأَلْوَاحِ مِن كُلِّ شَيْءٍ مَّوْعِظَةً وَتَفْصِيلاً لِّكُلِّ شَيْءٍ فَخُذْهَا بِقُوَّةٍ وَأْمُرْ قَوْمَكَ يَأْخُذُواْ بِأَحْسَنِهَا سَأُرِيكُمْ دَارَ الْفَاسِقِينَ -الاعراف:١٤٥)).

عبدالقادی دەڵێت زانراوه که مووسا شەریعەتی لەسەر دوو لەوح نەك چەند لەوحێك نووسییەوەو لەسەر ئەو دوو لەوحه ده ئامۆژگارییەکەی نووسی نەك وردەکاریی هەموو شتێك.

* * * *

ئێمەش دەڵێین هەروەها زانراوه که له کتێبی دەرچوون ده ئامۆژگارییەکه بەپاڵ ئامۆژگارییەکانو یاساکانی تەر هەن که ئەوانەی جگە لە ده ئامۆژگارییەکه (خروج٢٠) سێ ئیصحاح داگیردەکەن" ئیصحاحی ٢١ تا ٢٣ ، ئەوەش ئەو کاتەی مووسا (لەگەڵ هاڕوون) له کێوی سینا بوو و خەڵکەکه له خوارەوه بوون، ئەو یاسایانەش ئەوانەن که قورئان به وردەکاریی هەموو شتێك (تفصیلا لکل شئ) ناویان دەبات.

مووسا دوایی هەموو ئەو حوکمانەی به خەڵکەکه وت و ئەوان به یەك دەنگ وتیان کار به هەموویان دەکەین، مووساش هەموو ئەو شتانەی نووسی(خروج٢٤: ٣-٤)، کەچی دەبینین بۆ بەیانی کتێبی پەیمانیان بۆ دەخوێنێتەوه (خروج ٢٤: ٧)، ئینجا به فەرمانی خودا خۆیو هاڕوونو حەفتاو دوو گەورەی بەنو ئیسرائیل سەرکەوتنو خودایان بینیو پێکەوه خواردیانو خواردیانەوه(خروج٢٤: ٩-١١)، پاشان خودا پێی دەڵێت تەنها تۆ سەربکەوەو لەوێ چاوەڕێ بکه تا دوو لەوحی بەردەکەت بدەمێ که شەریعەتو ئامۆژگارییەکانیان لەسەره که بۆم نووسین (خروج٢٤: ١٢).. کەواته:

١-مووسا پێشتر حوکمەکانی شەریعەتی نووسی.

٢-دواتــر خــودا پێــی وت لەســەر دوو لەوحەکــە شــەریعەتیشو ئامۆژگارییەکانی بۆ دەنووسێت.

دوای ئەوەش ژمارەیەك داواکاریی زۆری خودا کە بەنو ئیسرائیل بیکەن: کەلوپــەلی زێڕو زیــڤ و مــسو قوماشــی وەنەوشــەییو... تــاد و دروســتکردن تابووت و مێزی نانی پێشکەشکاریو منارەو نیشەجێیەكو شوێنی سەربڕینو پۆشاکی کاهنەکان.... ئەمانەو شتی زۆری ترو هەموو بە وردەکاریی زۆر کە پێنج ئیسحاح (٢٥–٣٠) داگیردەکەن، ئینجا تەورات دەڵێت: کە خــودا قســەکانی لەگــەڵ مووســا لەســەر کێــوی ســینا تــەواوکرد دوو لــەوحی ئامۆژگارییەکەی دایە (٣١: ١٨)، بەڵام وەك وتمان نەك تەنها ئامۆژگاری بەڵکو شەریعەتیشی بۆ نووسیبوو.

لەدوای ئەوەش گەڕانەوەکەیو بینینی گوێرەکە زێڕینەکەو شکاندنی دوو لەوحەکە (خروج ٣٢)و دوایی خودا پێی دەڵێت دوو لەوحی بەرد بتاشە وەکو ئەوانەی پێشوو و مـن قسـەی سـەر دوو لـەوحی پێشوویان لەسـەر دەنووسم (خروج٣٤: ١)، هەر وەکو جارەکەی تریش مووسا چل ڕۆژو چل شەو لە کێوی سینا دەمێنێتەوە (ئەمجارە بەڕۆژوو دەبێت)و خودا چەند ئامۆژگارییەکی دەکات کە لەناو ئەوانە تەنها نەپەرستنی غەیری خوداو پاراستنی شەممەیان لە دە ئامۆژگارییەکەی پێشوو دەچن کەچی تەورات لێرە دەڵێت: خودا پێی دەڵێت ئەم قسانەم بنووسە، پاش باسی مانەوەی بۆ چل ڕۆژو چل شەو: مووسا لەسەر دوو لەوحەکە قسەی پەیمانی نووسی (واتە خۆی نووسی نەك خودا بۆی نووسی) کە دە ئامۆژگارییەکەن(خروج٣٤: ١٤–٢٨).

بەواتایەکی تر دە ئامۆژگارییەکە لێرە دەبنە شتێکی تر، جگەلەوەی وەکو وتمان پێشــتر پێی دەڵێت مـن قسـەکانی خۆمت لەسـەر دوو لەوحە تـازە دەنووسمو دوایی دەبینین مووسا خۆی ئەوانە (کە جیاوازییان زۆرە لەوانەی پێشوو) دەنووسێت.

ناڕێکییەکی تریش ئەوەیە ئەو شوێنە لە کتێبی دەرچوون چیای سینا بوو (خروج ١٩: ١٦ و ٢٠) بەڵام لە کتێبی تەثنیە بە خەڵکەکە دەڵێت خودا لە چیای حۆرێب قسەی لەگەڵ کردن (تثنیة ٤: ١٠، ١٥).

کەواتە جارێک باسی دە ئامۆژگارییەکەیەو جارێک باسی ئەوانو شـەریعەتە، سەرلەبەری باسەکانیش نارپێکییان لەخۆ گرتووە، لەناو ئەو نارپێکییانەش کێ دەتوانێت بڵێت ئەوەی مووسا وەریگرتبوو دوو لەوح بوون یان هەزار؟

٣٧-ئایا داوایان کردبوو خودا ببینن؟

((وَإِذْ قُلْتُمْ يَا مُوسَى لَن نُّؤْمِنَ لَكَ حَتَّى نَرَى اللَّهَ جَهْرَةً فَأَخَذَتْكُمُ الصَّاعِقَةُ وَأَنتُمْ تَنظُرُونَ * ثُمَّ بَعَثْنَاكُم مِّن بَعْدِ مَوْتِكُمْ لَعَلَّكُمْ تَشْكُرُونَ-البقرة: ٥٥-٥٦)).

((يَسْأَلُكَ أَهْلُ الْكِتَابِ أَن تُنَزِّلَ عَلَيْهِمْ كِتَابًا مِّنَ السَّمَاء فَقَدْ سَأَلُواْ مُوسَى أَكْبَرَ مِن ذَلِكَ فَقَالُواْ أَرِنَا اللّهَ جَهْرَةً فَأَخَذَتْهُمُ الصَّاعِقَةُ بِظُلْمِهِمْ ثُمَّ اتَّخَذُواْ الْعِجْلَ مِن بَعْدِ مَا جَاءتْهُمُ الْبَيِّنَاتُ فَعَفَوْنَا عَن ذَلِكَ وَآتَيْنَا مُوسَى سُلْطَانًا مُّبِينًا -النساء: ١٥٣)).

عبدالفادی دەڵێت قورئان باسەکەی تەوراتی پێچەوانە کردۆتەوە لەبەر ئەوەی دەڵێت بەنو ئیسرائیل داوایان کرد خودا ببینن لەکاتێک تەورات دەڵێت کە بەنو ئیسرائیل لە خودا ترسانو بە مووسایان وت تۆ قسەمان لەگەڵ بکەو با خودا قسەمان لەگەڵ نەکات با نەمرین (خروج ٢٠: ١٩). ڕەنگە موحەممەد ویستبێتی عەرەب بترسێنێت کاتێک داوایان کردبوو کتێبێکیان لە ئاسمانەوە بۆ دابەزێنێت.

* * * *

عبدالفادی تەنها ئەو ڕستەیەی سەرەوە دەهێنێتەوە سەبارەت بە باسی بەنو ئیسرائیل کە دەنگی خودایان نەبیستبوو، بەڵام هەر تەورات خۆی باسی ئەوە دەکات کە بەنو ئیسرائیل دەنگی خودایان بیستبوو:

لە کتێبی تەثنیە دوای دە ئامۆژگارییەکە مووسا پێیان دەڵێت: ئێوە وتتان ئەوەتا پەروەردگار (یەهوەه) شکۆمەندیو مەزنێتیی خۆیمان پیّ پیشانداینو لەناوەڕاستی ئاگر گوێمان لە دەنگی بوو (تثنیة ٥: ٢٤). کەواتە گوێیان لە دەنگ بوو هەرچەندە دواتر باسی قسەکەیانە کە دەڵێن: ئەگەر دەنگی پەروەردگار ببیستن دەمرین (تثنیة ٥: ٢٥). لە ئیصحاحی پێش ئەوەش مووسا هەمان شتیان پیّ دەڵێت: پەروەردگار (یەهوەه) لە ناوەڕاستی ئاگرەکە قسەی لەگەڵ کردنو دەنگی قسەکردنتان دەبیستو وێنەتان نەدەبینی (تثنیة ٤: ١٢).

داواکردنی بینینی خودا شتێکی ون نییه له تەورات بەڵکو ئاماژه هەن بۆی،
بۆ نموونه:

دابەزه گەل ئاگادار بکەرەوه نەوەکو خۆیان بکەن به شوێنەکه بۆ لای
پەروەردگار بۆ ئەوەی تەماشا بکەن[120] ئیتر کەسانێکی زۆریان دەکەون (خروج
١٩: ٢١). کەواته نیازێکی تەماشاکردن هەبوو. له هەمان کتێبیش (خروج ٢٤:
٩-١١) باسی مووساو هاروونو نادابو ئەبیهوو لەگەڵ حەفتا شێخی ئیسرائیل
سەرکەوتنو خودای ئیسرائیلیان بینیو لەژێر دوو پێی وەکو عەقیقی شینی
ڕوونو[121] وەکو ئاسمان بوو له پاکی بەڵام دەستی نەبرد بۆ ئەشراف بەنو
ئیسرائیل ئیتر خودایان بینیو خواردیانو خواردیانەوه. دەقێکی تریش بۆ
قبووڵنەکردنی خودا که ببینن له (تثنیة ٤: ١٥): ئێوه هیچ وێنەیەکتان
نەبینی ئەو ڕۆژەی پەروەردگار له حۆرێب لەناوەڕاستی ئاگرەوه قسەی لەگەڵ
کردن ئەویش نەوەکو گەندەڵ ببنو پەیکەرێکی تاشراو بۆ خۆتان دروست
بکەن.

---

[120] یان بەپێی وەرگێڕانی تر: بۆ ئەوەی پەروەردگار ببینن.. یان: بۆ ئەوەی هەوڵ بدەن
خودا ببینن.

[121] ئەم ڕستەیه بەپێی وەرگێڕانەکان دەگۆڕێت: شتێکی دروستکراو وەك عەقیقی شینی
ڕوون، وەکو ئەرزیەی یاقووتی شینی ڕوون...

٣٨-قۆرەح نەك قاروون

((إِنَّ قَارُونَ كَانَ مِن قَوْمِ مُوسَى فَبَغَى عَلَيْهِمْ وَآتَيْنَاهُ مِنَ الْكُنُوزِ مَا إِنَّ مَفَاتِحَهُ لَتَنُوءُ بِالْعُصْبَةِ أُولِي الْقُوَّةِ إِذْ قَالَ لَهُ قَوْمُهُ لَا تَفْرَحْ إِنَّ اللَّهَ لَا يُحِبُّ الْفَرِحِينَ – القصص: ٧٦)).

((فَخَسَفْنَا بِهِ وَبِدَارِهِ الْأَرْضَ فَمَا كَانَ لَهُ مِن فِئَةٍ يَنصُرُونَهُ مِن دُونِ اللَّهِ وَمَا كَانَ مِنَ المُنتَصِرِينَ –٢٨: ٨١)).

عبدالفادی دەڵێت زانراوە کە قاروونی قورئان (کرۆسوس)ی پادشای لیدیایە (٥٦٠-٥٤٦ پێش زاین) کە کەسێکە لەناو عەرەبو غەیری عەرەب بە دەوڵەمەندی ناودارەو هیچ پاساوێک نییە بۆ تێکەڵکردنی بە قۆرەح کە باسەکەی لە تەورات هاتووەو هیچ پەیوەندییەک نییە لەنێوان قاروونو قۆرەح کە لەگەڵ داثان و ئەبیرام شۆڕشیان لەدژی مووسا گێڕا، زەویش دەمی کردەوەو قووتی دان (العدد ١٦).

****

بەڵێ لەوە ناچێت هیچ پەیوەندییەک هەبێت لە نێوان قاروونو قۆرەح קֹרַח چونکە قاروون، بەپێی قورئان، کەسێک بوو لەڕادەبەدەر دەوڵەمەند بوو و گوناهەکەی ئەوە بوو سامانەکەی بە بەخششی خودای نەدەزانیو ستەمکاریی بەرامبەر قەومی مووسا کردبوو، بەڵام هیچ باسێکی سامانی قۆرەح لە تەورات نەکراوە جگەلەوەی لە باسی نغرۆبوونی وتراوە: ((هەموو ئەوانەی هی قۆرەح بوون لەگەڵ هەموو ئەو شتانەی هەیانبووە))[122] نغرۆبوون (العدد ١٦: ٣٢). سەرەتای باسەکەش ئەوە بوو سێ کەس: قۆرەحو دوو برا: داثان דָּתָן و ئەبیرام אֲבִירָם هەروەها ئۆن אוֹן کوڕی پێلیث פֶּלֶת و کوڕانی رائوبین (ریئۆبێن) בְּנֵי רְאוּבֵן لەگەڵ خەلکانێکی بەنو ئیسرائیل: ٢٥٠

 ((ئەو شتانەی هەیانبووە)) یان ((هەموو کەلەوپەلەکانیان)) یان ((هەموو پارەکان)).

سـەرۆکی کۆمەڵەکـه. ئەوانـه بـه مووسـاو هاروونیـان وت: بەسـه ! هـەموو کۆمەڵەکە پیرۆزه ئیتر بۆچی خۆتان بەسـەر کۆمـەڵی خودا بەرزدەکەنـەوه. رووداوی نغرۆبوونەکەش لەو کاته بوو که بەنو ئیسرائیل لـه چۆڵەوانی بـوونو ئەمـه لەگـەڵ سـەروەتو سامانی قاروون ناگونجێـت، هـەروەها لەگـەڵ خانووەکەی چونکه ئەوانه له خێوەت بوون. داثان و ئەبیرام به مووسا دەڵێن: تۆ له زەوییەك ئێمەت دەرکرد که شیرو هەنگوینی لـیٚ دەرژێت بۆ ئەوەی لـه چۆڵەوانی بمانمرێنی. پێشی دەڵێن ئێمەت نەهێنا بۆ زەوییەك شیرو هـەنگوینی لـیٚ دەرژێت. (العـدد۱٦: ۱۲−۱٤). تـەنها یـەك شـت قاروونو قـۆرەح کۆدەکاتـەوه: نغرۆبـوون لـه زەوی، وەك چـۆن تـەنها یـەك شـت قاروونو کرۆسوس Croesus کۆدەکاتەوه ئەویش دەوڵەمەندی. کرۆسوس پەیوەندیی نییه به قاروونەوه چونکه لیدیا که دەکەوتە رۆژئاوای تورکیای ئێستا دوور بوو له میسر و له فەڵەستینو کرۆسوس پادشای وڵاتێك بوو نـەك تـەنها کەسـێکی دەوڵەمەند. ئەو مەنهەجەش، واته زانینی کەسێکی سەرچاوەیەك به کەسـێکی تری سەرچاوەیەکی تر تەنها لەبـەر یـەك شتی لەیەکچوو مەنهـەجێکی لاوازەو مەبەستی زیـاتر رەتکردنەوەی یەکێکه لـه سەرچاوەکانەو لـه کـاری ئەوانه دەچێت که ناوی شارێك لەوپـەری جیهان دەبیستنو لەگـەڵ شارێکی وڵاتی خۆیان بەراوردی دەکەن.

۳۹- سولەیمان یان ئەبشالۆم؟

((وَدَاوُودَ وَسُلَيْمَانَ إِذْ يَحْكُمَانِ فِي الْحَرْثِ إِذْ نَفَشَتْ فِيهِ غَنَمُ الْقَوْمِ وَكُنَّا لِحُكْمِهِمْ شَاهِدِينَ * فَفَهَّمْنَاهَا سُلَيْمَانَ وَكُلًّا آتَيْنَا حُكْمًا وَعِلْمًا وَسَخَّرْنَا مَعَ دَاوُودَ الْجِبَالَ يُسَبِّحْنَ وَالطَّيْرَ وَكُنَّا فَاعِلِينَ-الانبياء: ۷۸- ۷۹)).

ئەم چیرۆکە دەربارەی ناکۆکییەکە کە سولەیمان بە ئامادەبوونی داوودی باوکی چارەسەری کرد. بەکورتی عبدالقادی قسەی موفەسیرەکان دەهێنێتەوە کە ئەو کاتە سولەیمان یانزە سالٚ بوو. عبدالقادی ڕەخنەی ئەوە دەگرێت کە ناکرێت داوودی خاوەن ئیلهام نەتوانێت ئەو کێشەیە چارەسەر بکاتو سولەیمان کوڕی قسە لە حوکمەکانی بکات. ئەو کەسەش کە ڕەخنەی لە حوکمەکانی داوودی باوکی گرتبوو ئەبشالۆم کوڕی بوو کە ویستبووی شۆڕش لەدژی باوکی بکاتو دڵی خەڵکی بۆ لای خۆی ڕادەکێشاو دەیوت: کێ دەمکاتە دادوەر بۆ ئەوەی هەقی ستەملێکراو بسەنم، پاشان شۆڕشێکی سەرنەکەوتووی بەرپاکرد (۲ صەموئیل: ۱۵).

* * * *

ئەوەی عبدالقادی باسی دەکات شتێکی جیاوازە، ئەوەی کتێبی دووەمی صەموئیل باسی ئەبشالۆم (ئەڤشالۆم) אַבְשָׁלוֹם لە کە داوودی باوکی ناشیرین دەکرد. ئەو ڕێگەی بە هەر کەسێک دەگرت کە دەچووە لای باوکی بۆ ئەوەی حوکمی بۆ بدات و دیوت: کەس نییە لەلایەن پادشاوە گوێت بۆ بگرێت، خۆشی لای خەڵکەکە شیرین دەکرد تا دواتر لە باوکی یاخی بوو، بەلٚام چیرۆکەکەی سولەیمان یەک ڕووداو بوو ئەویش چارەسەری کێشەی نێوان خاوەنی کێڵگەکەو خاوەنی مەڕەکان بوو.

٥٢-شائوولی پادشا یان جدعونی قازی؟

((وَقَالَ لَهُمْ نَبِيُّهُمْ إِنَّ اللّهَ قَدْ بَعَثَ لَكُمْ طَالُوتَ مَلِكًا قَالُوَاْ أَنَّى يَكُونُ لَهُ الْمُلْكُ عَلَيْنَا وَنَحْنُ أَحَقُّ بِالْمُلْكِ مِنْهُ وَلَمْ يُؤْتَ سَعَةً مِّنَ الْمَالِ قَالَ إِنَّ اللّهَ اصْطَفَاهُ عَلَيْكُمْ وَزَادَهُ بَسْطَةً فِي الْعِلْمِ وَالْجِسْمِ وَاللّهُ يُؤْتِي مُلْكَهُ مَن يَشَاء وَاللّهُ وَاسِعٌ عَلِيمٌ (٢٤٧) وَقَالَ لَهُمْ نِبِيُّهُمْ إِنَّ آيَةَ مُلْكِهِ أَن يَأْتِيَكُمُ التَّابُوتُ فِيهِ سَكِينَةٌ مِّن رَّبِّكُمْ وَبَقِيَّةٌ مِّمَّا تَرَكَ آلُ مُوسَى وَآلُ هَارُونَ تَحْمِلُهُ الْمَلآئِكَةُ إِنَّ فِي ذَلِكَ لآيَةً لَّكُمْ إِن كُنتُم مُّؤْمِنِينَ (٢٤٨) فَلَمَّا فَصَلَ طَالُوتُ بِالْجُنُودِ قَالَ إِنَّ اللّهَ مُبْتَلِيكُم بِنَهَرٍ فَمَن شَرِبَ مِنْهُ فَلَيْسَ مِنِّي وَمَن لَّمْ يَطْعَمْهُ فَإِنَّهُ مِنِّي إِلاَّ مَنِ اغْتَرَفَ غُرْفَةً بِيَدِهِ فَشَرِبُواْ مِنْهُ إِلاَّ قَلِيلاً مِّنْهُمْ فَلَمَّا جَاوَزَهُ هُوَ وَالَّذِينَ آمَنُواْ مَعَهُ قَالُواْ لاَ طَاقَةَ لَنَا الْيَوْمَ بِجَالُوتَ وَجُنودِهِ قَالَ الَّذِينَ يَظُنُّونَ أَنَّهُم مُّلاَقُو اللّهِ كَم مِّن فِئَةٍ قَلِيلَةٍ غَلَبَتْ فِئَةً كَثِيرَةً بِإِذْنِ اللّهِ وَاللّهُ مَعَ الصَّابِرِينَ (٢٤٩) وَلَمَّا بَرَزُواْ لِجَالُوتَ وَجُنودِهِ قَالُواْ رَبَّنَا أَفْرِغْ عَلَيْنَا صَبْرًا وَثَبِّتْ أَقْدَامَنَا وَانصُرْنَا عَلَى الْقَوْمِ الْكَافِرِينَ (٢٥٠) فَهَزَمُوهُم بِإِذْنِ اللّهِ وَقَتَلَ دَاوُدُ جَالُوتَ وَآتَاهُ اللّهُ الْمُلْكَ وَالْحِكْمَةَ وَعَلَّمَهُ مِمَّا يَشَاء وَلَوْلاَ دَفْعُ اللّهِ النَّاسَ بَعْضَهُمْ بِبَعْضٍ لَّفَسَدَتِ الأَرْضُ وَلَكِنَّ اللّهَ ذُو فَضْلٍ عَلَى الْعَالَمِينَ -البقرة: ٢٤٧-٢٥١)).

لـه چـیرۆکی داوودو تالووتو جالووت لـه قورئان تالووت (پادشای ئیسرائیلییەکان) به لەشکرەکەی دەلێت خودا به رووبارێک تاقیتان دەکاتـەوه" ئەوەی لێی خواردەوه ئەوه له منەو لەوه لێی نەخواردەوه له من نییه مەگـەر کەسێک چنگێک ئاوی هەلگرت، کاتێکیش گەیشتنه رووبارەکه زۆربەیان لێیان خواردەوه.

عبدالفادی دەلێت قورئان ئەم چیرۆکەی شائوول، که به تالووت (طالوت) نـاوی دەبـات، لەگـەڵ چـیرۆکی جدعونی قـازی (گیدعۆن גִּדְעוֹן)ی تێکـەڵ کردووه که به خواردنـەوەی ئـاوی رووبارەکه تاقیکرایـەوه ئـەویش لەمیانـەی شەرەکەیان دژ به میدیاننییەکان (خەلکی میدیەن یان میدیان)(قضاة٧:١-٨)و

به‌م جۆره قورئان شائوول یاخود تالووتی به‌ گیدعۆن داناوه‌و شه‌ڕ دژی
فه‌ڵه‌ستینییه‌کانی له‌جیاتی شه‌ڕ دژی میدیانییه‌کانی داناوه.

* * * *

ئه‌گه‌ر په‌یمانی کۆنی به‌رده‌ستمان به‌ڵگه‌نامه‌یه‌کی مێژوویی دوور له‌ گومان
بوایه‌ ئه‌و ره‌خنه‌یه‌ جێگه‌ی بایه‌خ ده‌بوو، به‌ڵام حاڵی په‌یمانی کۆن
پێچه‌وانه‌یه‌و له‌م باسه‌ی شائوول שָׁאוּל و داوود (داوید דָּוִד) ناڕێکی هه‌یه. بۆ
نموونه جارێک باپیری شائوول به ئه‌بیئێل אֲבִיאֵל ناوبراوه (یصموئیل ۹: ۱)،
جارێکیش به‌ نێر נֵר ناوی هاتووه (۱ أخبار ۸: ۳۳ و ۹: ۳۹). ته‌نانه‌ت له‌
کتێبی تایبه‌ت به‌ هه‌مان پێغه‌مبه‌ر جیاوازییه‌کی وه‌ک ئه‌مه ده‌بینین: له کتێبی
۱ی صه‌موئێل پاش ئه‌وه‌ی داوود گۆلیات גָּלְיָת (جالووتی قورئان)ی
فه‌ڵه‌ستینیی کوشت سه‌ره‌که‌ی بۆ ئۆرشه‌لیم (یه‌روشه‌لایم) برد (یصموئیل ۱۷
: ۵٤) ئه‌و کاته‌ش هێشتا شائوول وه‌ک پادشای ئیسرائیلییه‌کان مابوو، که‌چی
له‌ کتێبی ۲ی صه‌موئێل کاتێک داوود کرایه‌ پادشا ئۆرشه‌لیم له‌ ده‌ستی
ئیسرائیلییه‌کان نه‌بوو به‌ڵکو له‌ده‌ستی (یه‌بووسییه‌کان) بوو و ئه‌وانه
نه‌یانهێشتبوو داوود بچێته‌ شاره‌که (۲صموئیل ۵: ٦). له‌ هه‌مان شوێنیش
باسی ئه‌وه کراوه که‌ ته‌مه‌نی داوود سی ساڵ بوو کاتێک بووه پادشا، چل
ساڵیش پادشایی کرد، له‌ حیبرۆن חֶבְרוֹן حه‌وت ساڵ‌و شه‌ش مانگ پادشایی
به‌سه‌ر یه‌هوودا کردو له‌ ئۆرشه‌لیم سیوسیێ ساڵ پادشایی به‌سه‌ر هه‌موو
ئیسرائیل‌و یه‌هوودا کرد (۲صموئیل ۵: ٤–۵).

ناڕێکییه‌کی تـر ئه‌وه‌یه‌ لـه‌ کتێبی یه‌که‌می صه‌موئیل داوود ده‌بێته‌
عوودژه‌نی شائوول‌و شائوول زۆری خۆشده‌وێت‌و ده‌بێته‌ چه‌که‌لگری‌و
ده‌شزانێت باوکی داوود بیشای יִשַׁי یه‌ چونکه پێی ده‌وترێت بیشای کوڕێکی
هه‌یه ده‌زانێت عوود بژه‌نێت، هه‌روه‌ها شائوول په‌یامبه‌ران بۆ بیشای ده‌نێرێت
که داوودی بۆ نێرێت، دواییش که‌ داوودی به‌دڵ ده‌بێت بۆ باوکی ده‌نێرێت که‌
داوودی به‌دڵ بووه‌و با لای بمێنێته‌وه(۱ صه‌موئیل ۱٦: ۱۸–۲۲)، که‌چی
له‌هه‌مان کتێب‌و کاتێک داوود ده‌چێته‌ به‌رده‌می له‌شکری فه‌ڵه‌ستینییه‌کان بۆ
شه‌ڕکردن له‌گه‌ڵ گۆلیات شائوول له‌ ئه‌بنێر אַבְנֵר ی سه‌رۆکی له‌شکر

دەپرسێت ئەو کوڕە کوڕی کێیە ئەویش سوێندی بۆ دەخوات کە نازانێت، دوایی لە داوود دەپرسێت (١ صەموئیل ١٧: ٥٥—٥٨). لەم ئیصحاحە باوکی داوود خواردن بەدەست داوود بۆ سێ براکەی دەنێرێت کە شوێنی شائوول بۆ شەڕی فەڵەستینییەکان کەوتبوونو لەو قسەیەی نێوان داوودو شائوول کاتێک داوود وتی بۆ شەڕی گۆلیات دەچێت هەست بەوە ناکرێت کە شائوول پێش ئەوە داوودی ناسیبێت یان ئەو کەسە بێت کە لە ئیصحاحی پێشتر ئەو کەسە بوو کە زۆری خۆشدەویستو هەڵگری چەکی بوو.[123]

کە حاڵی سەرچاوەکەش وا بێت بۆمان هەیە بپرسین: ئەی بۆچی پەڕینەوە لە ڕوبارەکەو باسی خواردنەوەی ئاوەکەی سەر بە چیرۆکی شەڕی شائوولو گۆلیات، نەك گیدعۆنو میدیانییەکان نەبووبێت؟

---

[123] بۆ سێ ڕەخنەکەی سەرەوە: ناوی باپیری شائوول، وەزعی ئورشەلیم کاتی کوشتنی گۆلیات، نەناسینەوەی داوود.. سوودمان لە پێگەیەکی مەسیحی وەرگرتووە کە گوایە وەڵامی ئەو گومانانەو گومانی زۆری تر دەداتەوە. هەندێك زانیاریشمان بۆ ئەو ڕەخنانەی سەرەوە زیاد کردووە:
http://www.answering-islam.org/Arabic/Books/Claims/1sa.html

مەریەم و مەسیح

چەند پرسیارێکی عبدالفادی هەن پەیوەندییان بە مەسیحو مەریەمی دایکییەوە هەن:

پرسیارەکانی ٥ – ٩ – ١٠ – ١١ – ٤٠ تایبەتن بە مەریەم.

پرسیارەکانی ٤١ – ٥٣ – ٥٤ – ٥٥ تایبەتن بە مەسیح.

٥-مەریەمی پاکیزە خوشکی هاڕوونە و کچی عیمڕانە

((وَمَرْيَمَ ابْنَتَ عِمْرَانَ الَّتِي أَحْصَنَتْ فَرْجَهَا فَنَفَخْنَا فِيهِ مِن رُّوحِنَا وَصَدَّقَتْ بِكَلِمَاتِ رَبِّهَا وَكُتُبِهِ وَكَانَتْ مِنَ الْقَانِتِينَ–التحريم: ١٢)).

((فَأَتَتْ بِهِ قَوْمَهَا تَحْمِلُهُ قَالُوا يَا مَرْيَمُ لَقَدْ جِئْتِ شَيْئًا فَرِيًّا * يَا أُخْتَ هَارُونَ مَا كَانَ أَبُوكِ امْرَأَ سَوْءٍ وَمَا كَانَتْ أُمُّكِ بَغِيًّا–مريم: ٢٨–٢٩)).

عبدالفادی دەپرسێت: ئینجیل دەڵێت مەریەمی پاکیزە کچی (هالی)یە (لوقا٣: ٢٣) ئیتر چۆن قورئان دەڵێت کچی عیمڕانە کە ئەم باوکی موسایە یان دەڵێت خوشکی هاڕوونە لەکاتێک لەنێوان مەریەمو لەلایەكو عیمڕانو هاڕوونو موسا لە لاکەی تر ١٦٠٠ ساڵ ماوە هەیە؟

*** * * ***

ئەمە یەکێکە لەو ڕەخنانەی کە بەردەوام دووبارە دەکرێنەو دەبێتە مایەی دڵخۆشییان گوایە بەڵگەیە لەسەر ناڕاستیی قورئان لەکاتێک کە بەڵگەیە لەسەر نەشارەزایی خۆیان.

بڕیار لەوەی کە قورئان مەریەمی بە خوشکی ڕاستەوخۆی هاڕوونی زانیوە نیشانەی نەشارەزاییە لە قورئان چونکە خودی قورئان لەدوای موساو هاڕوون باسی تاڵووتو داوودو سولەیمانی کردووە، باسی پێغەمبەرەکانی بەنو ئیسرائیلیشی کردووەو باسی ئەو پێغەمبەرانەی کردووە کە ئیسرائیلییەکان

باوەڕیان بە هەندێکیان نەکردووەو هەندێکیانیان کوشتووە. بەواتەیەکی تر قورئان باسی سەردەمانێکی زۆری نێوان مووساو هاروون لەلایەكو مەریەمی دایکی مەسیح لەلاکەی تر کردووە. ئەوەش ئەوپەڕی بێئاگاییە لە قورئان کە ئەو باسانە نەزانرێنو تەنها باسی تەعبیرەکەی قورئان بکرێت ((ئەی خوشکی هاروون)). موفەسیرە کۆنەکان ئەوەیان زانیوەو زانیویشیانە ئەو تەعبیرە واتای رەچەڵەکی مەریەمە کە سەر بە لقەکەی هاروونە.

هەمان شتیش بۆ ناوبردنی مەریەم وەک کچی عیمڕان (عەمرام) עַמְרָם و کە هاروونو مووساش کوڕی عیمڕانن کە ئاشکرایە باس لە دوو عیمڕانە یەکێکیان عیمڕانە کۆنەکەیەو ئەوەی تری باوکی مەریەمە، یان لە یەك کات مەبەستی لە هەردووکیان بێت.

سەیریشە عبدالقادی ناوی ئینجیلی لوقا (٣: ٢٣) دەبات وەك سەرچاوە بۆ ئەوەی کە گوایە مەریەم کچی (هالی)یە لەکاتێك لەو شوێنە نەسەبی مەسیح وتراوە کە کوڕی یووسفە کوڕی هالی کوڕی ... تاد تا دەگاتە یەهوودا کوڕی یەعقووبو لەوەش بۆ کۆنتر تا ئادەم. واتە روالّەتی دەقەکە پێمان دەڵێت هالی باوکی یووسفی دەزگیرانی مەریەم بوو نەك باوكی مەریەم کە ئەمەیان، واتە زنجیرەکە هی مەریەمو عیسایە، بۆچوونە نەك روالّەتی دەقەکە (بڕوانە هەروەها پرسیاری تایبەت بە قسەکردنی مەسیح لە بێشکە). عبدالقادی ئاگای لە ئینجیلەکەی خۆشی نییە.

٩-زەکەرییا سەرپەرشتیی مەریەم دەکات

((إِذْ قَالَتِ امْرَأَةُ عِمْرَانَ رَبِّ إِنِّي نَذَرْتُ لَكَ مَا فِي بَطْنِي مُحَرَّرًا فَتَقَبَّلْ مِنِّي إِنَّكَ أَنتَ السَّمِيعُ الْعَلِيمُ * فَلَمَّا وَضَعَتْهَا قَالَتْ رَبِّ إِنِّي وَضَعْتُهَا أُنثَى وَاللّهُ أَعْلَمُ بِمَا وَضَعَتْ وَلَيْسَ الذَّكَرُ كَالأُنثَى وَإِنِّي سَمَّيْتُهَا مَرْيَمَ وِإِنِّي أُعِيذُهَا بِكَ وَذُرِّيَّتَهَا مِنَ الشَّيْطَانِ الرَّجِيمِ * فَتَقَبَّلَهَا رَبُّهَا بِقَبُولٍ حَسَنٍ وَأَنبَتَهَا نَبَاتًا حَسَنًا وَكَفَّلَهَا زَكَرِيَّا كُلَّمَا دَخَلَ عَلَيْهَا زَكَرِيَّا الْمِحْرَابَ وَجَدَ عِندَهَا رِزْقاً قَالَ يَا مَرْيَمُ أَنَّى لَكِ هَذَا قَالَتْ هُوَ مِنْ عِندِ اللّهِ إِنَّ اللّهَ يَرْزُقُ مَن يَشَاء بِغَيْرِ حِسَابٍ-ال عمران: ٣٥-٣٧)).

قورئان باسی ژنی عیمران، کە دایکی مەریمە، دەکات کە سکی بە مەریەم پڕببوو و منداڵەکەی سکی، کە بەتەمابوو کوڕ بێت، بۆ خودای نەزر کرد. دواییش کە مەریەمی بوو خودا وایکرد زەکەرییا کەفالەتی بکات. هەر کاتێکش زەکەریا دەچووە میحراب لای مەریم دەبیینی خواردنی لایە. لێشی پرسی سەبارەت بەو خواردنە ئەویش وتی ئەوە لەلای خوداوەیە.

عبدالفادی دەڵێت ئەمە لەگەڵ رووداوەکانی مێژوو ناڕێکە چونکە مەریەم کچی عەمرام (بەپێی تەورات) نە شووی کردبوو و نە منداڵی ببوو. مەریەم خوشکی هاڕوونە و ناوی دایکی یۆکابد (یۆکێبێد، یۆخێبێد) יוֹכֶבֶד ـە. عبدالفادی لێرە ژنی عیمرانی بە دایکی مووساو هاڕوون زانیوە ئەوەش تەنها لەبەر ئەوەی قورئان وتوویەتی (ژنی عیمڕان)، عیمڕانیش باوکی مووساو هاڕوونە، لەکاتێک قورئان لێرە مەبەستی لە دایکی مەریەمە کە دایکی مەسیحە (بڕوانە پرسیاری ٥ و ٥٣).

دوای ئەوە عبدالفادی دەنووسێت:

تاکە ئافرەتیش کە ئەوەی ناو سکی خۆی نەزر کردبوو حەننا חַנָּה ی دایکی صەموئێلی پێغەمبەر بوو. باسی ئەوەش نەهاتووە کە زەکەرییا لە هەیکەل لە ئورشەلیم دەژیا تا سەرپەرشتیی مەریەم بکات چونکە زەکەرییا خەڵکی (حێبڕۆن) بوو و کاتێک دەچوو لە هەیکەل خزمەت بکات تەنها بۆ

ماوه‌ی پانزه‌ ڕۆژ له‌ ساڵێك به‌ تیروپشك ده‌چوو (لوقا١: ٥—٤٠). كه‌سیش ناچێته‌ ناو میحراب یان تێی نامێنێته‌وه‌ جگه‌ له‌ سه‌رۆكی كاهنه‌كان ئه‌ویش ساڵی یه‌ك ڕۆژ له‌ ڕۆژی گه‌وره‌ی كه‌فاره‌تو به‌ خوێنی قوربانییه‌ك بۆ ئه‌وه‌ی كه‌فاره‌تی گوناهه‌كانی گه‌ل بكات (١ ملوك:٨ ٦ و ٩: ١٦). زه‌كه‌رییاش سه‌رپه‌رشتیی مه‌ریه‌می نه‌كرد چونكه‌ مه‌ریه‌م سه‌ر به‌ سیبه‌تی یه‌هوودا بوو و زه‌كه‌رییا له‌ سیبه‌تی لاوی بوو (عبرانیین:٧ ١٤)، زه‌كه‌رییاش له‌ حێبرۆن ده‌ژیاو مه‌ریه‌م له‌ ناصیره‌.

له‌و شوێنه‌ی عبدالفادی ئاماژه‌ی بۆ ده‌كات كه‌ مه‌ریه‌م له‌ سیبه‌تی یه‌هوودا بوو و زه‌كه‌ریا له‌ سیبه‌تی لاوی بوو واته‌ (عبرانیین ٧: ١٤) ته‌نها باسی ئه‌وه‌ كراوه‌ كه‌ مه‌سیح له‌ سیبه‌تی یه‌هوودا بوو و باسی زه‌كه‌رییا نه‌كراوه‌، ئه‌وه‌ش گرنگ نییه‌ چونكه‌ ده‌زانین زه‌كه‌رییا له‌ سیبه‌تی لاوی بوو له‌به‌ر ئه‌وه‌ی كاهن بوو، كاهنه‌كانیش له‌ سیبه‌تی لاوی بوون. هه‌موو باسی (عیبرانییه‌كان)یش گرنگ نییه‌ چونكه‌ ئه‌وه‌ قسه‌ی پۆلسه‌. (عیبرانییه‌كان) بریتییه‌ له‌ نامه‌كانی پۆلسه‌ بۆ عیبرانییه‌كان (سه‌ده‌ی یه‌كه‌می زاینی) كه‌ هه‌ندێك زانای مه‌سیحیی كۆن گومانیان هه‌بووه‌ هی پۆلس بێت یان هه‌ر نووسینێكی تری نێردراوان بێت.[124]

ئه‌و به‌شه‌ش قسه‌ی سه‌یرو سه‌مه‌ره‌ی تێ هه‌یه‌. له‌و به‌شه‌ پۆلس باسی پادشایه‌ك ده‌كات ئه‌ویش مه‌لكی صادق (مه‌لكی تسیدێق) ‎מַלְכִּי צֶדֶק‎ كه‌ ئیبراهیم ده‌ یه‌كی له‌ هه‌موو شتێك دایه‌ ئه‌ویش به‌ره‌كه‌تی لێ كرد (ته‌كوین ١٤: ١٨). پۆلس ده‌ڵێت لاوییه‌كان ده‌ یه‌ك له‌ گه‌ل وه‌رده‌گرن، به‌ڵام كاتێك لاوی له‌ پشتی ئیبراهیم بوو ئیبراهیم ده‌ یه‌كی دا به‌ مه‌لكی صادق (عبرانیین ٧: ٥—١٠). پۆلس ده‌ڵێت گوایه‌ خودا به‌ مه‌سیحی وتووه‌ تۆ كاهنی تا هه‌تا له‌سه‌ر پله‌ی مه‌لكی صادق (عبرانیین ٥: ٦). ئه‌مه‌ش شتێكه‌ له‌ باسه‌كه‌ پۆلس به‌ڵام عبدالفادی به‌و ڕسته‌یه‌ ویستوویه‌تی بیسه‌لمێنێت زه‌كه‌رییا سه‌رپه‌رشتیی

---

[124] بڕوانه‌: ستیفن م. میلر، روبرت ف. هوبر، تاریخ الكتاب المقدس ص٦٩ ، هه‌روه‌ها: ٩٤، ٩٧ ، مارتن لوته‌ریش به‌ ڕاستی نه‌زانیوه‌، ل ٢٠٩.

مەریەمی نەکردووه . شایەنی وتنیشه ئەگەر بەپێی ئەو نامەیـەی پۆلس بێت پێویسته پێچەوانەی قسەکەی عبدالفادی بێت، واته لەبەر ئـەوەی مەسـیح کوڕی مەریەمه کەهـەنووتی هەیه ئەگەرچی لـه سیبەتی یەهووداپه هـەروەکو کەهـەنووتی زەکەرییا که له سیبەتی لاوی بوو دەکرێت زەکـەرییا سەرپـەرشتیی مـەریـەم بکـات وەک چـۆن ئـیبراهیم (بـاپیری گـەورەی لاوی) ده یـەکی دا بـه مەلکی صادق که مەسیح لەسەر پلەی ئەو بووه کاهن.

بەدەر له پۆلسو نامەکەیو هەر سەبارەت بـه قسـەکەی عبدالفادی گوایه زەکەرییا کەفالەتی مەریەمی نەکردووه چونکه زەکەرییا له سیبەتی لاوی بوو و مەریـەم لـه سیبەتی یەهوودا بوو، ئەو زانیارییه هەیه که ئەلیصابات (ئێلیشێبـع אֱלִישֶׁבַע به عیبری) ژنی زەکەرییا لـه کچانی هـاڕوون بـوو، مێردەکەشـی لـه گرووپی ئەبییا بوو (لوقا ١: ٥)، که گرووپێکی کاهنەکان بوو، واته هـەردوو لـه سیبەتی لاوی بـوونو ئەلیصابات بـه خزمـی مەریـەم ناوبراوه [125] و بـەم جـۆره خزمایەتی لەنێوان زەکەرییاو مەریەم هەبوو، ئەمەش هـەموو ئەگەر نەکرێت کەفالەتی بکات لەبەر ئەوەی له سیبەتێکی تـر بێت، بـەڵام عبدالفادی ئـەوەی نەوتووەو بەڵگەشی لەسەر نەهێناوه .

زنجیره بنەماڵەی مەسیح لـه مەتتاو لوقا هێنده جیاوازیی زۆریان هەیه که زۆر جار پەنا براوه بۆ گریمانەی ئەوەی یەکیان هـی یووسفەو ئـەوەی تریـان هـی مەریەمه بەڵام ئەوه نارێته بەوەی که باسکراوەو کـه هـەردووکیان ئامـاژه بۆ یووسف دەکـەن، بـەڵکو هـەروەها دوورخستنەوەی ئـەوەی یـەکێکیان هـی مەریەم بێت هەر لەسەرەتای لوقاوەیه که وتراوه مەریەمی خزمی ئەلیصاباتی هاڕوونییه، بەڵام ئەگەر واش بوترێت کـه یـەکێکیان هـی مەریـەم بێت ئەوانـه کاتێک دانران بیرۆک که پاکیزەیی مەریەم نەبوو، کەواته بۆ عەقیدەی پاکیزەیی

---

[125] ئینجیلی لوقا ئیصحاحی یەکـەم: ٣٦. قسـەکه لەسـەر زمـانی جبریلـه که مژدەکه بـه مەریەم دەدات و دەڵێت هەمان مژده دراوه بـه ئەلیصاباتی خزمت. گریمانەیـەکیش هەیه که لەتەرەفی دایکییەوه لاوی بووەو له تەرەفی باوکییەوه نەوەی داوود (له سیبەتی یەهوودا) بوو، بەڵام ئەگەر دەبوایه ئەمه بـاس بکرایه:

Paul W. Schmiedel, Mary, in; Encyclopædia Biblica, vol. III, col. 2957.

ناچـار بـوون تـەعبیری ((وا زانرابـوو)) بخنـە نـاو قسـەکە، بـەڵام ئەگـەر لـە
سـەرەتاوە بـیر لـە تێخنینێکـی وا کرابێـت کەواتـە بـەهیچ جـۆرێک زنجـیرەی
پشتەکان بایەخی نییە.[126]

سـەبارەت بە باسـی میحرابیش کـە عبدالفادی رەخنـەی لێگرتـووە بڕوانـە
پرسیاری ژمارە ١٠.

---

[126] **Paul W. Schmiedel, *ibid*., cols. 2957-2958.**

۱۰-دوورکەوتنەوەی مەریەم

((وَاذْكُرْ فِي الْكِتَابِ مَرْيَمَ إِذِ انتَبَذَتْ مِنْ أَهْلِهَا مَكَانًا شَرْقِيًّا * فَاتَّخَذَتْ مِن دُونِهِمْ حِجَابًا فَأَرْسَلْنَا إِلَيْهَا رُوحَنَا فَتَمَثَّلَ لَهَا بَشَرًا سَوِيًّا * قَالَتْ إِنِّي أَعُوذُ بِالرَّحْمَن مِنكَ إِن كُنتَ تَقِيًّا * قَالَ إِنَّمَا أَنَا رَسُولُ رَبِّكِ لِأَهَبَ لَكِ غُلَامًا زَكِيًّا * قَالَتْ أَنَّى يَكُونُ لِي غُلَامٌ وَلَمْ يَمْسَسْنِي بَشَرٌ وَلَمْ أَكُ بَغِيًّا * قَالَ كَذَلِكِ قَالَ رَبُّكِ هُوَ عَلَيَّ هَيِّنٌ وَلِنَجْعَلَهُ آيَةً لِلنَّاسِ وَرَحْمَةً مِّنَّا وَكَانَ أَمْرًا مَّقْضِيًّا-مريم: ۱۶-۲۱)).

عبدالفادی دەڵێت قورئان ناڵێت بۆچی مەریەم چووە شوێنێکی ڕۆژهەڵاتیو لە کەسوکاری خۆی دوورکەوتەوەو حیجابێکی دانا لەنێوان خۆیو ئەوان پێش ئەوەی مژدەی مەسیحی پێبدرێت. ئایا شەڕی بووە لەگەڵ کەسوکاری هەرچەندە بە تەقوا ناسرابوو؟ بۆچیش کچێک دوور لە کەسوکارییەوە دەژی هەرچەندە قورئان دەڵێت مەریەم لە میحراب بوو بە سەرپەرشتیاریی زەکەرییا؟ ئینجیلیش دەڵێت مەریەم لە ناصیرە بوو و دەزگیرانی یووسفی دارتاش بوو (لوقا۱: ۲٦-۳٦).

* * * *

ئەمەش شایەنی قسەکردن نییە چونکە شتێک لەو باسەی قورئان لە دوورکەوتنەوەی مەریەم جێگەی پرسیار بێت، کاتێکیش زەکەرییا کەفالەتی مەریەم دەکات ئەوە بەهیچ واتایەکی ئەوە ناگەیەنێت کە بەردەوام لای خۆی بووبێت، عبدالفادیش بەهەڵە لە هەبوونی مەریەم لە میحرابەکە تێدەگات چونکە وای داناوە میحرابەکە لە ماڵی زەکەرییا یان شوێنێک لەو جۆرە بێت.

لە ئینجیلی سەرەتای یەعقووب کە یەکێک لە ئینجیلەکانی ئەپۆکریفا باسی ئەوە کراوە کە دایکی مەریەم، کاتێک هێشتا مەریەم شەش مانگ بوو، میحرابێکی لە ژوورەکەی خۆی بۆ دروستکرد (انجیل البدایه لیعقوب ٦: ٢).[۱۲۷]

<hr>

[۱۲۷] ابوکریفا العهد الجدید ، ج۱، ص٥٤

هەروەها تا تەمەنی گەیشتە دوانزە ساڵ لە هەیکەل مایەوە ئینجا یووسف هەلبژێدرا بۆ کەفالەتکردنی (انجيل البدايه ليعقوب ٨–٩).

دیاریش نییە چوونی مەریەم بۆ ئەو شوێنە رۆژهەڵاتییە ماوەیەکی پێ چوو یان کەمی پێچوو ئینجا فریشتەکە چووە لایو مژدەی مەسیحی پێدا.

١١-مەریەم لە دەشتایی منداڵەکەی دەبێت و ئەم لەژێرییەوە قسەی لەگەڵ دەکات

((فَحَمَلَتْهُ فَانتَبَذَتْ بِهِ مَكَانًا قَصِيًّا (٢٢) فَأَجَاءَهَا الْمَخَاضُ إِلَى جِذْعِ النَّخْلَةِ قَالَتْ يَا لَيْتَنِي مِتُّ قَبْلَ هَذَا وَكُنتُ نَسْيًا مَنسِيًّا (٢٣) فَنَادَاهَا مِن تَحْتِهَا أَلَّا تَحْزَنِي قَدْ جَعَلَ رَبُّكِ تَحْتَكِ سَرِيًّا (٢٤) وَهُزِّي إِلَيْكِ بِجِذْعِ النَّخْلَةِ تُسَاقِطْ عَلَيْكِ رُطَبًا جَنِيًّا (٢٥) فَكُلِي وَاشْرَبِي وَقَرِّي عَيْنًا فَإِمَّا تَرَيِنَّ مِنَ الْبَشَرِ أَحَدًا فَقُولِي إِنِّي نَذَرْتُ لِلرَّحْمَنِ صَوْمًا فَلَنْ أُكَلِّمَ الْيَوْمَ إِنسِيًّا – مريم: ٢٢–٢٦)).

عبدالفادی دەڵێت: مەریەم لە (بەیت لەحم) عیسای بوو هەروەك چۆن پێغەمبەرانی تەورات سەدان ساڵ بەرلەوە پێشبینییان کردبوو نەك لە تەنیشت قەدی دارخورمایەك. مەریەم مەسیحی لە بەیت لەحم بوو و کۆرپەکەی لە گەوڕەکە دانا (لوقا٢: ١–٢٠) سەیریشه منداڵەکەی لەژێرییەوە قسەی لەگەڵ دەکاتو پێی دەڵێت قەدی دارخورماکه رابوەشێنێتو لە خورماکەی بخواتو ئاوی جۆگەکە بخواتەوه، ئەگەر کەسێکیش بەلای تێپەڕی پێی بڵێت نەزرم کردووه بۆ خودا بەرۆژوو بمو قسه لەگەڵ هیچ مرۆڤێك نەکەم. ئیتر کوا رۆژوو لەکاتێک خورمای خواردووەو ئاوی خواردۆتەوەو قسەشی کردووه ؟

* * * *

قورئان ئاشکرا باسی جۆری ئەو رۆژووه دەکات که رۆژووه لە قسەکردن، گوناهی عبدالفادیشه لەوه تێناگات، خۆ ئەگەر رۆژوو بێت لە خواردنو خواردنەوه ئەوه لەدوای خواردنی خورماکەو خواردنەوەی ئاوەکەیه. رۆژووگرتنی قسەنەکردنیش نارێك نییه لەگەڵ قورئان که دەڵێت ((فَإِمَّا تَرَيِنَّ مِنَ الْبَشَرِ أَحَدًا فَقُولِي إِنِّي نَذَرْتُ لِلرَّحْمَنِ صَوْمًا فَلَنْ أُكَلِّمَ الْيَوْمَ إِنسِيًّا)) چونکه (قەول) لە زمانی عەرەبی مەرج نییه به زمان بێت بەڵکو هەر ئاماژەیەك به ئەندامێکی لەش که واتایەکی هەبێت به قەول ناو دەبریت، بۆ نموونه کەسێك ئاماژەیەك به دەستی دەکات ئەمەی بۆ بەکاردێت: ((فقال بیده هكذا))،

قسەی مەریەمیش لەو جۆرەیە واتە ئاماژەی بۆ دەمی کرد کە ڕۆژووی لە قسەکردن گرتووە.

سەبارەت بەوەش کیّ قسەی لەگەلّ مەریەم کردووە ئەوەیان دیار نییەو هەندێك بە عیسای دەزانن و هەندێکی تر بە جبریلی دەزانن،[128] هیچ موفەسیرێك قسەی یەکلاکەرەوەی نییە، ئەگەر گرنگیش بوایە قورئان باسی دەکرد بەڵام لای قورئان قسەکە گرنگتر بوو لە قسەکەر.

____

[128] بڕوانە: تەفسیر ابن کثیر، ج ٥، ص ٢٢٤.

٤٠-هاجەر یان مەریەم؟

(هەمان پێنج ئایەتەکەی سوورەتی مریم لە پرسیاری ١١).

عبدالفادی رەخنە لە قورئان دەگرێت کە باسی هاجەری دایکی ئیسماعیل لە تەوراتی کردووە بە باسی مەریەم. ئایەتەکانی سوورەتی مەریەم دەڵێن کاتێک خەریک بوو مەریەم مندالەکەی لای قەدی دارەخورماکە ببێت وتی خۆزگە پێشتر بمردمایە، ئیتر لە خوارەوە بانگی کرد خەفەت نەخۆی چونکە خوداکەت کانییەکی لەژێرتەوە داناوە، قەدەکەش بجوولێنە خورمات بەسەر دەبارێنێ.

عبدالفادی دەڵێت ئەوە هاجەر بوو کە بۆ چۆڵەوانی هەلهات بە خۆی و ئیسماعیلی کورییەوە، کاتێکیش تینووی بوو خودا کانییەکی بۆ رەخساند، بەلام مەریەم نە بۆ چۆڵەوانی هەلهاتو نە پێویستی بە ئاو بوو و نە لەژێر دارەخورما بوو.

* * * *

ئەمە تێگەیشتنێکی لارە چونکە قورئان باسی چۆڵەوانی ناکات. قورئان باسی شوێنێکی دوور دەکات. بەلام ئایا مەریەم بەراستی قەت هەلنەهاتبوو؟ بەپێی ئینجیل نەخێر" ئەوەتا لە ئینجیلی مەتتا مەریەم لەگەل یووسفی دەزگیرانی و کۆرپەکەی بۆ میسر هەلهاتن (مەتتا ٢: ١٣—١٥).

تەنانەت قورئان کە باسی رۆیشتنی مەریەم بۆ شوێنێکی دوور پێش ئەوەی مندالەکەی ببێت لەگەل گونجاوە کاتێک باسی ئەوە دەکات کە قەیسەر بریاری دا خەلک ناونووس بکرێن، یووسفیش کە خەلکی بەیت لەحم بوو مەریەمی بە سکپرییەوە لەناصیرەوە بۆ بەیت لەحم لەگەل خۆی برد (لوقا ٢: ١—٦)، نێوان ناصیرەو بەیت لەحم زیاتر لە سەد کیلۆمەترە. کەواتە مەریەمی چووە شوێنێکی دوور لە کەسوکارییەوەو لەوێ مندالەکەی بوو.

٤١-خوانێك لە ئاسمان دانەبەزییوو

((إِذْ قَالَ الْحَوَارِيُّونَ يَا عِيسَى ابْنَ مَرْيَمَ هَلْ يَسْتَطِيعُ رَبُّكَ أَن يُنَزِّلَ عَلَيْنَا مَآئِدَةً مِّنَ السَّمَاء قَالَ اتَّقُواْ اللّهَ إِن كُنتُم مُّؤْمِنِينَ * قَالُواْ نُرِيدُ أَن نَّأْكُلَ مِنْهَا وَتَطْمَئِنَّ قُلُوبُنَا وَنَعْلَمَ أَن قَدْ صَدَقْتَنَا وَنَكُونَ عَلَيْهَا مِنَ الشَّاهِدِينَ * قَالَ عِيسَى ابْنُ مَرْيَمَ اللَّهُمَّ رَبَّنَا أَنزِلْ عَلَيْنَا مَآئِدَةً مِّنَ السَّمَاء تَكُونُ لَنَا عِيداً لِّأَوَّلِنَا وَآخِرِنَا وَآيَةً مِّنكَ وَارْزُقْنَا وَأَنتَ خَيْرُ الرَّازِقِينَ * قَالَ اللّهُ إِنِّي مُنَزِّلُهَا عَلَيْكُمْ فَمَن يَكْفُرْ بَعْدُ مِنكُمْ فَإِنِّي أُعَذِّبُهُ عَذَابًا لاَّ أُعَذِّبُهُ أَحَدًا مِّنَ الْعَالَمِينَ -المائدة: ١١٣-١١٥)).

عبدالفادی دەڵێت لە ئینجیل نە قوتابییەکانی مەسیح داوای خوانێکی ئاسماننییان لێ کردبوو و نە خوانێك لە ئاسمان دابەزییوو بەڵکو ئەو کەسانەی لە چۆڵەوانی شوێنی مەسیح کەوتن بۆ ئەوەی ڕێنماییەکانی ببیستن زۆر لەگەڵی مانەوە، مەسیحیش نەیویست ئەوانە بەزمانی بەرۆژووەوە بنێرێتەوە نەوەکو هێزیان لێ ببرێت ئیتر ئەوە بوو پێنج نانو دوو ماسیی هێناو بەرەکەتی بەسەر ئەو خواردنە ڕژاند ئەوانیش لێیان خواردو لێشی مایەوە. عبدالفادی دەڵێت ڕەنگە چیرۆکەکەی قورئان دەربارەی دابەزینی خوانێك لە ئاسمان ئەنجامی خراپ تێگەیشتنە لە هەندێك ئایەتی ئینجیل ئەگینا لە چوار ئینجیلەکە باسی شیوەی خودایی (العشاء الربانی) هاتووە کە مەسیح کردییە یادەوەرییەك بۆ لەخاچدانی.

* * *

ئەوەی عبدالفادی باسی دەکات ڕووداوێکی ترە ئەگینا لە ئینجیل ئاماژەیەك هەیە بۆ شیوەی خودایی (دواشیو). لە ئینجیلی یوحەننا دوای ئەم ڕووداوە کە موعجیزەی زۆرکردنی خواردن بۆ خەڵکە زۆرەکە بوو و کە نزیکەی پێنج هەزار پیاو بوون بۆ ڕۆژی دوایی خەڵکێکی زۆر چاوەڕێیان دەکردو دوایی کە دۆزییانەوە لێیان پرسی: چی بکەین بۆ ئەوەی کردارەکانی خودا بکەین، یەسووعیش وەڵامیدانەوە: ((ئەمە کرداری خودایە: باوەڕ بەو کەسە بکەن کە

ناردوویەتی)). پێیان وت: ((چ نیشانەیەك دەكەی بۆ ئەوەی ببینینو باوەڕت
پێبكـەین؟ چـی دەكـەی؟ باوكانمـان گـەزۆیان لـە چۆڵەوانی خـوارد، وەك
نووسراوە: خودا نانی لە ئاسمانەوە دانیّ بۆ ئەوەی بخۆن)) (یوحنا ٦: ٢٨–
٣١).

دواتریش مەسیح پێیان دەڵێت خۆی نانی ژیانە، هەركەسێك بۆلای بچێت
برسیی نابێتو كیّ باوەڕی پیّ بهێنیّت قەت تینووی نابێت (یوحنا ٦: ٣٥)،
پاشان وەڵامی جوولەكەكانی دایەوە كە ڕەخنەیان لێگرتبوو كاتێك وتبووی
منم ئەو نانەی لە ئاسمان دابەزی: ئەو كەسـەی باوەڕم پێببهێنێت ژیانێكی
هەتاهەتایی دەژی، منم نانی ژیان، باوكانتان گەزۆریان لـە چۆڵەوانی خواردو
مردن.. پاشان دەڵێت نانەكە لاشەمە كە بۆ ژیانی جیهان دەیبەخشم (یوحنا
٦: ٤١–٥١)، پاشان: ((ئەگـەر لاشـەی كـوڕی مـرۆڤ نـەخۆنو خوێنەكـەی
نەخۆنەوە ژیانتان تیّ نییە، ئەو كەسـەی لاشـەم بخواتو خوێنم بخواتـەوە
ژیانێكی هەتاهەتایی هەیە)) (یوحنا ٦: ٥٣–٥٤). [129]

تێبینی بكە كە لە ئینجیلی یوحـەنا باسی خواردنی لاشەی مەسیحو
خواردنەوەی خوێنەكەی دوای باسی بەرەكەت خستن لە ماسیو نانەكە بۆ ئەو
خەڵكـە زۆرە، بـەڵام باسـەكەی لـە ئینجیلە لەیەكچووەكان، واتـە مـەتتاو
مەرقوسو لوقا دواترەو لە جەژنی فصح (فیصح)-ە، (پێسەح מֶסַח)-ه، كە
جەژنی جوولەكەكەیە بەبۆنەی دەرچوونیان لە میسرو ڕزگاربوونیان. [130]

---

[129] خواردنی لەتە نانەكەو خواردنەوەی شەراب بەپێی ئەو باوەڕە سرووتێكی مەسیحییەو
یەكێك لـە حـەوت نهێنییەكانی كەنیسـەی كـاتۆلیكیو دوو نهێننییەكـەی كەنیسـەی
پرۆتستانتیو پێی دەوترێت ئەفخارستیا Eucharist یان نهێنی قوربانیی پیرۆز. بەپێی
زۆربـەی مەزهەبـە مەسیحییەكان نانەكە بەڕاستی دەبێتـە لاشـەی مەسیحو شـەرابەكە
بەڕاستی دەبێتـە خـوێنی مەسیح. مەزهەبـی تـری مەسـیحیەت ئـەوە بـە هێمایـەكو
بەیادكردنەوە دەزانن.

[130] لە مەتتا باسی چیرۆكی بەرەكەتی خواردنەوە لـە ئیصحاحی ١٤ـەو باسی خـواردنی
لاشەكەیو خواردنەوەی خوێنەكەی لـە ئیصحاحی ٢٦ ـەە، لـە مـەرقوس دوو چیرۆكی
لەیەكچووی دوو كاتی جیاواز لە ئیصحاحی ٦ و٨، باسی لاشەو خوێنەكەش لە ئیصحاحی
١٤ ـە، لە لوقا چیرۆكەكە لە ئیصحاحی ٩یەو لاشەو خوێنەكە لە ئیصحاحی ٢٢ـە.

کەواتە لە ئینجیلی یوحەننا باسی خواردنی لاشەی مەسیحو خواردنەوەی خوێنەکەی لەمیانەی دواشیو یاخود شێوی خودایی نەکراوەو باسی لاشەو خوێنی مەسیح لەو شوێنە، واتە لە باسی موعجیزەی زۆرکردنی خواردن، باسی دواشیو لاواز دەکات، بەم شێوەیەش ناتوانین دواشیو بە ڕووداوێکی مێژوویی ڕاستەقینەو بێ گومان بزانین.

عبدالفادی بۆ دواشیو ئاماژە بۆ هەر چوار ئینجیلەکە، بە ئینجیلی یوحەنناوە (یوحنا ١٣: ٣٠—١)، دەکات، بەڵام ئەمەیان جیاوازە لەبەر ئەوەی لە سێ ئینجیلەکەی تر ڕووداوەکە لەکاتی جەژنی فیصح بوو و لە یوحەننا پێش جەژنەکە قوتابییەکانی بینی (یوحنا ١٣: ١). لەوەی یوحەنناش تەنها باسی کاتی خواردنی ئێوارە کراوە (یوحنا ١٣: ٢)، باسی نانخواردنیش نەکراوە تەنها لە دوو برگە: یەکەمیان کاتێک مەسیح دەڵێت: ئەوەی نانم لەگەڵ دەخوات پاژنەی خۆی لەدژم بەرزکردەوە (یان: لەدژم وەستا) (یوحنا ١٣: ١٨)و ئەو برگەیەی پەیوەندیی بە یەهوودای سکاریۆتەوە هەیە کە مەسیحی ڕادەستی جوولەکە کرد ئەویش کاتێک مەسیح دەڵێت یەکێکتان ڕادەستم دەکات، یەکێکیش لە قوتابییەکانی لە باوەشی دەبێتو لەسەر داوای قوتابییەکی تر لێی دەپرسێت کێیە ئەویش دەڵێت ئەو کەسە نانەکەی بۆ تێهەڵدەسوومو دەیدەمێ ئینجا مەسیح ئەوە دەکاتو دەیداتە یەهوودا (یوحنا ١٣: ٢٦—٢١). ئیتر ئەو باسانە ماڵئاواییینو ئامۆژگارینو کۆبوونەوەکە نانخواردنێکی تەقسی نەبوو، لەوەی باسیشمان کرد زیاتر باسی نانخواردنی لەخۆنەگرتووەو باسی لاشەو خوێنی مەسیحی نەکردووە.

٥٣-لە بێشکە قسە دەکات

((وَيُكَلِّمُ النَّاسَ فِي الْمَهْدِ وَكَهْلاً وَمِنَ الصَّالِحِينَ-آل عمران: ٤٦)).

((إِذْ قَالَ اللَّهُ يَا عِيسَى ابْنَ مَرْيَمَ اذْكُرْ نِعْمَتِي عَلَيْكَ وَعَلَى وَالِدَتِكَ إِذْ أَيَّدْتُكَ بِرُوحِ الْقُدُسِ تُكَلِّمُ النَّاسَ فِي الْمَهْدِ وَكَهْلاً وَإِذْ عَلَّمْتُكَ الْكِتَابَ وَالْحِكْمَةَ وَالتَّوْرَاةَ وَالإِنجِيلَ وَإِذْ تَخْلُقُ مِنَ الطِّينِ كَهَيْئَةِ الطَّيْرِ بِإِذْنِي فَتَنفُخُ فِيهَا فَتَكُونُ طَيْرًا بِإِذْنِي وَتُبْرِئُ الأَكْمَهَ وَالأَبْرَصَ بِإِذْنِي وَإِذْ تُخْرِجُ الْمَوْتَى بِإِذْنِي وَإِذْ كَفَفْتُ بَنِي إِسْرَائِيلَ عَنكَ إِذْ جِئْتَهُم بِالْبَيِّنَاتِ فَقَالَ الَّذِينَ كَفَرُواْ مِنْهُمْ إِنْ هَذَا إِلاَّ سِحْرٌ مُّبِينٌ - المائدة: ١١٠)).

((فَأَشَارَتْ إِلَيْهِ قَالُوا كَيْفَ نُكَلِّمُ مَن كَانَ فِي الْمَهْدِ صَبِيًّا -مريم: ٢٩)).

عبدالفادى دەڵێت بەپێی ئینجیل مەسیح لە حیکمەتو باڵاو نیعمەت گەشەی دەسەند (لوقا٢: ٥٢) بۆیە رووینەدابوو مەسیح لە بێشکە قسەی کردبێت (قسەی عبدالفادى تەواو).

* * * *

ئەگەر سەرچاوەش نەبێت بۆ قسەکردنی مەسیح لە بێشکە عەقلّ ئەو قسەکردنە (یان هەر موعجیزەیەکی تری لەو جۆرە) دەخوازێت چونکە چۆن تۆمەت لەسەر دایکی لابچێت ئەگەر منداڵێکی ئاسایی بێت؟[131] ئەی بۆچی

---

[131] لە ئینجیلی ناقانوونیی مەتتا (ئیسحاحی ١٢) یووسف و مەریەم سڕووتێک دەکەن (خواردنەوەی ئاوی تاقیکردنەوەی خوداوەندو حەوت جار رۆشتن بەدەوری مەزبەحی هەیکەل) کە ئەگەر درۆزن بن نیشانەیەك لە دەموچاویان دەردەکەوێت. ئەوان سڕووتەکەیان کردو هیچ نیشانەیەك دەرنەکەوت و ئەوە بوو بەڵگەیەك بۆ بێتاوانییان: عبدالمسیح بسیط، ابوكریفا العهد الجدید، .ص ١١١، د. ابراهیم سالم الطرزي، ابوكریفا العهد الجدید، الكتاب الاول،ج١، ص ٩٥-٩٦. لە ئینجیله قانوونییەکان شتێك نییە بۆ بەڵگە لەسەر بێتاوانیی مەریەم جگە لە چەند شتێکی ناڕاستەوخۆ وەك هاتنی مەجووسەکان کە هاتن بۆ لای پادشای جوولەکە چونکە ئەستێرەکەیان لە رۆژهەڵات بینیبوو (مەتتا٢: ١ بەدواوە)، لە لوقا فریشتەی خودا قسە لەگەڵ چەند شوانێک دەکاتو مژدەی مەسیح دەدات (لوقا٢: ٨-٢٠)، دواتر خواناسێك بەناوی سیمعان داوای بەرەکەت

جوولەکە بەپێی شەریعەتی خۆیان سزای ڕەجمیان بەسەر مەریەم نەسەپاند؟ بەپێی شەریعەتی جوولەکە سزای بەردباران بۆ چەند کەسێک هەیە: ئەو کەسەی ژنێکی هێناو کاتێک چووە لای رقی لێ هەڵگرتو تۆمەتی خستە پاڵی ئەگەر تۆمەتەکە درۆ بوو پیاوەکە سزا دەدرێت بەڵام ئەگەر قسەکەی راست دەرچوو تا مردن بەردباران دەکرێت (تثنیة ۲۲: ۱۳–۲۱)، پیاوێکیش ئەگەر لەگەڵ ژنێکی مێردار بنوێت هەردووکیان بەردباران دەکرێن (تثنیة ۲۲: ۲۲)، حاڵەتێکی تریش کە نزیکە لە حاڵەتەکەی مەریەم ئەوەیە پیاوێک لەگەڵ ئافرەتێکی دەزگیراندار بنوێت ئەگەر لە شار بوو هەردووکیان بەردباران دەکرێن چونکە ئافرەتەکە دەیتوانی هاوار بکات بەڵام ئەگەر لەناوی کێڵگە بوو تەنها پیاوەکە بەردباران دەکرێت چونکە ئافرەتەکە هاواری کردبوو و کەس گوێی لێ نەبوو (تثنیة ۲۲: ۲۳–۲۷).

ئینجیلی بەردەستمان ئەوەی بە قسەیەکی سەیر چارەسەر کردووە ئەویش ئەوەیە لای خەڵک یووسفی دەزگیرانی مەریەم لای خەڵک باوکی مندالەکە بوو:

لە لوقا هاتووە کە کاتێک عیسا دەستی پێکرد (واتە دەستیکرد بە وەعزو بانگەوازو موعجیزە) تەمەنی دەوروبەری سی ساڵ بوو.. دوای ئەوەش پشتەکانی دەژمێرێت تا ئادەمو بەم جۆرە: کوڕی یووسف[۱۳۲] کوڕی هالی[۱۳۳] ...

بۆ مندالەکە دەکاتو مژدە دەدات کە دەبێتە ڕزگاریو شکۆمەندی (لوقا۲: ۲۵–۳۵)، پێغەمبەرێکی ئافرەتیش بەناوی حەننا کچی فەنوئیل باسی مەسیحی کردووە(لوقا۲: ۳۶– ۳۸) کە هیچ لەمانە بەس نەبوون وەک نیشانەیەکی خودایی بۆ بێتاوانیی مەریەم، سەبارەت بە دوو ئینجیلە قانوونییەکەی تریش واتە مەرقوسو یوحەننا ئەو دوانە باسی مندالێتیی مەسیح ناکەن.

[۱۳۲] ژمارەیەك وەرگێڕان وەک ڕوونکردنەوەی قسەکە رستەی : (وەك خەڵك وایاندەزانی) دەخاتە ناو کەوانەوە بەنیشانەی ڕوونکردنەوەی وەرگێڕە بەڵام وەرگێڕانی تر ڕستەکە دەخاتە ناو قسەکە بێ کەوانە بەجۆرێك وا تێدەگەی لە خودی قسەی ئینجیلی لوقایە. بۆ وەرگێڕانە جیاوازەکانی ئەمە (بۆ ئینگلیزی) تەماشای ئەم لینکە بکە:
http://www.biblegateway.com/passage/?search=Luke+3%3A23

تاد(لوقا ٣: ٢٣–٣٨)، لە ئینجیلی مەتتاش: یەعقووب یووسفی لێ بوو ئەویش پیاوەکەی مەریەمە کە یەسووعی لێ بوو (مەتتا ١: ١٦).

ئەمە بەشێکی گەورەی چیرۆکی عیسا لەبنەوە هەڵدەتەکێنێت چونکە یەکەم موعجیزەی عیسا لە ئینجیل بریتی بوو لەوەی بێ باوك هاتۆتە بوون، کاتێکیش خەڵك وادەزانن کوڕی یووسفە موعجیزەکە هیچ واتایەکی نامێنێت. خۆ ئەگەر باسی باوەڕەکەیان بکەین کە کوڕی خودایە ئەو کاتە گرفتەکە لە بێواتاییەوە دەچێتە خانەی نامەعقوولی لەبەر ئەوەی ئیددیعای ئەوەی کوڕی خودایە نامەعقوول دەبێت لەگەڵ هەبوونی باوکێکی بەشەری.

لەوەش ناچێت ئیسرائیلییەکان باوەڕیان بە باوکێتیی یووسف هەبووبێت، باوەڕیشیان بە لەدایکبوونە موعجیزەکەیان نەکردبوو بۆیە ئاساییە تۆمەتی زینای بدەنە پاڵ مەریەم چونکە باوکی دیار نەبوو، بەڵام بەهۆی شتێکی نادیارەوە نەیاندەتوانی ئەوە بسەلمێنن تا سزای بدەن، چیش لە موعجیزەیەك شیاوتره ئەو شتە نادیارە بێت؟ قورئان ڕێکە کاتێك باسی قسەی جوولەکە لەبارەی مەریەمەوە دەکات: ((وبکفرهم وقولهم علی مریم بهتانا عظیما– النساء:١٥٦))، واتە وتنی بوهتانێکی گەورە بەرامبەر مەریەم، لەوەشەوە قسەکردنی مەسیح بەساوایی لەگەڵ ڕووداوەکە ڕێکە.

ترس لە کوشتنی مەریەم بە ئاشکرایی لە ئینجیلی یەعقووب، کە بە ئەپۆکریفا زانراوە، هەیە ئەویش کاتێك یووسف دەزانێت مەریەم سکی پڕ بووەو دەگریو لەخۆی دەپرسێت ئەگەر گوناهەکەی بشارێتەوە دژی شەریعەتی خودا دەوەستێتو ئەگەر ئابڕووی بەرێت دەترسێت ئەوەی سکی فریشتەیەك بێتو ئەو کاتە خوێنێکی بێتاوان بداتە دەست سزای مردن.[134]

---

[133] دەقەکە ڕوونە کە هالی باوکی یووسفە، بەڵام تەفسیرێك دەڵێت باوکی مەریەمە: قاموس الکتاب المقدس، ص ١٩٥٨. بەڵام باسی پشتەکانی یووسف کە باوکی عیسا نییە شتێکی بێمانایە بۆیە ئەو بۆچوونە لەڕاستتر دەچێت کە زنجیرەی پشتەکان هی مەریەمە.

[134] عبدالمسیح بسیط، ابوکریفا العهد الجدید، .ص ٨٧، د. ابراهیم سالم الطرزی، ابوکریفا العهد الجدید، الکتاب الاول،ج١، ص ٨٥.

ترسی یووسفیش که مەریەم ئابڕووی بچێت له ئینجیله قانوونییەکەی مەتتاش هەیه، پێویستیشی کرد فریشتەی خودا له خەو پێی بڵێت مەریەم تاوانی نەکردووەو باسی چۆنێتیی سکپڕبوونەکەی بۆ بکاتو فریشتەکه بەڵگەی له پەیمانی کۆن بۆ بهێنێتەوه (مەتتا ۱: ۱۸–۲۳)

بەڵام بەپاڵ حوکمی عەقڵو مەنتق ئینجیلی تر هەن ئەگەرچی ئەوانیش بەهەمان شێوه به ئەپۆکریفا دانراون باسی قسەکردنی مەسیح به ساوایی دەکەن. یەك له دەقانه پێی دەوترێت ئینجیلی عەرەبیی مندالێتیی که کەنیسه به هەڵبەستراوی دەزانێت. لەو ئینجیله (ئیصحاحی ۱) مەسیح له بێشکه قسەی لەگەڵ دایکی کردووه.[135] دەقێکی تر که پێی دەوترێت ئینجیلی ناقانوونی(ئەپۆکریڤا)ی مەتتا مەسیح تەمەنی دوو ساڵ دەبێتو قسه لەگەڵ ئەژدیهاکان دەکات.

ڕەنگه ئەم پرسیاره بکرێت: ناشێت پێغەمبەری ئیسلام زانیارییەکانی له ئینجیلی مندالێتیی عەرەبی، که باسی قسەکردنی مەسیحی کردووه، وەرگرتبێت؟

ئەوەی ئەو ئیحتماله ڕەت دەکاتەوه ئەوەیه هیچ شتێکی ئەو ئینجیله، که باسی مندالێتیی مەسیح دەکات، له قورئان باس نەکراوه هەرچەنده بەشی زۆر باسی موعجیزەکانی مەسیحه. لەکۆی ۵۵ ئیصحاحی تەنها سێ موعجیزەی ناو قورئان باسکراون: چاککردنەوەی گوڵیو زیندووکردنەوەی مردوویەكو دروستکردنی چۆڵەکه به قوڕ و بەخشینی گیان پێیان. هەروەها ئەو موعجیزانه له قورئان بەناو باسکراون بێ هیچ وردەکارییەك وەك لەوەی لەو ئینجیله هاتوون.

جگه لەوەشو وەك له قورئان دیاره ئەو موعجیزانه لەکاتی گەورەیی مەسیح کران نەك به مندالی وەك لەو ئینجیله باس کراون. موعجیزەیەکی تر که چاککردنەوەی نەخۆشییەك بوو تووشی چاوی مندالەکان دەبوو جیاوازه له

---

[135] عبدالمسیح بسیط، ابوکریفا العهد الجدید، .ص ۱۳۱، د. ابراهیم سالم الطرزی، ابوکریفا العهد الجدید، الکتاب الاول،ج۱، ص ۱۱۵.

موعجیزەی قورئان چونکە ئەوەی قورئان چاککردنەوەی چاوی کوێری زگماکە. بەهەر حاڵیش موعجیزە یەکەمو دووەم بەشێوەی تر لە ئینجیلە قانوونییەکان باسکراون. بەم جۆرەش ئەو ئینجیلە زۆر لە باسەکانی قورئانەوە دوورەو ناتوانرێت بە سەرچاوەی موعجیزەی قسەکردنی مەسیحی ساوا بزانرێت.

٥٤- لە قوڕ باڵندە دروست دەکات

((إِذْ قَالَ اللّهُ يَا عِيسَى ابْنَ مَرْيَمَ اذْكُرْ نِعْمَتِي عَلَيْكَ وَعَلَى وَالِدَتِكَ إِذْ أَيَّدتُّكَ بِرُوحِ الْقُدُسِ تُكَلِّمُ النَّاسَ فِي الْمَهْدِ وَكَهْلاً وَإِذْ عَلَّمْتُكَ الْكِتَابَ وَالْحِكْمَةَ وَالتَّوْرَاةَ وَالإِنجِيلَ وَإِذْ تَخْلُقُ مِنَ الطِّينِ كَهَيْئَةِ الطَّيْرِ بِإِذْنِي فَتَنفُخُ فِيهَا فَتَكُونُ طَيْرًا بِإِذْنِي وَتُبْرِئُ الأَكْمَهَ وَالأَبْرَصَ بِإِذْنِي وَإِذْ تُخْرِجُ الْمَوْتَى بِإِذْنِي وَإِذْ كَفَفْتُ بَنِي إِسْرَائِيلَ عَنكَ إِذْ جِئْتَهُم بِالْبَيِّنَاتِ فَقَالَ الَّذِينَ كَفَرُواْ مِنْهُمْ إِنْ هَذَا إِلاَّ سِحْرٌ مُّبِينٌ –المائدة: ١١٠)).

((وَرَسُولاً إِلَى بَنِي إِسْرَائِيلَ أَنِّي قَدْ جِئْتُكُم بِآيَةٍ مِّن رَّبِّكُمْ أَنِّي أَخْلُقُ لَكُم مِّنَ الطِّينِ كَهَيْئَةِ الطَّيْرِ فَأَنفُخُ فِيهِ فَيَكُونُ طَيْرًا بِإِذْنِ اللّهِ وَأُبْرِئُ الأَكْمَهَ والأَبْرَصَ وَأُحْيِـي الْمَوْتَى بِإِذْنِ اللّهِ وَأُنَبِّئُكُم بِمَا تَأْكُلُونَ وَمَا تَدَّخِرُونَ فِي بُيُوتِكُمْ إِنَّ فِي ذَلِكَ لآيَةً لَّكُمْ إِن كُنتُم مُّؤْمِنِينَ –آل عمران: ٤٩)).

ئایەتەکانی قورئان باسی موعجیزەیەکی مەسیح دەکەن کە باڵندەی بە قوڕ دروست دەکردو بە فەرمانی خودا گیانی دەکرد بە لەشیانو دەیکردن بە باڵندەی زیندوو. عبدالفادی دوای هێنانەوەی ئەو ئایەتانە دەڵێت: موسڵمانان دەڵێن مەسیح بەمنداڵی باڵندەی لە قوڕ دروست دەکرد، مەسیحییەکانیش باوەڕیان ئەوەیە مەسیح وشەی خودایەو ئەو بوو ((هەموو شتێک بەو بوو، بە غەیری ئەویش هیچ شتێک لەوەی بوو نەببوو–یوحنا ١: ٣)). کاتێکیش مەسیح بوو بە جەستە ٣٠ ساڵ مایەوە پێش ئەوەی وەعز بکاتو موعجیزەکانی لێ بوەشنەوە (لوقا ٣: ٢٣).. (قسەی عبدالفادی تەواو).

* * *

ئایەتەکانی قورئان ئاشکران کە دروستکردنی باڵندەکان لە کاتی گەورەییو پێغەمبەرایەتییەکەی بوو نەک کاتی منداڵی. باسنەکردنی ئەو موعجیزەیەش لەو ئینجیلانە بەڵگە نییە کە کە نەکرابوو. مەسیح موعجیزەی زۆری نواندبوو کە هەموویان لە ئینجیلەکان باس نەکراون وەک دوایەمین ئایەتی ئینجیلی یوحەننا ئاشکرای دەکات کاتێک دەڵێت: ((شتی زۆری تری کردبوو کە ئەگەر یەک بە یەک بنووسرێن باوەڕ ناکەم کە جیهان خۆی کتێبە نووسراوەکان لەخۆ

بگرێت- یوحنا ٢١: ٢٥)). لە کۆتایی ئیصحاحی پێشتریش: ((نیشانەی زۆری تریش کە یەسووع لەبەردەم قوتابییەکانی کردنی لەم کتێبە نەنووسراون- یوحنا ٢٠: ٣٠)).[١٣٦]

باسی دروستکردنی باڵندەی قوڕو زیندووکردنیان لەکاتی منداڵیی مەسیح لە ئینجیلە ئەپۆکریفەکان هاتووە. لە ئینجیلی ئەپۆکریفای مەتتا (ئیصحاحی ٢٧)[١٣٧] باسی ئەوە کراوە کە لە منداڵییەوە، کە تەمەنی چوار ساڵ بوو[١٣٨]، ئەوەی دەکرد، هەمان شتیش لە ئینجیلی ئەپۆکریفای تۆما بە پێنج ساڵی[١٣٩] هەروەها ئینجیلی عەرەبیی منداڵێتی ئەویش کاتێک حەوت ساڵی تەمەنی تەواو کرد (ئیصحاحی ٣٦ و ٤٦).[١٤٠] کەواتە باسێک لەو جۆرە هەبووە لەدەرەوەی ئینجیلە قانوونییەکان.

بینیمان عبدالفادی پشت بە ئینجیلی یوحەننا دەبەستێت بۆ ڕەتکردنەوەی ئەوەی مەسیح باڵندەی لە قوڕ دروست دەکرد ئەو کاتەی منداڵ بوو، وتیشمان قورئان باسی منداڵیی نەکردووە، بەڵام گریمان مەسیح موعجیزەی وا بە منداڵی کردبێت ئەوە کارێکی پێویستە بۆ ئەو دوو ڕستەیەی ئینجیل یوحەننا،

---

[١٣٦] هەرچەندە ئەمەی دواییان لە باسی گەڕانەوەی مەسیحو خۆدەرخستنی بۆ قوتابییەکانی باس کراوە، بەڵام لەو باسە هیچ نیشانەیەک نەوتراوە جگە لەوەی شوێنی بزمارەکانی لەخاچدانەکەی پیشاندان بەجۆرێک دەقەکە تەنها ئەوە هەڵدەگرێت کە نیشانەکان بریتی بن لەوانەی لە ڕۆژی یەکەمەوە کردنی.

[١٣٧] بڕوانە: عبدالمسیح بسیط، ابوکریفا العهد الجدید، ٠ص١٢٠-١٢١، د. ابراهیم سالم، ابوکریفا العهد الجدید، الکتاب الاول ، ج١، ص١٠٤.

[١٣٨] وا دەردەکەوێت لە باسەکەی ئیصحاحی ٢٦ هەرچەندە بۆ دروستکردنی چۆلەکەکان نەوتراوە تەمەنی چەند بووە.

[١٣٩] بڕوانە: عبدالمسیح بسیط، ابوکریفا العهد الجدید، ٠ص٩٦، د. ابراهیم سالم، ابوکریفا العهد الجدید، الکتاب الاول ، ج١، ص٦٥، ص ٧٢-٧٣، ص٧٧-٧٨.

[١٤٠] عبدالمسیح بسیط، ابوکریفا العهد الجدید، ٠ص١٤٦ و ١٥٠، د. ابراهیم سالم، ابوکریفا العهد الجدید، الکتاب الاول ، ج١، ص١٣١ و ١٣٥.

واته‌: ((هه‌موو شتێك به‌و بوو،[141] به‌ غه‌یری ئه‌ویش هیچ شتێك له‌وه‌ی بوو نه‌ببوو))، هه‌روه‌ها بۆ رسته‌کانی پێشتر: سه‌ره‌تا وشه‌ بوو، وشه‌ لای خودا (یان له‌گه‌ڵ خودا) بوو، خودا وشه‌ بوو.. چونکه‌ ئه‌گه‌ر وابێت پێویسته‌ مه‌سیح له‌ یه‌که‌م رۆژی له‌دایکبوونییه‌وه‌ موعجیزه‌ بنوێنێت نه‌ك ئه‌و که‌سه‌ی که‌ هه‌موو شته‌کان له‌رێگه‌ی ئه‌وه‌وه‌ دروست ببوون چاوه‌رێ بکات تا ته‌مه‌نی سی ساڵی بۆ ئه‌وه‌ی مژده‌ بکات و وه‌عز بکات و موعجیزه‌ بنوێنێت.

---

[141] ئه‌و رسته‌یه‌ی عبدالفادی هێناویه‌تی به‌ چه‌ند جۆرێك وه‌رگێردراوه‌: خودا هه‌موو شتێکی له‌رێگه‌ی ئه‌وه‌وه‌ دروست کرد، خودا هه‌موو شتێکی له‌رێگه‌ی وشه‌وه‌ دروستکرد، هه‌موو شتێك له‌ ده‌ستی ئه‌و بوون، ئه‌و هه‌موو شته‌کانی دروست کرد...

٥٥-باوەڕنەهێنان بە لەخاچدانی مەسیح

((وَقَوْلِهِمْ إِنَّا قَتَلْنَا الْمَسِيحَ عِيسَى ابْنَ مَرْيَمَ رَسُولَ اللّهِ وَمَا قَتَلُوهُ وَمَا صَلَبُوهُ وَلَكِن شُبِّهَ لَهُمْ وَإِنَّ الَّذِينَ اخْتَلَفُواْ فِيهِ لَفِي شَكٍّ مِّنْهُ مَا لَهُم بِهِ مِنْ عِلْمٍ إِلاَّ اتِّبَاعَ الظَّنِّ وَمَا قَتَلُوهُ يَقِينًا * بَل رَّفَعَهُ اللّهُ إِلَيْهِ وَكَانَ اللّهُ عَزِيزًا حَكِيمًا – النساء: ١٥٧ – ١٥٨)).

عبدالفادی دەڵێت: بۆچی قورئان لەخاچدانی مەسیحو کوشتنی لەسەر دەستی جوولەکە ڕەتدەکاتــەوە هەرچەندە جوولەکە ددان بەوە دەنێنو مەسیحییەکان تەئیکدی لەسەر دەکەنو شانازیی پێوە دەکەن؟ سەرتاپای ئینجیلیش باسی لەخاچدانی مەسیحەو مژدەدانە بە مەسیح وەک فیداکاری مرۆڤایەتی. لە قورئانیش دەیان ئایەت هاتوون کە قورئان تەوراتو ئینجیل پشتڕاست دەکاتــەوە، قورئانیش لــە شوێنی تــر باسی مردنی مەسیحو هەڵسانەوەیو بەرزبوونەوە بۆ ئاسمان دەکات[١٤٢]، ئینجا، بەپاڵ ئایەتەکانی سەرەوە، ئەم ئایەتانە دەنووسێت:

١-((إِذْ قَالَ اللّهُ يَا عِيسَى إِنِّي مُتَوَفِّيكَ وَرَافِعُكَ إِلَيَّ)).

تەواوکردنی ئایەتەکەش: ((وَمُطَهِّرُكَ مِنَ الَّذِينَ كَفَرُواْ وَجَاعِلُ الَّذِينَ اتَّبَعُوكَ فَوْقَ الَّذِينَ كَفَرُواْ إِلَى يَوْمِ الْقِيَامَةِ ثُمَّ إِلَيَّ مَرْجِعُكُمْ فَأَحْكُمُ بَيْنَكُمْ فِيمَا كُنتُمْ فِيهِ تَخْتَلِفُونَ – آل عمران: ٥٥)).

٢-((فَلَمَّا تَوَفَّيْتَنِي كُنتَ أَنتَ الرَّقِيبَ عَلَيْهِمْ)).

سەرەتای ئایەتەکەش: ((مَا قُلْتُ لَهُمْ إِلاَّ مَا أَمَرْتَنِي بِهِ أَنِ اعْبُدُواْ اللّهَ رَبِّي وَرَبَّكُمْ وَكُنتُ عَلَيْهِمْ شَهِيدًا مَّا دُمْتُ فِيهِمْ –المائدة: ١١٧)).

هەروەها:

---

[١٤٢] لێــرە وەڵامــی ئــەوە بەدوورودرێژی نادەینــەوە کــە قورئان باسی مردنــی مەسیحو هەڵسانەوەی نەکردووە چونکه واتای وشەی (متوفیک) دیار نییه مردنه یان بردنەوەی بێ مردنه. ســەبارەت به بەرزبوونەوەی، یان ڕاستتر بەرزکردنــەوەی، ئــەوەیان لە قورئان هاتووه.

((وَالسَّلَامُ عَلَيَّ يَوْمَ وُلِدتُّ وَيَوْمَ أَمُوتُ وَيَوْمَ أُبْعَثُ حَيًّا – مریم: ٣٣)).

عبدالفادی دەڵێت:

ئایا سەیر نییە کەسێک پاش شەشسەد ساڵ بێتو لەخاچدانی مەسیح بەڕاست نەزانێت؟ ڕووداوی لەخاچدان ڕاستییەکی مێژووییە ڕۆماییەکانو یۆنانەکانو جوولەکەو مەسیحییەکان تۆماریان کردبوو. لە مەجمەعی (نیقیه)ش کە ساڵی ٣٢٥ سازدرا ئوسقوفەکان یاسای باوەڕیان نووسی کە لەخاچدانی مەسیح بۆ ڕزگاریی مرۆڤ پشتڕاست دەکاتەوە، ئەویشە ئەو یاسایەی کە هەموو مەسیحییەك لە هەموو کەنیسەیەك لە هەموو شوێنو سەردەمێک دەیخوێننەوە. شوێنەوارەکانی مەسیحییەکانیش لە بیست سەدە ڕابردووەکە نیشانەکانی خاچیان پێوەیە ئیتر چۆن کەس مێژووییەتیی لەخاچدان بەڕاست نازانێت؟ (قسەی عبدالفادی تەواو).

* * * *

سەرەتا پێویستە مەجمەعی نیقیه نەکرێتە بەڵگە لەسەر ئاینی مەسیح لەبەر ئەوەی کۆدەنگیی مەسیحییەکان لەسەر ئەو بڕیارەی مەجمەعەکە نەبوو. [143] مەجمەعەکەش لە بناغەوە بۆ یەکلاکردنەوەی ناکۆکییەکان بوو و بەتایبەتی سەبارەت بە بیروباوەڕەکانی (ئاریوس)، واتە ناکۆکییەکە هەبووە. سەبارەت بە لەخاچدانیش دیسان بڕیارەکەی مەجمەعەکە، کە سێ سەدە لە دوای دیارنەمانی مەیسح سازدرا، نابێتە بەڵگە لەسەر ئەوەی خودی مەسیح بوو کە لەخاچدرا، بەڵکو ناشبێتە بەڵگە لەسەر ڕووداوی لەخاچدانەکە خۆی.

لەخاچدانی مەسیح

عبدالفادی دەڵێت: ڕووداوی لەخاچدان ڕاستییەکی مێژووییە ڕۆماییەکانو یۆنانەکانو جوولەکەو مەسیحییەکان تۆماریان کردبوو. ئێمەش دەڵێین خۆ ئەگەر دەیان سەرچاوەی وا باسی لەخاچدان بکەن هیچ لەمانە بایەخەیان نییە

---

[143] بڕوانە دەقەکە کە بە یاسای باوەڕی پێ وترا لە: د. حنا جرجس الخضري، تاریخ الفکر المسیحی، ص ٦٣١.

ئەگەر لەلایەن کەسانێکەوە نەنووسرابن کە بۆ خۆیان ئاگاداری ئەو ڕووداوە بووبن [144] چونکە باسکردنی ڕووداوەکە بە تەنها بەس نییە بۆ سەلماندنی لەبەر ئەوەی بۆی هەیە ئەو سەرچاوانە باسی ڕووداوەکەیان لە خەڵکەوە وەرگرتبێت، بەم جۆرەش هەموو مەسەلەکە وای لێ دێت: کەسێک لە خاچ درا کە وازانرابوو مەسیحە، ئەو باسەش لەناو خەڵک بڵاوببووەوە، دواتریش مێژوونووس و نووسەر هاتوون ئەو ڕووداوەیان باس کردووە و کەسیان شایەتحاڵ نەبوون، تەنانەت شایەتحاڵی خودی مەسیحیش نەبوون.

بەڵام گومانەکان لە ڕووداوی لەخاچدان گەورەترن چونکە گومانێکی گەورەتر هەبووە ئەویش کە بەڕاستی مەسیح هەبووبێت بۆیە ئەو جۆرە سەرچاوانە نەک تەنها بۆ سەلماندنی ڕووداوی لەخاچدان بەڵکو لەوە زیاتر وەکو بەڵگە لەسەر هەبوونی مەسیح دەهێنرێنەوە.

قسەکەی عبدالفادیش کاتێک دەڵێت: سەیرە پاش شەشسەد ساڵ کەسێک بێتو لەخاچدانەکە بەدرۆبخاتەوە ڕەخنەیەکە ئاڕاستەی خۆی دەبێتەوە چونکە ئەگەر بیوتایە پاش شەش ساڵ ڕەخنەکەی مەعقوول دەبوو چونکە ماوەکە کەمە و ئیحتمالی تێخنینی درۆ کەمترە لە ماوەی شەشسەد ساڵ کە ئەمەیان ماوەیەکی زۆرە بەجۆرێک بەئاسانی درۆکان دەچنە پاڵ ڕاستییەکان. دووبارەکردنەوەی زانیارییەکیش بۆ ماوەی شەشسەد ساڵ نابێتە بەڵگە لەسەر ئەوەی زانیارییەکە ڕاستە وەک چۆن دووبارەکردنەوەی چیرۆکی مردنی (تەمموز)و گەڕانەوەی لە بەهاران، وەک دواتر باسی دەکەین، بۆ ماوەی سەدان ساڵ نەبۆتە بەڵگە بۆ ڕاستێتیی ئەو چیرۆکە.

---

[144] مەبەستمان لێرە نووسینە مێژووییەکانە ئەگینا گوایە یوحەننا ئاگای لە مەسیح و لەخاچدانی بوو، بەڵام کێ دەتوانێت بەدڵنیاییەوە بڵێت یوحەننا کەسێکی ڕاستەقینە بووە یان خۆی ئەو ئینجیلەی نووسیبوو؟

ئێمە دەتوانین لێرە بوەستین چونکە ئەمە بەسە بۆ وەڵامدانەوەی
قسەکانی عبدالفادی بەڵام لەگەڵ باسی لەخاچدانو فیدا[145] دەڕۆین بۆ ئەوەی
خوێنەر بزانێت چۆن شەپۆلەکانی دەریایەکی گومان یاری بەو باوەڕە دەکەنو
چۆن مرۆڤ لەدوای خوێندنەوەی زیاتر لەبارەیانەوە خۆی لەناو چ گێژاوێک
دەبینێتو بەم جۆرە دەزانێت ئەو باوەڕە لەسەر چ بناغەیەك دروستکراوە.

نموونە لەسەر سەرچاوەی مێژووی کە گوایە باسیان لەخاچدانی
مەسیحیان وەك ڕووداوکی مێژووی کردووە ئەمانەن:

سەرچاوەیەکی ڕۆمایی لەوانە هی وتاربێژۆ کاربەدەستو مێژوونووسی
ڕۆمایی تاکیتوس Tacitus ـە، دەوروبەری (٥٦ — ١٢٠)ی زاینی، ئەویش کتێبی
سـاڵنامەکانو لەمیانـەی باسـی سووتانی شـاری ڕۆمـا لـە سـەردەمی
ئیمپراتۆرەکەی، واتە نیرۆنو دوای باسی ڕووداوەکەو دوای باسی هۆکارەکەی
کە دیار نییە ئەگەر ڕووداوێکی نەخوازراو بووبێت یان بە نەخشەی ئیمپراتۆر و
کـە نووسـەران باسـی هـەردووکیان کردبوو (کتێبی ١٥ : ٣٨)[146]، تـاکیتوس
دەڵێت کە بۆ نەهێشتنی ئەو باوەڕەی کەوا ئاگرەکە بەهۆی فەرمانێکەوە بووە
نیرۆن گوناهەکەی خستە سـەر تویژێك کە پێیـان دەوترێت مەسیحییەکانو
ئەشکەنجەیەکی باشی بەسەر سەپاندن. تاکیتوس دەڵێت ئەم ناوە، واتە
مەسیحییەکان، بەهۆی خریستوس (مەسیح) Christus ـەوە بوو کە تووشی
سـزایەکی سـەخت بـوو لـە سـەردەمی تیبێریوس لەسـەر دەسـتی پۆنتوس
پیلاتوس کە یەکێکە لە نوێنەرەکانمان (کتێبی ١٥ : ٤٤)[147] کەواتە نەك تـەنها
کاتی لـەدایکبوونی تـاکیتوس بـەڵکو خودی دەقەکەش ئاشکرایە کە باسی
ئاکامی مەسیح دووبارەکردنەوەی قسەیەکی بڵاوە، سەرباری ئەوەش نە باسی
کوشتنو نە لەخاچدانی نەکردووە.

---

[145] وشەی عەربیی فیدا (الفداء) کە بۆ ئەم مەبەستە بەکاردێت لەجیاتیی قوربانیی یان
قوربانیدان بەکاردەهێنین بۆ ئەوەی ئەو واتا تایبەتەی بدەینێ کە لە بیرباوەڕی مەسیحیی
هەیە.

146 **The Annals of Tacitus, p.301.**
147 *ibid*, **p.304.**

نموونەیەکی تر مێژوونووس فلاڤیوس جۆسیفوس Flavius Josephus ـ کە
بە رەچەڵەك جوولەکە بوو و دوایی چووە پاڵ رۆماییەکانو کە لە کتێبێکی
خۆی باس مەسیحو لەخاچدانیو هەڵسانەوەی دەکات،[148] هەروەها ئەو
دەقەی لای مەسیحییەکان بۆ هەبوونی مەسیح گرنگەو بە (شایەتیی فلاڤیانی)
ناسراوە، بەڵام گومان لەو باسە کراوەو لێکۆڵەرەوەکان وای بۆچوون کە یان
باسەکە لەلایەن مەسیحییەکانەوە لەو کتێبە تێخنراوەو یان باسەکە هەیە بەڵام
مەسیحییەکان دەستکارییان کردووە چونکە جۆسیفوس بەگەورەیی باسی
مەسیح دەکاتو وەکو کەسێک باوەڕی بە مەسیح هەبێت وەسفی دەکات
لەکاتێک ئەو کە جوولەکە بوو و دوای بەشداریکردنی لە شۆڕشی جوولەکەکان
دژی رۆما خۆی دا بەدەستەوەو چووە پاڵ رۆماییەکان.

ناوبردنێکی تری مەسیح لەلایەن جۆسیفوسەوە هیچی لەخۆ نەگرتووە
چونکە باسی بەسەرهاتێکی کورتە، کە دوای مەسیح بوو، ئەویش لەبارەی
برای مەسیحەوەیەو بەم جۆرەیە: برای ئیسوس (عیسا) کە (ئەمیان) پێی
دەوترا مەسیح.[149] بەم شێوەیەو لە کتێبێکی بیست بەرگی سەبارەت بە
مێژووی جوولەکە لە دروستبوونی بوونەوەرە تا جەنگی یەکەمی جوولەکەو
رۆما (کە ساڵی ٦٦ ی زاینی دەستیپێکردو جۆسیفوس لەو شۆڕشە یەکێک بوو
لە سەرکردە جوولەکەکان) جۆسیفوس تەنها لەم دوو نموونەیە باسی مەسیح
دەکات کە یەکێکیان جێگەی گومانە.

نووسەری تریش ثاللوس Thallus ی سامیرییە[150] ئەویش لەبارەی رۆژگیران
لە رۆژی لەخاچدانی مەسیح، بەڵام ئەمەشیان جێگەی گومانە چونکە
کتێبەکەی ثاللوس فەوتاوەو کەسی تر قسەکەی لێ وەرگرتووە ئەویش

---

[148] جۆسیفوس مەسیح بەوە وەسف دەکات کە پیاوێکی دانا بوو ئەگەر رەوا بێت پێی
بلێین پیاو (واتە مرۆڤ) و شتی نایابی کردبوو و مامۆستا بوو و راستیی فێر دەکردن.. بۆ
دەقەکە بڕوانە:
Flavius Josephus, The Antiquities of the Jews, Book 18, Ch. 3, Section 3.
[149] Flavius Josephus, *op. cit.*, Book 20, Ch. 9, Section 1.
[150] د. حنا جرجس الخضري، تاریخ الفكر المسيحی، ص ٣٤١ هەروەها ص ١٥٤ بەڵام بێ
باسی مەسیح.

جولیۆس ئەفریکانوس Julius Africanus (نووسەرێکی مەسیحیی سەدەی سێیەم)و ڕەخنەی لێ گرتووە کە ئەو ڕۆژگیرانەی بە دیاردەی سروشتی ناوناوە نەك موعجیزە چونکە ئەو کاتە مانگ تەواو بوو و ڕۆژگیران لەکاتی مانگی تەواو ناگیرێت.[151] کەواتە ثاللوس باسی ڕۆژگیرانی کردووە نەك مەسیحو ئەمە لە ئەفریکانوسەوە هاتووە.[152] ئەمەش جگە لە گومان دەربارەی ئەو کاتەی ثاللوس ئەوەی نووسیبوو کە گوایە سالّی ٥٢ ی زاینی بووەوئەمە لە ڕاست ناچێت بەلّکو زۆر لەوە دەچێت لە سەدەی دووەم بووبێت.[153]

بەم شێوەیە ئەگەر بەدوای ئەو ئیدیعایانە بچین کە سەرچاوە مێژووییەکان باسی لەخاچدانی مەسیحیان کردووە هیچمان دەستناکەوێت،[154] شتی راستەقینەش دەستبکەوێت گرنگ نییە چونکە وەك باسمان کرد مێژوونووس باسی شتێکی کردووە بەو شێوەیەی لە خەلّکی بیستووە واتە لە خەلّکی بیستووە مەسیح لەخاچراوە.

ئەمەیان بۆ سەرچاوە ڕۆماییەکان، بۆ سەرچاوەی جوولەکەش ئەو لەخاچدانە لە تەلموود هاتووە،[155] بەلّام لەخاچدانەکە بەشێوەیەکی جیاواز لەوەی ئینجیلەکان باسکراوە. کەواتە راستە جوولەکە ددان بەوە دەنێن کە میسیحیان لەخاچداوە، بەلّام ئەمە قسەی خۆیانەو ئەو گومانە دەمێنێتەوە کە ئایا بەراستی ئەو کەسەی لەخاچدرا مەسیح بوو یان کەسێکی تر.

---

[151] Richard Carrier, Thallus and the Darkness at Christ's Death, p.186.
[152] *ibid.*, p.187.
[153] *ibid.*, pp.188-189.

[154] بەپالّ ئەوەی بەلّگەی مێژوویی لەسەر چیرۆکی لەخاچدان نییە دەبینین کە حالّی چیرۆکی هەلّسانەوەی مەسیح لەوە خراپترە. سەرباری ئەو حالّە خراپەی چیرۆکی لەخاچدان کەچی کاتێك دێنە سەر چیرۆکی هەلّسانەوە دەلّێن ڕووداوی لەخاچدان دەتوانرێت لەڕووی مێژووییەوە بسەلمێنرێتەوە بەلّام ئەمە بۆ هەلّسانەوە ئاسان نییە، بڕوانە ئەم سەرچاوە کە چۆن باسی کێشە مێژووییەکانی لەخاچدانو دواتر باسی هەلّسانەوە دەکات: تاریخ الفکر المسیحی، ص ٣٥٤–٣٥٥.
[155] بڕوانە: تاریخ الفکر المسیحی، ص ١٤٨.

قورئان ئەوە تەئکید دەکاتەوە کە جوولەکە دەڵێن مەسیحیان کوشتووە
بەڵام نە کوشتبوویانو نە لەخاچیان دابوو بەڵکو وایانزانیبوو ئەوەیان کردبوو:
((وَقَوْلِهِمْ إِنَّا قَتَلْنَا الْمَسِيحَ عِيسَى ابْنَ مَرْيَمَ رَسُولَ اللَّهِ وَمَا قَتَلُوهُ وَمَا صَلَبُوهُ وَلَكِن شُبِّهَ
لَهُمْ وَإِنَّ الَّذِينَ اخْتَلَفُواْ فِيهِ لَفِي شَكٍّ مِّنْهُ مَا لَهُم بِهِ مِنْ عِلْمٍ إِلاَّ اتِّبَاعَ الظَّنِّ وَمَا قَتَلُوهُ
يَقِينًا –النساء:١٥٧)) کە عبدالفادی خۆی ئەو ئایەتەی هێناوەتەوە.

موفەسیرەکانی قورئان سەبارەت بە ڕستەی (ولكن شبه لهم) دەڵێن
کەسێکی هاوشێوەی مەسیح بووە کە لەخاچدراوەو چەند گێڕانەوەیەك بۆ
ئەمە دەهێننەوە کە زۆرتریان بەم جۆرەن: مەسیح بە قوتابییەکانی وت:
کامتان خودا وەکو شێوەی منی لێدەکاتو دەکوژرێتو دوایی دەبێتە هاوڕێم
لە بەهەشت، ئیتر یەکێکیان ئەوەی قبوولْ کردو ئەویان گرتو لەخاچیان
دا.[١٥٦] لـە گێڕانەوەیەکی ئیبنو ئیسحاقو پاش باسکردنی ئەوە، کە لە
مەسیحییەکی وەرگرتبوو کە ببووە موسڵمان، پاش باسی خۆکوشتنی
یەهوودای سکاریۆت (يهوذا الاسخريوطي)ش کە بە (یودس زکریا یوطا) ناوی
دەبات دەلْێت: هەندێك نەصرانی دەلْێن ئەو کەسەی شێوەی بووە شێوەی
مەسیح (یودس زکریا یوطا)[١٥٧] بوو ئەوانیش لەخاچیان دا ئەویش دەیوت: من
ئەو نیم، من ئەو کەسەم کە شوێنەکەیم پێ پیشان دان.[١٥٨]
بەچاوپۆشینیش لە دروستیی ئەو گێڕانەوەیەش" گێڕانەوەکە[١٥٩] گرنگە
چونکە ئیبنو ئیسحاق لە سەدەی هەشتەمی زاینی ژیاوەو بەم شێوەیە لـەو

---

[١٥٦] تفسير ابن كثير، ج٢، ص٤٤٨–٤٥٢.

[١٥٧] دیاره (یودەس)ـە کە شێوەی (یوداس)ی یۆنانییە.

[١٥٨] تفسير الطبري، ج٩، ص ٣٧٤ ، تفسير ابن كثير، ج٢، ص ٤٥٢.

[١٥٩] تەبەری لە محمد بن حميد الرازی لە سلمة بن الفضل لە ابن اسحاق گێڕاویەتییەوە.
جیاوازی لەبارەی موحەممەد کوڕی حومەیدەوە هەیە لەنێوان (ثقة)و (درۆزن)، بڕوانە:
الحافظ المزی، تهذيب الكمال، ج ٢٥، ٥١٦٧، ص٩٧–١٠٨. ڕەنگە نزیکترین بۆچوونیش لە
ئینسافەوە قسەیەکی یەحیا کوڕی مەعینە کە ئیبنو حومەید جێگەی متمانەیەو کێشەکە
خۆی نییە بەڵکو ئەو فەرموودانەی لە شێخەکانییەوە وەریاندەگرێت (ل ١٠١). لە پەراوێزی
موحەققیقی کتێبەکەش هاتووە: بەپێی ترمذي بۆچوونی بوخاری لەبارەیەوە باش بوو

کاتە ئەو باسە هەبووە. گرنگیی ئەو گێڕانەوەیەش لەوەیە کە شێوەکەی لـەو گێڕانەوەیە دەچێت کە لـەو ئینجیلـەی بە ئینجیلی بارنابا[160] ناسراوە باس کراوە.

لەو ئینجیلە وتراوە کە یەهوودای سکاریۆت پاش ئەوەی پێش دوژمنـەکان کەوت بۆ شوێنی مەسیح شیوەکەی گۆڕاو وەکو ئـەوی لێ هات ئـەوانیش بە مەسیحیان زانیو گرتیان (برنابا ٢١٦: ١−٩)، دواییش لـە خاچدراو ئـەو هـەر نکۆڵیی لەوە دەکرد کە مەسیحە (برنابا ٢١٧)[161]. ئیتر بـەدەر لـە دروستیی گێڕانەوەکەی ئیبنو ئیسحاقو لـە ڕاستیی ئینجیلی بارنابا ئـەوە بڕە ڕاستییە دەمێنێتەوە کە قسەیەکی وا هەیەو ئەو ئیحتیمالەی لە سەرەوە ئاماژەمان بۆ کردو کە لە ئینجیلی بارنابا هەیە، واتـە لەیەکچوونەکە بریتی بـووە لـەوەی یەهوودای سکاریۆت شیوەی گۆڕاو بووە شێوەی مەسیح، لـەناو موسڵمانان زۆر کەمتر ناسرابوو و ئەوەی زۆرتر پەسەند کرابوو ئیحتمالەکەی تر ئەویش کە یـەکێک لـە حەوارییەکانی مەسیح لـەسـەر داوای خـۆی چووە سـەر شـێوەی مەسیح.

کێشەو موناقەشەی زۆریش هەبووە لەبارەی ئینجیلی بارنابا، کە نوسخەی ئیتالیی هەیە کە وەرگێردراوە بۆ ئینگلیزیو نوسخەی ئیسپانیی هەبوو کە ون بووە[162]. نوسخە ئیسپانییەکە لەسـەری نووسرابوو کـە لـە ئیتالییـەوە وەرگێردراوە[163] کەسـێکیش لە ساڵی ١٥٧٥ ئەم ئینجیلەی کۆپی کردووە یان دایهێناوە[164].

پاشان لاوازی کرد (پەراوێزی ٥، ل١٠٧). ئەو ڕوایەتەش لە شێخەکەییەوەیە، واتە سلمة بن الفضل الابرش کە زۆرینە لاوازیان کردووە: تهذیب الکمال، ج١١، ٢٤٦٤، ص٣٠٥−٣٠٩.

[160] جگە لە ئینجیلی بارنابا نامەکانی بارنابا هەن کە پەیوەندییان بەو ئینجیلەوە نییە.

[161] بۆ ئەمانە بڕوانە وەرگێڕانی ئینگلیزیی ئەسڵە ئیتاڵییەکە:

Lonsdale and Laura Ragg, The Gospel of Barnabas, p.417ff.

هەروەها وەرگێڕانە عەرەبییەکە:

انجیل برنابا، ت. د. خلیل سعادة، ص ٣١٣ بەدواوە.

[162] Lonsdale and Laura Ragg, The Gospel of Barnabas, p.x.
[163] *ibid*, p.xi.
[164] *ibid*, p.xliii.

بەپێی بڵاوکراوەی عەقیدەیی گێلاسیوس Gelasian Decree ئینجیلی بارنابا یەکێکە لە ئینجیله قەدەغەکان، ئەگەر سەردەمی ئەو بڵاوکراوەیەش وەك بەشێوەیەکی گشتی پێشنیار کراوە پاش سەدەی پاپا گێلاسیوس بووبێت ئەو کاته ئەمه دەبێتە شایەتییەك بۆ مانەوەی ئەو ئینجیله تا کاتی موحەممەد.[165]

(مارگۆلیۆث)ی رۆژهەڵاتناس، ئاماژه بۆ ئەوه دەکات که ئەو ئینجیله لای موسڵمانان نەناسراو بوو ئەویش وەکو وەڵامی ئەو قسەیەی دەڵێت ئەو ئینجیله لای عەرەب ناسرابوو، سێ لە زانا ئیسلامییەکانیش ناو دەبات[166] که ئەو ئینجیلەیان نەناسیوه هەرچەنده لەبارەی مەسیحییەتەوه نوسیویانە: کۆنترینیان ئیبنو حەزم (٤٥٦ی کۆچی مردووه) لە کتێبی الفصل فی الملل والاهواء والنحل، ئەوەی تر ئیبنو تەیمیه (٧٢٨ی کۆچی مردووه) لە (الجواب الصحیح لمن بدل دین المسیح)، هەروەها لێکۆڵینەوەکەی ابو الفضل السعودی که ٩٢٤ی کۆچی نووسراوەو لەسەر بناغەی کتێبی ابو البقاء صالح الجعفری بوو. بەپاڵ ئەمانەش بیبلیۆگرافیای حاجی خەلیفه (١٠٦٧ك- ١٦٥٦-٧ ز) هیچ ئاماژەیەکی بۆ هیچ ئینجیلێکی لەم جۆره، بە زمانی عەرەبی، نەکردووه.[167]

کورتەی هەموو باسەکانی سەرەوەش بەم جۆره دەبێت:

-قورئان ناڕاستەوخۆ پیلانی جوولەکه بۆ لەخاچدانی مەسیح باس دەکات بۆیه ڕووداوی لەخاچدان ڕاسته بەڵام ئەوەی لەخاچدرا مەسیح نەبووەو جوولەکه وایانزایبوو ئەو بووه، بەم جۆرەش ڕووداوی لەخاچدانی

---

[165] *ibid*, p.xlv.

[166] مارگۆلیۆث پشت بە لیستی (شتاینشنایدەر)ی رۆژهەڵاتناس دەبەستێت بۆ ئەمەو ناوبردنی سێ زانا که کتێبی ئەوانه ئەو کاته چاپکرابوون، واته نموونەکان لەوه زیاترن.

[167] *ibid*, p.xlviii.

ابو الفضل السعودی خاوەنی کتێبی (المنتخب الجلیل من تخجیل من حرّف الانجیل)ـە که هەڵبژاردەی کتێبی (تخجیل من حرّف الانجیل)ـە له نووسینی ابو البقاء صالح بن الحسین الجعفري.

بەدرۆنەخستۆتەوە وەك عبدالفادی دەڵێت بەڵکو لەخاچدانی خودی مەسیحی بەدرۆخستۆتەوە.

—هەوڵدان بۆ ئەوەی لەخاچدانی مەسیح بە بەڵگەی مێژوویی بسەلمێنرێت سەرکەوتوو نییە چونکە هەر کەسێك باسی کردبێت شایەتحاڵ نەبووە بەڵکو قسەکەی لە خەڵکی تر وەرگرتووە.

—ئەوەی وەکو بەڵگەی مێژوویی لەسەر لەخاچدان هێنراوەتەوە جێگەی گومانە.

—ناکۆکی لەنێوان مەسیحییەکان لەبارەی کۆتایی مەسیحەوە هەبووە: ((وَإِنَّ الَّذِينَ اخْتَلَفُواْ فِيهِ لَفِي شَكٍّ مِّنْهُ مَا لَهُم بِهِ مِنْ عِلْمٍ إِلاَّ اتِّبَاعَ الظَّنِّ))، جوولەکەش خۆیان لەوە دڵنیا نەبوون کە مەسیحیان کوشتووە: ((وَمَا قَتَلُوهُ يَقِينًا)). ئێستاش کە باسی باوەڕی فیدا دەکەین دەزانین بۆچی ڕەوایە گومان لەوە بکەین مەسیح بوو کە لەخاچ درابوو.

فیدا و چوار ئینجیلەکە

باوەڕی فیدا باوەڕێکی گەورەی مەسیحییەتە. باوەڕەکە بە کورتی ئەوەیە مەسیح کە لەخاچ درا هەڵگری گوناهەکانی مرۆڤایەتی بوو و ئەو لەخاچدانەی کەفارەتی گوناهەکانمان بووە. ئەمەش وەك وتمان بەکورتی ئەگینا وردەکاریی تری هەن و باوەڕەکە لەوە ئاڵۆزترەو لە خوارەوە هەندێك لەو وردەکارییانە باس دەکەین.

قسەکەی عبدالفادی کە گوایە ((سەرتاپای ئینجیلیش باسی لەخاچدانی مەسیحەو مژدەدانە بە مەسیح وەك فیداکاری مرۆڤایەتی)) هەڵەیە چونکە سەرتاپای ئینجیل باسی ئەوە نییە. لەخاچدانەکە بەشێکە، بەشێکی بچووکیشە، لە باسەکانی ئینجیلەکان، ئەوەش دیارە بۆ هەر کەسێك ئەو ئینجیلانەی خوێندبێتەوە. دیسانەوەش سەرتاپای ئینجیل باسی فیدا نییە، بەڵکو ئاماژەکان بۆ فیدا تەنها لە چەند شوێنێك هەن، دەشڵێین ((ئاماژە)) ئەگینا لە هیچیان بەشێوەیەك باس نەکراوە یەکلاکەرەوە بێت. تەرکیزکردن

لەسەر لەخاچدانو هەڵسانەوەو فیدا لە ئینجیل کاری کەنیسە بوو نەک خودی
ئینجیلەکان.

ئەوەی باوەڕی فیدا دەخاتە گومانەوە ئەو هاوارەی مەسیحە لەسەر خاچ
لە ئینجیلی مەتتاو مەرقوس: ((خوداکەم، خوداکەم، بۆچی جێتهێشتم؟))
(مەتتا٢٧: ٤٦، مرقس١٥: ٣٤). لە ئینجیلی یوحەننەاش دیسان قسەیەك هەیە
کە مەسیح لەسەر خاچ دەیڵێتو هی کەسێکی ئاساییە لەسەرە مەرگ:
((پاشان یەسووع بینی که هەموو شتێك تەواو بوو ئیتر بۆ ئەوەی کتێبەکە
تەواو بێت وتی: تینوومە)) [168] (یوحنا١٩: ٢٨)، قسەیەکی تریش کە ڕێك پێش
مردنیو هی کەسێك نییە لەبەر فیدا لەخاچ درابێت: ((یەسووع بەدەنگێکی
بەرز هاواری کردو وتی: باوکە ! گیانی خۆم بە دوو دەستی تۆ دەسپێرم))
(لوقا ٢٣: ٤٦).

ئەوەی لە ئینجیل هاتووە تەئکیدکردنە لەسەر باوەڕهێنانی خودی
مرۆڤەکەیە وەك ڕێگەی ڕزگاری. ئەوە لە هەر چوار ئینجیلەکە دەبینرێت، وەك
نمونەش لە ئینجیلەکانی مەتتاو مەرقەس و لوقا ئامۆژگارییەکەی مەسیح بۆ
قوتابییەکانی هاتووە: ئەو کەسەی دەیەوێت بەدوام بێت با خاچەکەی
هەڵگرێتو شوێنم بکەوێت (مەتتا١٦: ٢٤، مەرقس٨: ٣٤، لوقا٩: ٢٣). یان لە
یوحەننا: ئەو کەسەی گوێ بۆ قسەکانم دەگرێتو باوەڕ بەو کەسە بهێنێت کە
ناردمی ژیانێکی هەتاهەتایی هەیە (یوحنا٥: ٢٤)، زۆری تریش لەو جۆرە،
بەڵام باسی فیدا، واتە مەسیح بۆ فیدای جیهان لەخاچ درا، ئاشکرا نییە لەبەر
ئەوەی هەموو باسەکان بەپاڵ فیدا ئەو تەفسیرەش هەڵدەگرن کە مردنی
مەسیح قوربانییەکە لەپێناوی گەیاندنی پەیامەکە بووە (وەك چۆن

____

[168] وەرگێڕانی تر بۆ ئەمە هەیە وەك (وەرگێڕانی ژیانی نوێ) کە وەرگێڕانێکی پیتاو پیت
نییە: یەسووع زانی کە ئێستا هەموو شتێك تەواو بوون. هەموو شتێك بەو شێوەیە ڕوویان
دا کە نووسینە پیرۆزەکان وتبوویان ڕوو دەدەن. ئەو وتی: تینوومە.

پێغەمبەرانی پێشتر هەمان قوربانییان دابوو) نەك بە مردنی ئەو گوناهـەکانی ئەوان بسڕێتەوە.[169]

ئەگەر تەماشای باسەکانی فیدا لە ئینجیلەکان ئەمانە دەبینین:

مەسیح لە دواشیو نانەکە دەداتە قوتابییەکانیو دەڵێت ئەمە لاشەکەمە كە لەجیاتی ئێوە دەبەخشرێت، بۆ پەرداخەکەش دەڵێت ئەم پەرداخە پەیمانی نوێیە بە خوێنەکەم كە بۆ ئێوە دەرپژرێت (لوقا ٢٢: ١٩—٢٠)، [170] ئەمە نەك تەنها بۆی هەیە واتای قوربانیدان بۆ گەیاندنی پەیامەکە بێت بەڵکو واتایـەکی بچووکتریشی هەبێت ئەویش قوربانیدانی مەسیحە بۆ ئەوەی قوتابییەکانی سەلامەت بن وەك چۆن لە ئینجیلی یوحەننا كاتێك بۆ گرتنی مەسیح دەچن مەسیح پێیان دەڵێت: پێم وتن من ئەوم، ئەگەر منتان دەوێت با ئەمانه (واتـە قوتابییەکانی) بڕۆن، ئینجا نووسەری ئینجیلەکە دەڵێت: ((ئەویش بۆ ئەوەی ئەو قسەیە جێبەجیّ بێت کە کردبووی: ئـەو کەسانەی بـە مـنـت دان کەسیانم لەناونەبرد))(یوحنا ١٨: ٨).

هەروەها باسی دوو قوتابییەکە كە مەسیح گوایە پاش هەڵسانەوەی لـە مردن قسەی لەگەڵ کردنو سەرەتا نەیانناسییەوەو کاتێك لێی پرسین باسی چی دەکەن وتیان باسی ڕووداوەکانی تایبـەت بـە یەسووع دەکەین دواییش دەڵێن: بەتەمابووین ئـەو فیداکاری ئیسرائیل بێت (لوقا ٢٤: ١٣ بەدواوە). تێبینیش بکە ئەو کەسەی وەڵامی دەداتەوە بەم جۆرە باسی مەسیح دەکات:

---

[169] لەبارەی عەقیدەی فیداوە وتراوە كە مەسیح کاتێك بـۆ گوناهـەکانی مرۆڤ لـەخاچ درا خۆی بوو بە گوناه وەك پۆلس دەڵێت: ((خودا ئەو کەسەی گوناهی نەکردبوو کردیه گوناه لەبەر ئێمە بۆ ئەوەی ئێمە ببینە چاکەی خودا لـەو))!! (٢کۆرنثوس ٥: ٢١). کاریش دەگاتە ئەوەی لەبارەی ئەو قسەیەی مەسیح، واتـە ((خوداکـەم، بۆچی جێتهێشتم؟)) بوترێت كە خودا غەزەب لـە مەسیحی لەخاچدراو دەگرێت کە نوێنەری مرۆڤایـەتی گوناهکارە، ئەو مرۆڤایەتییەی حوکمی مردنی بەسەر دراوە، بڕوانه: تاریخ الفکر المسیحی، ص ٣٥٨ ئەویش لە قسەیەکی کارل بارت كە لاهوتییەکی ناوداره.

[170] لە ئینجیلی مەرقوس باسی خوێنەکەی دەکات كە بـۆ زۆرێك دەبەخشێت (مرقس ١٤: ٢٤)، لە ئینجیلی مەتتاش كە نوێترەو پشتی بەستووە بـە مـەرقوس هەمان شت هەیەو تەعبیری (بۆ سڕینەوەی گوناهەکان)ی بۆ زیادکراوه (متی ٢٦: ٢٨).

مرۆڤێکی پێغەمبەری بەتوانا لە کردارو گوفتار بوو لەبەردەم خوداو هەموو گەل.

دوای ئەوەش بۆ یانزە قوتابییەکەی دەرکەوتو قسەی بۆ کردنو یەکێك لە قسەکانی ئەوە بوو کە نووسرابوو مەسیح ئازار بچێژێتو لە مردووان لە سێیەم رۆژ هەڵسێت و *بەناوی ئەوەوە* بانگەوازی سرینەوەی گوناهەکان بۆ هەموو میللەتان بکرێت (لوقا ٢٤: ٤٧). دیاریشە ئەمە بەراشکاوی فیداکاری نییە بەڵکو چەمکی گشتیی سرینەوە گوناهەکانی میللەتانە لەرێگەی ناوی مەسیحەوە نەك لەرێگەی فیداکارییەکە.

لە ئینجیلی مەرقوس [171] کە بە کۆنترین ئینجیل لە چوار ئینجیلەکە زانراوە ئەمە هەیە:

چونکە کوری مرۆڤ هەروەها بۆ ئەوە نەهاتووە خزمەت بکرێت بەڵکو بۆ ئەوەی خۆی خزمەت بکاتو بۆ ئەوەی خۆی وەك قوربانییەك بۆ زۆر خەڵك ببەخشێت (مەرقس ١٠: ٤٥)، کە دیسانەوە ئەو واتایەی قوربانییەش هەڵدەگرێت کە لەسەرەوە باسمان کرد، واتە خۆبەختکردن لەپێناوی گەیاندنی پەیامەکە.

---

[171] دوو نووسەری کتێبی مێژووی کتێبی پیرۆز دەڵێن کە لە دەستنووسە کۆنەکان ئینجیلی مەرقوس کتوپری بە باسی ئەو ئافرەتانەی لای گۆڕە بەتاڵەکەی مەسیح بوونو کە ترسابوون کۆتایی پێ دێت، هەر لە سەرەتاشەوە ئەم کۆتاییە سەری لە هەندێك مەسیحی تێکدابوو چونکە سلبی بوو ئەگینا بۆچی ئەو ئافرەتانە بە هەڵسانەوەی مەسیح دڵیان خۆش نەبوو؟ بۆ وەڵامی ئەوەش کەسێك لە سەدەی دووەم ژمارەکانی ٩ تا ٢٠ ی بۆ ئەو ئیصحاحە زیادکرد ئەویش بەپشتبەستن بە ئینجیلەکانی تر هەروەها بەپشتبەستن بە کارەکانی نێردراوان: ستیفن م. میلر، روبرت ف. هووبر، تاریخ الکتاب المقدس، ص ٧٣. دوو نووسەری ئەم کتێبە دەڵێن بەشێکی زۆری ئینجیلی مەرقوس باسی ئازارەکانی مەسیحو مردنی دەکات (ل ٧٣)، بەڵام ئەمە موبالەغەیە چونکە لە کۆی ١٦ ئیصحاح تەنها سێ ئیصحاحی کۆتایی باسی هەموو بەسەرهاتی پیلانگێران لەدژی مەسیح تا گرتنیو لەخاچدانی، جگە لەوانەش باسێکی کورت لەبارەی ئازارەکانو هەڵسانەوەی مەسیح لە ئیصحاحەکانی ٨ و ٩ و ١٠ هەیە.

فیداکارییەکە لە یۆحەنناش هەیە بەڵام دیسان مانای تر هەڵدەگرێت. با تێبینیی ئەوەش بکەین کە ئینجیلی یۆحەننا جیاوازییەکی زۆری هەیە لە سیّ ئینجیلەکەی تر. ئەگەر لەو ئینجیلانەش مەسیح بە نموونە قسە دەکات دەبینین لە یۆحەننا قسەکردن بە نموونە دواتر دێتو لە سەرەتا ئەو قسانەی مەسیحی گوایە وتوونی لە قسەی کەسێک دەچن پەیوەندیی بە جیهانی دەوروبەری خۆیەوە نەبێت. ئەوەش کە گومان دەخاتە باسەکانی ئەو ئینجیلە ئەوەیە گوایە یوحەننا نووسیویەتییەوە و گوایە یەکێک بوو لە دوانزە قوتابییەکە مەسیح بوو[172] بەڵام شێوازی ئاڵۆزی باسەکان لە قسە سادەکان شوێنکەوتووانی پێغەمبەران ناچن. هەر لە سەرەتای ئینجیلەکەش باسی فیداکاری کراوە:

یوحەننای عیمادکار[173] مەسیح دەبینێتو دەڵێت: ئەمەتا بەرخەکەی خودا کە گوناهی جیهان لادەبات (یوحنا ١: ٢٩)، بەڵام هێشتا ئەوە تەفسیری تریش هەڵدەگرێت جگە لە فیدا، بەهەمان شێوەش قسەی مەسیح کە خودا لەبەر ئەوەی جیهانی خۆشویست تاکە کوڕەکەی بەخشی هەروەها قسەکەی کە خودا کوڕەکەی نارد بۆ ئەوەی جیهان رزگار بکات (یوحنا ٣: ١٧)، ئاماژەکانی تریش بەهەمان شێوە بۆ خۆبەخشین: ئەو نانەی دەیدەم لاشەکەمە کە بۆ ژیانی جیهان دەیبەخشم (یوحنا ٦: ٥١)، هەروەها: منم شوانی باش، شوانی باشیش ئەوەیە کە خۆی بۆ مەڕەکان دەبەخشێت (یوحنا ١٠: ١١).

---

[172] گومان ئێستا هەیە کە یوحەننا خۆی نووسیبێتی بەڵکو شوێنکەوتەیەکی یوحەننا بووەو دوایی یەکێک یان زیاتر زیادەی لەسەر کرد: ستیفن م. میلر، روبرت ف. هوبر، تاریخ الکتاب المقدس، ص٧٦. نموونەی ئەوەش ئەوەیە ئینجیلەکە دوو کۆتایی هەیە یەکێکیان لە ئیصحاحی ٢٠ و ئەوەی تر لە ٢١ کە دوایەمین ئیصحاحە، بەپێی ئەوەو بەڵگەی تر پێدەچێت کە نووسەرێکی تر ئیزافەی بۆ کردووە بەڵام رێزی لە ئەسڵەکە گرتووە بۆیە هەردوو دەقەکەی بەتەنیشت یەکەوە داناوە: تاریخ الکتاب المقدس، ص٧٦–٧٧.
[173] لای مەسیحییەکان، بەعەرەبیش: یوحنا المعمدان، یەحیای پێغەمبەریشە لای موسڵمانان. یوحەنناش کە ئینجیلی یوحەننای بەناوی ئەوەوە نراوە کەسێکی ترە.

ئایا فیداکارییەکە دەستکاریکردنێکی مەسیحییەکانی دواترە بۆ قسەکانی
کاهنە جوولەکەکان؟ لە ئینجیلی یوحەننا هاتووە کە کاهنەکانو فەریسییەکان
کۆبوونەوە بۆ باسی موعجیزەکانی مەسیحو وتیان ئەو مرۆڤە موعجیزەی زۆر
دەکاتو ئەگەر وازی لێبهێنین خەلکێکی زۆر باوەری پێدەهێنن ئیتر
رۆمادییەکان دێنو شوێنەکەمانو میللەتەکەمان دەبەن، ئینجا سەرۆکی
کاهنەکان لەو سالە کە قەیافا Caiaphas ی ناو بوو وتی: ئێوه هیچ شتێک
نازانن و بیر لەوە ناکەنەوە کە یەک مرۆڤ بۆ گەل بمرێت باشترە بۆ ئێمە نەک
هەموو میللەتەکە لەناوبچێت. نووسەری ئینجیلەکەی یوحەننا لێرە دەلێت:
ئەم قسەیەی لەخۆوە نەوتووە بەلکو لەبەرئەوەی سەرۆکی ئەو سالەی
کاهنەکان بوو پێشبینیی کرد مەسیح بریاری داوە بۆ میللەت بمرێت، نەک
تەنهاش بۆ میللەت بەلکو بۆ ئەوەی کوڕانی خودا کە پەرتەوازەن لە تاکێک
کۆبکاتەوە (یوحنا ١١: ٤٧−٥٢).

ئەگەر ئینجیلی یوحەننا ئاشکراتر باسی فیدا بکات (هەرچەندە وەک وتمان
واتای تـر هەلدەگرێت) ئەوا کۆتایی ئـەو ئینجیلـە، یان راستـر هـەردوو
کۆتاییەکەی، گورز لە باوەری فیدا دەوەشێنن. لە کۆتایی یەکەمی ئینجیلەکە
(ئیصحاحی ٢٠) نووسەری ئینجیلەکە، کە چەند جارێک خۆی بەم شێوەیە
وەسـف دەکـرد: ((ئـەو قوتابییـەی یەسـووع خۆشـی دەویسـت))، لەگـەل
قوتابییەکی تر چوو بۆ گۆرەکەی مەسیحو دوای ئەوەی چووە ناو گۆرەکەو
کفنەکانو دەسرەکە سـەر سـەری بـینی ((باوەری هێنا چونکە هێشـتا
کتێبەکەیان نەدەزانی: پێویستە لە مردووان هەلسێت)) (یوحنا ٢٠: ٩). واتـە
لەو کاتە هەر ئەوەندەی زانی: مەسیح لە مردن هەلدەستێت.

هەموو ئیصحاحەکەش باسی فیدا ناکات ئەگەرچی مەسیح بۆ مەریەمی
مەجدەلی دەرکەوتو قسەی لەگەل کردو دوایی بۆ قوتابییەکانی دەرکەوتو
قسەی لەگەل کردن، یەکێکیش لە قوتابییەکان کە ناوی تۆما بوو لـەوێ نەبوو
و باوەری نەکرد ئینجا مەسیح بۆ ئەوانو بۆ تۆما دەرکەوتو قسەی لەگەل ئەم
کرد، لە هیچیش لەمانە باسی فیدا نەکراوە. کۆتایی ئیصحاحەکەش ئەوەیە
نووسەرەکە دەلێت: نیشانەی زۆری تریش لەبەردەمی قوتابییەکانی کردنی

لەم کتێبە نەنووسراون، بەڵام ئەمانە نووسراون بۆ ئەوەی باوەڕ بهێنن کە
یەسووع مەسیحی کوڕی خودایەو بۆ ئەوەی بەناوی ئەو ژیانێکتان هەبێت
ئەگەر باوەڕتان هێنا (یوحنا ٢٠: ٣٠–٣١). ئەمەش پەیامی ئینجیلەکەیە:
بەهۆی باوەڕهێنان بە مەسیح مرۆڤ ژیانێکی جیاوازی دەبێت.

لە ئیصحاحەکەی تریش کە دیارە بۆی زیادکراوەو بۆتە کۆتایی دووەمی
ئینجیلەکەو سەرباری باسی دەرکەوتنی بۆ قوتابییەکانیو قسەکردنی لەگەڵیان
بەدرێژایی ئیصحاحەکە باسی فیدا نەکراوە بەمەرجێک باوەڕێکی وا گرنگ
دەبوایە لەلایەن مەسیحەوە بۆیان ئاشکرا بکرایە، بەجۆرێک ئەو بۆچوونەمان
بۆ دروست دەبێت کە باسی فیدا لە سەرەتای ئینجیلەکە هەروەها لە
بەشەکانی دواتر کە لە سەرەوە باسمان کردن زیادکراونو لە ئەسڵێکی ترەوە
وەرگیراونو خراونەتە ناو ئینجیلی یوحەننا یان بەپێچەوانەوە باسی ئەسڵیی
ئینجیلی یوحەننان بەڵام کۆتاییەکە هی ئەسڵێکی ترەو وەکو خۆی خنراوەتە
ناو ئەو ئینجیلە.

ئەوەی بەئاشکرایی فیدا لە نامەکانی پۆلسی نێردراو هەیە کە مەسیحی
نەبینیوە بەڵکو قوتابییەکانی بینیوە.[174] بۆ نموونە لە نامەی یەکەمی پۆلس
بۆ مەسیحییەکانی کۆرنثوس دەربارەی ئەو ناکۆکییانەی کەوتۆتە نێوانیان
هەروەها بۆ ئامۆژگاریکردنیان دەلێت: مەسیح بۆ گوناهەکانمان مرد بەپێی
کتێبەکانو نێژراو لە سێیەم ڕۆژ هەڵسایەوە[175] بەپێی کتێبەکان.. (١

---

[174] پۆلس، کە ناوە عیبرییەکەی شائووله پیاوێکی ئاینیی جوولەکە بوو مەسیحییەکانی
دەچەوساندەوە، دواتر کە بەرەو دیمەشق بۆ ئەو کارە دەچوو گوایە مەسیح بۆی
دەرکەوتو پێی وت: شائوول .. شائوول بۆچی دەمچەوسێنیتەوە؟ پاشان شائول باوەڕی
پێدەهێنێت (اعمال الرسل ٩: ١ بەدواوە). لێکۆڵەرەوەکان وای بۆ دەچن نامەکانی پۆلس
یەکەمین لەناو کتێبەکانی پەیمانی نوێ کە نووسرابێتنەوەو تەنانەت پێش ئینجیلەکانیش
بوون کە باسی ژیانی مەسیحیان دەکرد: ستیفن م. میلر، روبرت ف. هوبر، تاریخ الکتاب
المقدس، ص٦٩. پۆلس دەورێکی گەورەی لە مەسیحیەت هەبووە بە دامەزرێنەری
دووەمی مەسیحیەت دەزانرێت.
[175] باسی ئەوە کراوە کە زیندووبوونەوەی مەسیح لاسایی کردنەوەی چیرۆکی تەمووز
(دوموزی)یە، کە چیرۆکێکی سومەرییەو کە بەهاران زیندوو دەبێتەوەو هاوینانو پاییزان

کورنثوس ١٥: ٣-٤)، بەڵام وا دیارە ئەو بەشە بۆ ئەوەی قەناعەتیان پێبکات کە زیندووبوونەوە هەیە چونکە لە برگەی ١٢ی ئەو ئیصحاحە تا کۆتاییەکەی باسی ئەوە هەیە: بەڵام ئەگەر مژده بە هەڵسانەوەی مەسیح لە مردووەکان دەکرێت چۆن کەسانێک لە ئێوه دەڵێن هەڵسانەوەی مردووان نییه؟[١٧٦]

بەڵام نامەکەی بۆ خەڵکی ڕۆما فیکرەیەکمان دەداتێ سەبارەت بە ڕەچەڵەکی فیدا کە مەسەلەی کاری چاکەو ڕزگارییە: ئایا کاری چاکە پێویستە بۆ ڕزگاری؟ باسێکی وا ، بەڵام بەشێوەیەکی تر، لەناو موسڵمانان هەبووه ئەویش ئایا کردارەکان بەشێکن لە باوەڕ یان بەشێک نین لێی. لە ئیسلام تاقمی مورجیئە تەیکیدیان لەسەر باوەڕ دەکردو کرداریان نەدەکرده بەشێک

دەگەڕێتەوە بۆ جیهانی مردووانو سرووتی میللی هەبوون بۆ گریان بۆی. بەپێی چیرۆکەکە شەیتانەکانی جیهانی خوارەوه بەدوای تەمووز، که خوداوەندێکی شوانه، دەگەڕێن بۆ ئەوەی بیخەنه جێگەی ئیناننا (عشتار)ی ژنی که تازه لەو جیهانه دەرچووبوو و دەبینن له گەوڕی مەڕەکانێتی ئیتر بە چەکەکانیان پەلاماری دەدەنو دەیکوژن، لای کەنعانییەکان خوداوەند بەعل لەسەر دەستی خوداوەنده دوژمنەکەی دەکوژرێت، ئەدۆنیسی خوداوەندیش وەکو ئەو دوانه دەمرێتو زیندوو دەبێتەوه، بۆ ئەمانه و بۆ بەراوردی لەگەڵ مردنو ئازارەکانی مەسیحو هەڵسانەوەی بروانه: د. فاضل عبدالواحد علی، من الواح سومر الی التوراة ، ص١٣٥١-٣٥٦.   بۆ چیرۆکی دابەزینی عشتار بۆ جیهانی خوارەوه (دەقی سومەرییو بابلی)و پەیوەندیی ئەوه بە تەمووزەوه بروانه هەروەها: طه باقر، مقدمة فی ادب العراق القدیم، ص٢٣٥-٢٤٩، بۆ وەرگێڕانی تەواوی دەقە سومەرییەکه بروانه:
S. N. Kramer, Inanna's Descent to the Nether World, in; ANET, pp.52-57.
گریان بۆ تەمووز لەناو جوولەکەش بڵاوببووه وەك چۆن لە کتێبی حەزقیال (حزقیال:٨ ١٤) هاتووه که بینی ئافرەتانێك دانیشتبوون بۆ تەمووز دەگرێن، من الواح سومر ، ص٣٥٥، ئەوەش یەکێك بووه لە کاره خراپەکانی ئیسرائیلییەکان که خودا پیشانی حەزقیالی دابوون. داستانه میسرییەکەشمان لەبیر نەچێت که باسی کوشتنی ئۆزیریس لەسەر دەستی سێتی برایو زیندووکردنەوەی لەسەر دەستی (حۆر)ی کوڕی دەکات.
[١٧٦] قورئان لە باسی ئەهلی ئەشکەوت دەلێت که خودا ویستی خەڵك باوەڕ بهێنن بە بەڵێنەکەیو به قیامەت: (وَكَذَلِكَ أَعْثَرْنَا عَلَيْهِمْ لِيَعْلَمُوا أَنَّ وَعْدَ اللَّهِ حَقٌّ وَأَنَّ السَّاعَةَ لَا رَيْبَ فِيهَ- الكهف: ٢١)، تێگەیشتنیش لەمه ئاسانه چونکه زەحمەت بوو بۆ میللەتانێك لە مندالییەوه فێرکراون که مردوو ناگەڕێتەوه باوەڕ به زیندووبوونەوەی هەموو مردووان بکەن.

لە باوەڕ. هەرچەندە دوو باوەڕەکە، واتە فیدا لای مەسیحییەکانو ئیرجاء لای موسڵمانان جیاوازییان هەیە بەڵام یەکێک لەو شتانەی کۆیاندەکاتەوە بریتییە لە ڕزگاربوون بەهۆی کردارەوە.

مەسەلەی کردار لە ئاینی جوولەکە پەیوەندیی بە شەریعەتەوە هەیە کە پێویستە باوەڕدار پابەندی شەریعەت (نامووس) بێت. ئەرکەکانی شەریعەتیش بۆ میللەتانی بتپەرستان زۆر قورس بوون بۆیە ئەو بۆچوونە دروست بوو کە ئەو کارانە بۆ باوەڕ گرنگ نین. یەکێک لە ئەرکە گرنگەکانی شەریعەت خەتەنەکردن بوو کە جیاکەرەوەیەکی نێوان باوەڕدارانو بتپەرستان بوو و بەپێی تەورات پەیمانی خودایە لەگەڵ گەلەکەی. پۆلس لەو نامەیە باسی ئەوە دەکات چاکەی خودا[١٧٧] بەبێ شەریعەت دەرکەوت (واتە چاکە خودا پێویستی بە شەریعەت نەبوو بۆ ئەوەی دەربکەوێت)، چاکەی خودا بەهۆی باوەڕهێنانە بە مەسیح (رومیە ٣: ٢١-٢٢). ئەم چاکبوونەش بەخۆڕایی دەبێت لەڕێگەی فیداوە بۆ ئەوەی چاکەی خۆی پیشان بدات بۆ سڕینەوە گوناهە کۆنەکان (رومیە ٣: ٢٤-٢٥)، نموونەی ئیبراهیمیش دەهێنێتەوە کە ئەگەر بە کردارەکان چاک بووبێت ئەوە شانازییە بۆی بەڵام نەک لای خودا چونکە بەپێی کتێبەکە باوەڕی هێنابوو ئیتر بۆی بە چاکە حساب بوو (رومیە ٤: ٢-٣). بەڵێنیش بۆ ئیبراهیم یان نەوەکەی بۆ ئەوەی ببێتە میراتگری جیهان بە شەریعەت نەبوو بەڵکو بە چاکەی ئیمان (رومیە ٤: ١٣) چاکەش تەنها بۆ ئەو نەژمێردرا بەڵکو بۆ ئێمەش کە باوەڕمان بەو کەسە هێنا کە مەسیحی لە

---

[١٧٧] وشەی چاکە هەرچەندە واتای پیتاوپیتی زاراوە مەسیحییەکە دەدات بەڵام واتای تەواوی نادات. وشەکە بە عەرەبی (بر)ـە، چاککردنیش (تبریر) justification ـە. زاراوەکە لە عەقیدەی مەسیحی بریتییە لە ڕاگەیاندنی چاکیو ئاشتبوونەوە لەگەڵ خودا، ئەو کەسانەش کە باوەڕ بە مەسیح دەهێنن خودا چاکییان ڕادەگەیەنێت. لای کەنیسەی کاسۆلیکی چاککردن بە هەردوو باوەڕو کردارە، لای پرۆتستانتیش چاککردن بە باوەڕە بەتەنیا. چەمکەکە تەرکیز لەسەر بەخششی خودایو باوەڕو فیدا دەکات. لەو وشەیەش بەکارهێنانی نوێ کە بە کوردی پێی دەڵێن (پاساوهێنانەوە) هاتووە، چونکە پاساوهێنانەوە نیشاندانی چاکەی کارێک کە پاساوی بۆ دەهێنرێتەوە.

مردووان هەڵساند، ئەو مەسیحەی لەبەر گوناهەکانمان تەسلیم کرا و بۆ ئەوەی چاک بین هەڵسێنرا)) (رومیه ٤: ٢٣-٢٥).

پۆلس لەو نامەیە باسی نەك تەنها چاكبوون بەهۆی قوربانییەكەی ((کوڕەکەی خودا)) دەکات بەڵکو هەروەها ئاشتبوونەوە لەگەڵ خودا بەهۆی ئەو قوربانییەی ((کوڕەکەی))، ئەوەش نەك تەنها لەو قۆناغە، واتە ئەو کاتەی مرۆڤ خراپە یان ئەو کاتەی دوژمن بوو بەڵکو دەڵێت لەدوای چاکبوونمان زۆر لەپێشتره به خوێنەکەی له تووڕەیی ڕزگارمان بێتو زۆر لەپێشتره لەدوای ئاشتبوونەوەمان بەهۆی ژیانی ئەوەوه ڕزگارمان بێت (رومیه ٥: ٨-١٠)، بەواتایەکی تر فیدا تەنها بۆ سڕینەوەی گوناه پێویست نییه بەڵکو لەدوای ئەو سڕینەوەیه زۆرتر پێویسته.

لەمەوه نەك تەنها عەقیدەی فیدا لای پۆلس ئاشکرا دەبێت بەڵکو ڕەچەڵەکەکەشی دەزانین ئەویش پێشخستنی باوەڕەو سووککردنی کرداره لەسەر باوەڕداران. ئاشکراشە کە بچووككردنی کردار پێویستی بە پڕکردنەوەیه، باوەڕیش ئەو پڕکردنەوەیه دەکات، بەڵام، ئەگەر بەراوردی بکەین لەگەڵ ئیسلام دەبینین کە لەو کاتە خودی باوەڕ لای بەشێك لە موسڵمانان بەس بوو له عەقیدەی پۆلس باوەڕ به مەسیح پەیوەست کرا بە ڕووداوی لەخاچدانەکەو پێکەوه عەقیدەی فیدایان دروست کرد.

بەڵام وەنەبێت کێشەی قورسیی شەریعەتی جوولەکەو کرداری چاکه بەتەنیا بەرهەمهێنەری باوەڕی فیدا بووبن، بەڵکو وای بۆ دەچین شتی تریش هەن وەك خۆجیاکردنەوه له جوولەکەو نموونەی قوربانییەکەی ئیبراهیمو کوڕەکەی:

١-خۆجیاکردنەوه له جوولەکه، کە باوەڕیان به مەسیح نەهێنابوو و لەخاچیان دابوو و شوێنکەوتووەکانیان دەچەوساندنەوه، پێویست بوو بۆ دوورکەوتنەوه لێیان، هەروەها بۆ ئەوەی ئەو ئاینه وەکو ئاینێکی نوێ دەربکەوێت نەك تەنها تەواوکەری ئاینی پێغەمبەرەکانی جوولەکه. وێستگەیەکی ئەو خۆجیاکردنەوەیە بریتییە لە جەژنی فیصح کە بۆ

ئیسرائیلییەکان بریتی بوو لـە یادکردنـەوەی رزگاربوونیـان لـە فیرعـەون. [178]
فیصحی مەسیحی لەجیاتی ئەوەی پەیوەندیی بە سەربڕینی مەڕێکو خوێنی
ئـەو مـەڕەو خـواردنی نـانی هـەویرێکی هەڵنـەهاتوو بـووە قوربانیـدانی
((بەرخەکەی خودا)) و تەئکیدکردن لەسـەر خوێنی مەسیحو خواردنی نانەکە
لەو جەژنە مەسیحییە. [179]   بەم شێوەیەش پەیوەستکردنی فیصح بە رزگاربوون
شێوەیەکی تری لـە مەسیحیەت وەرگرتو بووە خاڵێکی خۆجیاکردنەوە لـە
جوولەکە. [180]

فیصحی جوولەکە بـەم شێوەیەیە: شەوەکەی گۆشتی مـەڕێکی نێر یان
گیسکێکی یەك سـاڵە دەخورێت (پێویستە بە ئاگر ببرژێنرێت نـەك بکوڵێنرێت
یان بە کاڵی) و بۆ بەیانییەکەی هیچی لێ نەمێنێتو ئەوەی دەمێنێت بە ئاگر
بسووتێنرێت، لـەو حـەوت رۆژەش هیـچ نانێـك نـەخورێت جگـە لـە نانێك کە
هەویرەکەی هەڵنـەهاتووە دواشیوی مەسیح هاوشێوە کرا لەگەڵ خواردنی

---

[178] خواردنەکەی کاتی دەرچوون بـەم جۆرەیـە لـە (خروج ١٢: ١—٢٠): نانی هەڵنـەهاتوو
یادی ئەوەی کە ئیسرائیلییەکان بەپەلـە میسریان جێهێشتو هەویرەکـەیان فریانەکـەوت
هەڵبێت، خوێنی بەرخە سەربڕاوەکانیش درا لـە دوو لاتەنیشتو بەشی سەرەوەی دەرگای
ئەو ماڵەی بەرخی تێ دەخورێت بۆ ئەوەی بەلای خودا (مردنی نۆبەرەکان) ئـەو ماڵانـە
جیابکاتەوەو بـەر ئەوان نەکەوێت (خروج ١٢: ٧ و ١٣). لـە کتێبی تـەثنیە، کـە باسـی
سەردەمی دوای دەرچوونە، کەمێك جیاوازی هەیە (تثنیة ١٦).

[179] دواشیوەکەی مەسیح کە لـە ئینجیلـەکان باسکراوە کێشەیەکی گەورەی ناوەتـەوە
لـەرووی دەستنیشانکردنی تـەواوی کاتەکـەی لەگەڵ ئـەوەی کە ئایا مەسیح خواردنی
فیصحی جوولەکەی دەخوارد بڕوانە: حنا جرجس الخضري، تاريخ الفكر المسيحي، ج٢،
ص٣١٥—٣٢٠.

[180] لـە سـێ ئینجیلـە لـەیەکچووەکە (مەتتاو مەرقوسو لوقـا) دواشیو خواردنی فیصحەکـەو
یادکردنەوەی دوا خوانی ئیسرائیلییەکان پێش هەڵهاتنیان لـە میسر بوو بـەڵام لـە ئینجیلی
یوحەننا ئەوە رۆژی پێشتر بوو. لـەو سـێ ئینجیلـە کـە خـواردنی فیصحیان خوارد نـانو
شەرابەکە بوونە لەشو خوێنی مەسیح بەڵام یوحـەننا وای دەبینی کـە مەسیح خۆی ئـەو
بەرخەیە کـە لـە خوانی فیصح دەخورێت بۆیە وتی کـە مەسیح ئـەو کاتـە مرد کـە بـەرخی
فیصح سەردەبردرا: ستيفن م. ميلر، روبرت ف. هـوبر، تاريخ الكتاب المقدس، ص٧٥.
بڕوانە تەئکید کردن لەسەر خوێنی مەسیح چ لە دواشیوو چ لە ئەدەبیاتی مەسیحی.

فیصح که رزگاریی ئیسرائیلییەکان بوو لە میسر، مەسیحیش بەهەمان شێوە بووە هۆی رزگاری، هەروەها بووە بەرخە سەربراوەکەی جەژنەکە.

٢-لە مێژووی بەنو ئیسرائیل قوربانییەکەی ئیبراهیم هەبوو ئەویش کاتێک خودا فەرمانی پێدابوو ئیسحاقی کوری سەربربرێت (و بیسووتێنێت) فریشتەی خودا بانگی دەکات که دەستی بۆ نەبات، ئینجا ئیبراهیم بەرانێک دەبینێت دوو شاخی لە دەوەنەکە گیریان خواردووە ئەویش دەییاتو لەجیاتی کورەکەی دەیسووتێنیت (تەکوین٢٢).[181] بەم جۆرەش ئیسحاق رزگاری بوو و نەوەیەکی لێ دروستبوو. کردنی مەسیحیش بە بەرخێک که دەکرێتە قوربانی (ئەمەتا بەرخەکەی خودا که گوناهی جیهان لادەبات – یوحنا ١: ٢٩) دەبێتە مێژوویەکی نوێ بۆ ئاینە نوێکە. خوداش دوای رزگارکردنی ئیسحاق پەیمان بە ئیبراهیم دەدات که بەرەکەتی لێ بکاتو نەوەکەی وەکو ئەستێرەی ئاسمانو لمی سەر کەنار دەریا زیاد دەکات (خروج٢٢: ١٧)، چیش لە چیرۆکی مەسیحیش هاوشێوەی ئەو پەیمانە بۆ دامەزراندنی پەیمانێکی نوێ لە قوربانییەك باشترە؟ کەواتە با مەسیح لەجیاتی بەرانەکە (لێرە دەبێتە بەرخ) بۆ رزگاری بێت. ئەوەتا پۆلس دەلێت: ((بە خوێنی خۆی، نەك بە خوێنی گیسك یان گوێرەکە، یەك جار چووە شوێنە پیرۆزەکەو فیدایەکی هەتاهەتایی دەستکەوت–عبرانیین٩: ١٢))

****

ئەگەر هەموو زانیارییەکانی سەرەوە کۆبکەینەوە دەگەینە چەند ئەنجامێك لەبارەی لەخاچدانو هەڵسانەوەی مەسیحو بوونی بە قوربانیی گوناهەکان:

---

[181] جیاوازیی ئەو چیرۆکە لەگەڵ ئەوەی قورئان زۆرە چونکه ئەمەیان باش نەهۆنراوەتەوە: ئیسحاق نازانێت بۆ کوێ دەبرێتو بۆچی، بەڵام قورئان پێمان دەلێت که ئیبراهیم بە کورەکەی (که ناوی نەوتراوە) دەلێت بەتەمای چییەو کورەکەی قبوڵی دەکات فەرمانی خودا بەجێبهێنێت، لەوەی تەوراتی بەردەستمان پەیدابوونی بەرانەکە لە رێکەوت دەچێتو کەس پێی ناڵێت ئەوە قوربانیی کورەکەیەتی، بەڵام لەوەی قورئان لەلایەن خوداوە نێردراوەو بە ئاشکراییە وتراوە که قوربانیی کورەکەیەتی

١-کەسێك لەخاچدرا کە باوەڕی مەسیحی دەڵێت مەسیح بووەو قورئان دەڵێت کەسێکی تر بووە.

٢-شوێنکەوتەیەك یان چەند شوێنکەوتەیەکی مەسیح لاشەی کەسە لەخاچدراوەکەی لە گۆڕەکە فڕاندو وایزانیبوو مەسیحە.

٣-هەموو باسەکانی بینینی مەسیح دروستکراون یان وەهمن هەر وەکو بینینی مەسیح لەلایەن پۆلسەوە کە ماوەیەکی زۆر بوو دوای ((لەخاچدانی)) کە ناچار نین بڕوا بەو بینینە بکەین.

٤-لەخاچدانەکە پەیوەست کرا بە قوربانییەکەی جەژنی فیصحی جوولەکەو بووە بەدیل بۆ فیصحی جوولەکەو مەسیح بووە بەرخی فیصح کە سەردەبردرێت.

٥-بەهۆی پەیوەستبوونی فیصح بە ڕزگارییەوەو بەهۆی ڕووداوی لەخاچدانەکە ئەو لەخاچدانە بووە هۆی ڕزگاری ئەویش لەڕێگەی قوربانییەوە.

٦-لە سەردەمەکانی دواتر پاساوی گەورە هەبووە بۆ قوربانی وەك هۆکاری لێخۆشبوون ئەویش بەهۆی باوەڕ بە مەسیحەوە چونکە کە نێردراوەکان چوونە ناو میللەتانی تری غەیری جوولەکە، ئەوانە وەکو جوولەکە شەریعەتیان نەبوو، شەریعەتی جوولەکەش زۆر قورس بوو بۆیە سووككردنی باری سەرشانیان پێویست بوو. لەمەشەوە تەئکید لەسەر بەخششی خودایی‌و لەسەر باوەڕ بە مەسیح کرا، هیچ شتێکیش بۆ ئەمە لەو باوەڕە گونجاوتر نییە کە خودا کوڕەکەی خۆی کردبێتە فیدای گوناهەکانی مرۆڤ. چیرۆکی ئیبراهیمیشمان لە یاد نەچێت کە ویستی کوڕەی بکاتە قوربانی.

٧- باوەڕی نوێش کە مەسیحییەتە دەورەکانی فیداکارییەکەی ئیبراهیمو ئیسحاقی گۆڕی: کوڕەکە لە پەیمانی کۆن ئیسحاق بوو و لە پەیمانی نوێ بووە مەسیح کە پەیمانی نوێ لێوەی دەست پێ دەکات.

٨-هەڵسانەوەی مەسیح لاساییکردنەوەی داستانو چیرۆکی میللەتانی ترە، هەوڵێشە بۆ ئەوەی تازە باوەڕداران قەناعەت بە زیندووبوونەوەی مردووان بکەن کە شتێکی نوێیە بۆیان یان بە عەقڵیان ناچێت.

دەربارەی پێغەمبەران

ئیبراهیم

٤-ئازەر باوکی ئیبراهیمە

((وَإِذْ قَالَ إِبْرَاهِيمُ لِأَبِيهِ آزَرَ أَتَتَّخِذُ أَصْنَامًا آلِهَةً إِنِّي أَرَاكَ وَقَوْمَكَ فِي ضَلَالٍ مُبِينٍ– الانعام: ٧٤)).

عبدالفادی دەڵێت راستەکەی ئەوەیە کە کتێبی پیرۆز وتوویەتی ئەویش باوکی ئیبراهیم ناو تارەح بوو (تکوین ١١: ٢٧).

* * * *

چۆن بزانین تارەح، کە ناوەکەیە لە وەرگێڕانە عەرەبییەکانو کە بە عیبری تێراخ 𐤕𐤓𐤇 ـ بەڕاستی ناوی باوکی ئیبراهیم بوو؟

ئەو کەسەی باوەڕی بە تەورات وەك وەحییەکی ئاسمانی نەبێت ناتوانێت هیچمان پێ بڵێت لەبارەی راستیو دروستیی ناوی تارەح. لەنێوان ئیبراهیمو مووسا، کە گوایە ئەمیان تەوراتی نووسیبووەوە، نزیکەی شەشسەد سالّ بوو و ماوەیەکی دووری وا ناوەکانو بەسەرهاتەکان دەخەنە خانەی گومانەوە. ئەوانەی باوەڕیان بە تەورات وەك وەحییەکی ئاسمانی هەیە (بەم جۆرەش ڕەخنە لە قورئان دەگرن کە تارەحی کردووە بە ئازەر) ناتوانن هەروەها وەڵامی ئەو پرسیاره بدەنەوە کە بۆچی قورئان لەناو ئەو بەسەرهاتانەی کە گوایە لە تەورات وەریگرتوون هەڵە لە شتێکی سادەی وا بکات کە ناوی کەسێکەو بەو جۆره زۆر جیاوازه باسی بکات.

بەڵام تەنانەت ئەو کەسەش کە باوەڕی وایە خودی مووسا تەوراتی نووسیبووەوە ناتوانێت لەوە دڵنیامان بکاتەوە کە ناوەکە بە دروستی

نووسراوەتەوە. ناوەکانی تەورات نموونەن لەسەر ئەو دڵنیانەبوونو لەو
نموونانە ئەوانە وەردەگرین کە لە سەردەمی ئیبراهیم بوون:

نموونەیەك لەوانە ناوی پادشاکانی ئەو کاتانە (لە کتێبی تەکوین
ئیصحاحی ١٤): پادشای عیلام عֵילָם کە کتێبی تەکوین پێی دەڵێت
(کەدەرلەعۆمێر) כְּדָרְלָעֹמֶר کە ئێلام پادشای وای بەو ناوە نەبووەو برگەی
یەکەمی لەناوی پادشایانی تر وەرگیراوە کە (کودور)ـەو کراوەتە کەدەر. ناوێك
لەم جۆرەو لە نزیك سەردەمی ئیبراهیم بریتییە لە (کودور-مابوك) کە ناوێکی
ئێلامییە، ناوی باوکیشی هەر ئێلامییەو خۆشی بە ئێلامی زانراوە هەرچەندە
ناکۆکی لەبارەیەوە هەیەو بە ئاموررییەکانەوە پەیوەست کراوە.[١٨٢] ئایا بەشی
دووەمـی نـاوی کەدەرلـەعۆمێر بەتایبـەتی (عۆمێر) پەیوەندیی هەیـە بـە
ئاموررییەکانەوە؟ نازناوێکی کودور-مابوك بریتی بوو لـە ((باوکی وڵاتی
ئاموررری)).[١٨٣] دوو کوڕەکەی کودور-مابوك پادشای شاری (لارسا) بوون لە
باشووری وڵاتی دوو ڕووبار. ناوێك لـە بەسەرهاتەکەی ئیبراهیم لـە تـەورات کە
لەگەڵ باسی کەدەرلەعۆمێرو ئێلام هاتووە بریتییە لە شوێنێك بەناوی ئێلاسار
אֶלָּסָר کە نزیکە لە ناوی لارساو لە سەردەمی ئیبراهیم پادشانشینێکی بەهێز
بوو و بەتایبەت لە کاتی کوڕی دووەمی کودور-مابوك" واتە ریم-سین.

ریم-سین (١٨٢٢-١٧٦٣ پ.ن)، کە وەکو براکەی خاوەنی ناوێکی ئەکەدی
بوو، بەبۆچوونی خۆم هاوچەرخی ئیبراهیم بوو. ریم-سین دوایەمین پادشای
لارسا بوو و حامورابیی بابل (١٧٩٢-١٧٥٠ پ.ن) بەزاندیو شارەکەی گرت،
ئەویش هەڵهات بەڵام دوایی حامورابی گرتی.[١٨٤] ریم-سین وەکو پادشاکانی
ئەو سـەردەمە خۆی کردبووە خوداوەندو دوور نییە ئەو پادشایە بێت کە
قورئان باسـی موناقەشـەی ئـەو و ئیبراهیمـی کـردووە. ئەگـەر ئێلاساری
تەوراتیش لارسا بێت ئەو کاتە ناوی ئاریۆك אַרְיוֹך کە تەورات وەك پادشای

---

[١٨٢] بڕوانە بۆچوونەکان دەربارەی ئەوەی ئێلامی بێت یان ئاموری بێتو پەیوەندیی نزیکی
لە ئێلامییەکانەوە یان نیو ئێلامیو نیو ئاموررری:
Madeleine A. Fitzgerald, The Rulers of Larsa, pp.130-131.
[١٨٣] *ibid*, p.132.
[١٨٤] *ibid* p.148.

ئێلاسار ناویبردووە هەڵەیەکی تر دەبێت چونکە شارەکە هیچ پادشایەکی نەبووە بەو ناوەو ناوی ئاریۆک لە ناوێکی خوررری دەچێتو[185] رەنگە ئاریۆک ناوێکی سەردەمێکی دواتر بووبێت لە باسەکان تێخنراوە.

لە هەمان باس ناوی ئەمرافێل אַמְרָפֶל هاتووە کە پادشای شینعار שִׁנְעָר بوو، کە ئەمیان وڵاتی بابل بوو. رەنگە ئەمرافێل گۆڕینی ناوی حامورابی بێت (بە ئەکەدی دەنووسرێت: خامموراپی بەڵام پێدەچێت بەشێوەی تر بخوێنرێتەوە وەک عەممو راڧی، حەموو رابی... تاد). بزانە چۆن کتێبی تەکوین لەجیاتی بابل ناوی شینعار دەبات، ئەمرافێلیش دەکاتە هاوپەیمانی کەەرلەعۆمێر بەڵام ئەگەر راست بێت ئەمرافێل حامورابی بێتو کەەرلەعۆمێر کودور–مابوک بێت هەڵەیەك لە مێژووەکەی تەوراتی بەردەستمان هەیە لەبەر ئەوەی حامورابی هاوچەرخی کودور–مابوک نەبوو بەڵکو هاوچەرخی ریم–سینی کوڕی بوو.

هەڵەیەکی مێژوویی تری ئەو کتێبە ئەوەیە گوایە خودا بەڵێنی بە ئیبراهیم دابوو نەوەکەی ئەو وڵاتانەیان دەستدەکەوێت کە دەکەونە نێوان نیلو فورات، یەکێکیش لەو ناوانە وڵاتی خاتییەکان (خیێت) کە ئاشکرایە ئەو کاتە، واتە سەدەی ١٩ یان ١٨ ی پێش زاین، خاتییەکان نەهاتبوونە گۆڕەپانی مێژوو. مێژووی خاتییەکان زۆر لەوە نوێترە. پێشتر خاتییە کۆنەکان هەبوون کە لە ئەنادۆڵ بوون بەڵام ئەو خاتییانەی لە سووریا دەسترۆشتوو بوونو وڵاتەکەیان لە ئەنادۆڵ بوو دەگەرێنەوە بۆ سەدەی ١٤ ی پێش زاین. باسی خاتییەکان بۆ سەردەمی موسا گونجاو بوو کە لە سەردەمی رەمسیسی دووەم، هاوچەرخی موسا، شەڕ لە سووریا لەنێوان میسرو خیتا هەبوو و دواتر پەیمانی ئاشتییان پێکەوە بەست.

بەپاڵ ئەوانەوەو هەرچەندە ناوی باوكی ئیبراهیم لە قورئان ئازەرە بەڵام موفەسیرە ئیسلامییەكان ئاگایان لەناوی تارەح بوو كە لە تەورات هاتووە بۆیە ئەوانیش ئەو قسەیەیان وتووەو بۆ ناوی ئازەر چەند شتێكیان وتووە وەك ئەوەی ناوی باوكی ئیبراهیم تارەح بووەو ئازەر ناوی بتە، تەفسیرێكی تریش ئەوەیە ئازەر جنێوێكە، تەبەریش كە ئەوانە نەقڵ دەكات ئەوەی پەسەند كردووە ناوەكە ئازەر بێتو دەكرێت دوو ناوی هەبووبێت یان یەكێكیان نازناو بووبێت.[١٨٦]

سەیریش نییە ئەگەر عبدالفادی كە هەموو جارێك پەنا بۆ بەیزاوی بەرێت ئێستا پشتگوێی بخات چونكە بەیزاوی ئەو بۆچوونانە دووبارە دەكاتەوە. بەیزاوی دەڵێت لە كتێبەكانی مێژوو هاتووە كە ناوی باوكی ئیبراهیم تارەح بوو بۆیە وترا كە تارەحو ئازەر دوو ناوی ئەون، وتراویشە ناوەكە تارەحە ئازەریش وەسفە بەواتای پیاوی بەتەمەن یان كەسی لار وتراویشە بتێك بوو تارەح دەیپەرست.[١٨٧] واتە تەنها بۆ مەبەستی ڕەخنە عبدالفادی بەیزاویی پشتگوێ خستووە.

بۆچوونی خۆشم دەربارەی ناوی باوكی ئیبراهیم ئەوەیە كە ناوی ئازەرە، وەك چۆن بەشێك لە موفەسیرەكان دەڵێنو زاهیری قورئانیش نیشانی دەدات، قسەكانی ئەو موفەسیرانەش كە دەڵێن كە ئەوە ناوی بتە یان جنێوە یان... تاد بۆ گونجاندنە لەگەڵ باسەكەی تەوراتو قسەیەكی بێبناغەن. بۆ ئەوانەش كە قورئان بۆ سەرچاوە عیبریو مەسیحییەكان دەگەڕێننەوە ئەوە دووبارە دەكەمەوە كە ئەوان ناتوانن وەڵامی ئەم پرسیارە بدەنەوە: چۆن قورئان ئەو هەموو بەسەرهاتانەو ناوی هەموو ئەو كەسانەی وەرگرتووە بەڵام لە شتێكی وا ئاسان هەڵە دەكاتو نازانێت ناوی باوكی ئیبراهیم لە تەورات چی بووە؟

<hr>

[١٨٦] تفسیر ابن كثیر، مجلد ٣، ص ٢٨٨–٢٨٩.

[١٨٧] تفسیر البیضاوي، مجلد ٢، ص ٤٢٢.

۲۲-ئیبراهیم لەکوێ و نەمروود لەکوێ؟

((أَلَمْ تَرَ إِلَى الَّذِي حَاجَّ إِبْرَاهِيمَ فِي رِبِّهِ أَنْ آتَاهُ اللّهُ الْمُلْكَ إِذْ قَالَ إِبْرَاهِيمُ رَبِّيَ الَّذِي يُحْيِي وَيُمِيتُ قَالَ أَنَا أُحْيِي وَأُمِيتُ قَالَ إِبْرَاهِيمُ فَإِنَّ اللّهَ يَأْتِي بِالشَّمْسِ مِنَ الْمَشْرِقِ فَأْتِ بِهَا مِنَ الْمَغْرِبِ فَبُهِتَ الَّذِي كَفَرَ وَاللّهُ لاَ يَهْدِي الْقَوْمَ الظَّالِمِينَ −البقرة: ۲۵۸)).

ئایەتەکە باسی موناقەشەی نێوان ئیبراهیمو ئەو کەسەی خۆی بە خوداوەند ناوبردبوو کە ناوی نە لە قورئانو نە لە فەرموودەی صەحیح نەهاتووە. لە تەفسیرەکان، بەڵکو تا ئێستاش، وا باوە پادشاکە نەمروودی ناو بووە کە ئەو ناوە لە تەورات هاتووە، عبدالفادیش پاش هێنانەوەی قسەیەکی بەیزاوی دەپرسێت: چۆن ئەو شتە لەنێوان ئیبراهیمو نەمروود ڕووی دا لەکاتێک نەمروود سێ سەد ساڵ پێش ئیبراهیم بوو؟ لەنێوان ئیبراهیمو نووح دوانزه نەوه هەبوون (لوقا۳: ۳٦−۳٤)و لەنێوان نەمروودو نووح چوار نەوه هەبوون (تەکوین ۱۰: ۱−۸).

* * * *

وەك وتم ناوی نیمرۆد (نەمروود) נִמְרֹד نە لە قورئانو نە لە فەرمووده نەهاتووه، کەواتە خەتای ئەو کەسانەیه کە خەتایانه.

لەرووی مێژووییشەوه پادشایەك نەناسراوه لە سەردەمی ئیبراهیم ناوی نیمرۆد بووبێت. ئەگەر شوێنی ئیبراهیم دیار نەکرابێت دەتوانین بڵێین ڕەنگه پادشای وا هەبووبێتو ناوی تۆمار نەکراوه بەڵام لەبەر ئەوەی تەورات باسی ئەوه دەکات ئیبراهیم لە ئوری کلدانییەکان[188] بوو گومان سەبارەت به نیمرۆد زۆر بەهێز دەبێت چونکه ناوی پادشایانی ئەو سەردەمەو ئەو شوێنه زانراون. ناشلێین ناوبردنی ئوری کلدانییەکان لەلایەن تەوراتەوه هەڵەیه هەرچەنده کلدانییەکان، کە تیرەیەکی ئارامین، نزیکەی هەزار ساڵ دوای ئیبراهیم ڕوویان

---

[188] بە شێوەی (ئوور کاسدیم) אוּר כַּשְׂדִּים هاتووه.

کـرده وڵاتـی دووروبـار، ئـەویش لەبـەر ئـەوەی دیـارە تـەورات ئـەو ناوه
بەکاردەهێنێت که کاتی نووسینەوەی یان دیسانەوە نووسینەوەی باو بوو.

ڕاستیشه باسی نیمرۆد وەك پادشایەکی هاوچەرخی ئیبراهیم هەڵیەکی
گەورەیه، بەڵام ئەو هەڵەیه گوناهی کێیه؟ قورئان ئەوەی نەوتووه بەڵکو
قسەی موفەسیره ئیسلامییەکانه، بەڵام گوناهەکه هی ئەوانیش نییه چونکه
ئەوان باسی هاوچەرخێتیی ئیبراهیمو نیمرۆدیان له سەرچاوەکانی جوولەکەوه
وەرگرتووه وەك له خوارەوه ڕوونی دەکەینەوه.

بەپێی تەورات نیمرۆد کوڕی کووش כֹוּשׁ ـه، کووشیش کوڕی حام کوڕی
نووحه (تکوین ١٠: ١—٨)، واته ڕاسته نیمرۆد زۆر کۆنتره له ئیبراهیم، ئەویش
ئەگەر نیمرۆد کەسێکی ڕاستەقینه بێت که وای نازانین ڕاستەقینه بێت.
باسەکەی نیمرۆدیش پڕ له هەڵەیه چونکه گوایه سەرەتای پادشانشینەکەی
بابلو ئوروکو ئەکەد بوو (تکوین ١٠: ١٠) که ئەمه هەڵەیه چونکه ئەگەر
نیمرۆد ڕاستەقینه بێت هێنـده کۆنه که هێشتا هیـچ لـه شـارانه دروست
نـەببوون بـەڵکو باشـووری عـیراق هیـچ نیشـەجێیەکی لـێ نـەبوو و دەریـا
دایپۆشیبوو. نووسەرانی تەوراتی بەردەستمان مێژووییەکیان نووسیوه بەپێی
زانیاریی سەردەمی خۆیان (بڕوانه زیاتر له باسی بورجی بابل).

دیـاره موفەسـیره ئیسـلامییەکان نـاوی نیمـرۆد (نـەمروود)و بەسـەرهاتی
لەگەڵ ئیبراهیمیان له کتێبەکانی تـری جوولەکه وەرگرتـووه وەك بـۆ نموونـه
(کتێبی یاشەر) יָשָׁר. ئـەو کتێبـه فەوتابوو بـەڵام لـه دوو کتێبی قانوونیی
جوولەکه ناوی هاتووه: یەشووع (١٠: ١٣)و (٢صموئیل ١: ١٨)، ئینجا گوایه
دوایـی دۆزرایـەوەو بڵاوکرایـەوە بـەڵام بێئـەوەی دڵنـایی هـەبێت لـه ئەگـەری
ئەوەی ڕاست بێت. ئیبراهیم لـەو کتێبـه بتـەکانی تێراخی بـاوکی دەشکێنێت
(یاشەر ١١: ٣٣)، [189] پاشان نیمرۆد ئیبراهیم دەگرێت (یاشەر ١٢: ١)و [190] دواتر

---

[189] The Book of Jasher, p.29.
ئەمه وەرگێڕانێکی ئینگلیزیی نوسخەیەکی عیبرییه که سـەدەی حەڤده بـۆ یەکـەم جار
لەچاپدرا، ئاماژەش بۆ نوسخەی تر کراوه که به ساختەی دەزانن، نوسخەی ساختەش جار
جار دەردەکەوتن.(لاپەڕه ٧ پێشەکیی لێکۆڵەرەوەیەك).

لەسەر پێشنیاری گەورەکانی ولاتەکە دەیخاتە ناو ئاگرەوە بەلام رزگاری دەبێت (یاشەر ۱۲: ۵-۲۷).[191] سەرچاوەی تری جوولەکەش کە باسی هاوچەرخێتیی ئیبراهیمو نیمرۆد بکات تەلمووده، بۆ نموونە ئەم قسەیە: با نیمرۆد بێتو شایەتی بدات کە ئیبراهیم بتەکانی نەپەرستبوو (عابۆداه زاراه-[192] ۳أ) و نیمرۆد بوو کە ئیبراهیمی فریدایه ناو ئاگرەکە (پێسەحیم- ۱۱۸أ).[193]

کەواتە گوناهی موفەسیرە ئیسلامییەکان نییە چ جای ئەوەی باسەکە پەیوەندیی بە قورئانەوە هەبێت. هەڵەی موفەسیرەکان ئەوەیه کە ئەو باسەیان نەقڵکردووه، پێش ئەوەش گوناهی عبدالفادییە کە ئاگای لەو سەرچاوانه نییه.

---

[190] The Book of Jasher, p.31.
[191] *ibid*, pp.32-34.
[192] The Soncino Babylonian Talmud, Abodah Zarah, book I, p.7; M. L. Rodkinson, The Babylonian Talmud, vol.XI, ch.I, p.4.
[193] The Soncino Babylonian Talmud, Pesochim, book IV, p.93; M. L. Rodkinson, The Babylonian Talmud, vol 5, ch.X, p.252.

يووسف

پرسیارەکان سەبارەت بە يووسف: ژمارە ٦ و ژمارەکانی ٢٤ تا ٢٩.

٦-يووسف نيازی بوو خراپە بکات

((وَلَقَدْ هَمَّتْ بِهِ وَهَمَّ بِهَا -يوسف: ٢٤)).

عبدالفادی ئاماژە بۆ ئەوە دەکات کە قورئان وای باسکردووە کە يووسف نيازی بوو کاری خراپە لەگەڵ ژنی عەزيزی ميسر بکات بەڵام ئەمە دژی مێژووی پيرۆزە کە دەڵێت کاتێک ئافرەتەکە ويستی کاری خراپە يووسف داواکەی قبووڵ نەکردو کاتێک دەستی دايە کراسەکە يووسف کراسەکەی بۆ جێهێشت و هەڵهات (تكوين ٣٩: ٩).

* * * *

ئايەتەکەش بەتەواوی:

((وَلَقَدْ هَمَّتْ بِهِ وَهَمَّ بِهَا لَوْلا أَن رَّأَى بُرْهَانَ رَبِّهِ كَذَلِكَ لِنَصْرِفَ عَنْهُ السُّوءَ وَالْفَحْشَاء إِنَّهُ مِنْ عِبَادِنَا الْمُخْلَصِينَ)).

ئەوەی لای عبدالفادی سەير بوو، واتە يووسف نيازی فاحيشەی بووبێت، لای موفەسيرە کۆنەکانيش سەير بوو بۆيە بەپاڵ ئەو لێکدانەوەيە باسەکە بەجۆرێکی تر لێک دراوەتەوە. تەعبيری ((هم بها)) بۆ يووسف نەک نيازی پەلامارە بۆ کردنی فاحيشە لەلايەن يووسفەوە بەڵکو تەنها ئەو نيازەی چووە دڵ، بەپێی تەفسيری تريش کە ئاواتەخواز بوو ببێتە ژنی خۆی، بەپێی تەفسيری تريش ويستی لێی بدات.[194]

بەبۆچوونی خۆشم ئەو تەفسيرانە بێمانان چونکە لەگەڵ ئايەتەکە يەکناگرنەوە کە دەڵێت (لَوْلا أَن رَّأَى بُرْهَانَ رَبِّهِ كَذَلِكَ لِنَصْرِفَ عَنْهُ السُّوءَ وَالْفَحْشَاء إِنَّهُ مِنْ عِبَادِنَا الْمُخْلَصِينَ) کە زاهيری ئەو ئايەتە زۆر ئاشکرايە: ئافرەتەکە

---

[194] تفسير ابن كثير، ج ٤، ص ٣٨١.

١٧٣

ویستی پەلاماری بدات‌و یووسفیش ویستی پەلاماری بدات نیشانەکەی خاوەنەکەی نەبینیایە، ئاواش بۆ ئەوەی خراپەو فاحیشە لە یووسف دووربخەینەوە .

ئایەتەکە زۆر ئاشکرایە کە ئەو شتە بەدڵی یووسف چوو بەڵام خودا پاراستی، ئیتر پێویست بە زۆر لەخۆکردن ناکات بۆ ئەوەی تەفسیرێکی دوور لە واتای ئایەتەکە بهێنرێتەوە .

بگەڕێینەوە سەر عبدالفادی و بڵێین کە ئەسڵەن ئەوە جێگەی ڕەخنە نییە چونکە خودا باسی یەک ساتی کورتی لاوازیی یووسفی کردووە کە ئەویش مرۆڤە و جاروباری تووشی ئەو لاوازییە دەبێت. دەشبوایە عبدالفادی ڕەخنەی لە تەورات بگرتایە کە شتی زۆر خراپی پێغەمبەران باس دەکات وەک بۆ نموونە (لۆوت) کە بەپێی تەورات لەدوای لەناوبردنی سەدۆم סֿדֿם و عامۆرە (عامۆراه) עֿמֿוֿרֿה دوو کچەکەی سەرخۆشیان کردو لەگەڵی نوستن بۆ ئەوەی وەچەیان لە باوکیان هەبێت چونکە باوکیان پیر ببوو و ماڵەکە پیاوی تێ نەدەما، ئیتر یەکی مندالێکی لە باوکیان بوو (تەکوین ۱۹: ۳۱ بەدواوه).

جیاوازیی دوو چیرۆکە جیاوازیی دوو تێڕوانینەکەمان بۆ دەردەخات: قورئان بۆمان باس دەکات کە یووسف لە کاری خراپە پارێزرا، تەوراتیش، کە دیارە لەم بەشە پەیوەندیی بە وەحیی خودایییەوە نییه، ناڕاستەوخۆ پێمان دەڵێت کە خودا بێباک بوو لەو کارە خراپە.^{۱۹۵}

---

^{۱۹۵} **هۆی** دروستکردنی چیرۆکەکە دیارە: گەڕاندنەوە ڕەچەڵەکی دوو گەلی ناوچەکە بۆ کارێکی فاحیشە چونکە کۆتایی چیرۆکەکە ئەوەیە کە کچە گەورەکە کوڕەکەی ناو نا مۆئاب מֿוֿאֿב و ئەو بووه باوکی مۆئابییەکان‌و کچە بچووکەکە کوڕەکەی ناو نا בֿן-עֿמֿי ئەمیان باوکی عامۆنییەکان (بەنی عامۆن בֿנֿי-עֿמֿוֿן). ئەو گەڕاندنەوەیە جگەلەوەی واتای سووکایەتییە، هەروەها هەولێک بۆ تەفسیرکردنی ڕەچەڵەکی گەلان.

٢٤-کوڕانی یەعقووب داوا دەکەن یووسف یارییان لەگەڵ بکات

((قَالُواْ يَا أَبَانَا مَا لَكَ لاَ تَأْمَنَّا عَلَى يُوسُفَ وَإِنَّا لَهُ لَنَاصِحُونَ * أَرْسِلْهُ مَعَنَا غَدًا يَرْتَعْ وَيَلْعَبْ وَإِنَّا لَهُ لَحَافِظُونَ -يوسف: ١١-١٢)).

قورئان باسی ئەوە دەکات براکانی یووسف لە یەعقووبی باوکیان داواکرد یووسفیان لەگەڵ بنێرێت بۆ ئەوەی ئەویش یاری بکات. عبدالفادیش دەبینێت لە تەورات شتی تر هەیە ئەویش کە یەعقووب یووسفی نارد بۆ ئەوەی دڵنیا بێت لە سەلامەتی ئەو برایانەی، کاتێکیش بینییان وتیان ئەوەتا خاوەنی خەونەکان هاتووە با ئێستا بیکوژینو فڕێی بدەینە بیرێکو بڵێین دڕندەیەکی خراپ خواردیو بزانین خەونەکانی چی دەبن. (تەکوین ٣٧: ١٢-٢٠- عبدالفادی بەکورتی دەیهێنێتەوە).

قورئان رێکتر باسی ئەوە دەکات: سەرەتا باسی ئەوە دەکات کە براکانی یووسف بڕیاری کوشتنی دەدەن، یەکێکیشان دەڵێت فڕێی بدەنە بیرێک، ئینجا دەچنە لای باوکیانو داوای لێ دەکەن یووسفیان لەگەڵ بنێرێت بۆ یاریو لێی دەپرسن بۆچی متمانەی بەوان نییە، ئینجا قەناعەتی پێدەکەن. بەڵام باسەکەی تەوراتی بەردەستمان لە نامەعقوول دەچێت: یەکەم لەبەر ئەوەی براکانی یووسف کە زۆرن دەچن بۆ لەوەڕاندی ئاژەڵەکانیانو دوادەکەون کەچی یووسف بۆ سۆڕاغیان دەنێرێت کە یەعقووب لەوانی خۆشتر دەویست چونکە بەپیری بوویەتی (تەکوین ٣٧: ٣)و یەک کەسەو مندالّترە. کاتێکیش یووسف دەگاتە لایان بیر لە کوشتنی دەکەن. ئەمەی دوایی رێگەی تێدەچێت بەڵام ناگاتە رێکیی سیاقی قورئان کە نەخشەو پیلانەکە پێشتر دارێژرابوو.

٢٥- داهێنانی مندالٚێك شایه تمانی دەلٚێت

((وَاسْتَبَقَا الْبَابَ وَقَدَّتْ قَمِيصَهُ مِن دُبُرٍ وَأَلْفَيَا سَيِّدَهَا لَدَى الْبَابِ قَالَتْ مَا جَزَاءُ مَنْ أَرَادَ بِأَهْلِكَ سُوءًا إِلاَّ أَن يُسْجَنَ أَوْ عَذَابٌ أَلِيمٌ * قَالَ هِيَ رَاوَدَتْنِي عَن نَّفْسِي وَشَهِدَ شَاهِدٌ مِّنْ أَهْلِهَا إِن كَانَ قَمِيصُهُ قُدَّ مِن قُبُلٍ فَصَدَقَتْ وَهُوَ مِنَ الْكَاذِبِينَ * وَإِنْ كَانَ قَمِيصُهُ قُدَّ مِن دُبُرٍ فَكَذَبَتْ وَهُوَ مِنَ الصَّادِقِينَ * فَلَمَّا رَأَى قَمِيصَهُ قُدَّ مِن دُبُرٍ قَالَ إِنَّهُ مِن كَيْدِكُنَّ إِنَّ كَيْدَكُنَّ عَظِيمٌ * يُوسُفُ أَعْرِضْ عَنْ هَذَا وَاسْتَغْفِرِي لِذَنبِكِ إِنَّكِ كُنتِ مِنَ الْخَاطِئِينَ -يوسف: ٢٥-٢٩)).

باس له رووداوەکەی نێوان یووسفو ژنی عەزیزی میسر دەکات کاتێك یووسف له دەستی ژنەکە رای کردو ئەو کراسەکەی لەدواوه راکێشاو دراندی، ژنەکەش تۆمەتی خسته پالٚ یووسف، ئینجا که بینییان کراسەکەی یووسف دراوه ((شایەتێك له کەسوکاری ئافرەتەکە وتی ئەگەر کراسەکەی لەپێشەوه درابێت ژنەکە راست دەکاتو یووسف درۆ دەکاتو ئەگەر کراسەکەی لەپشتەوه درابێت ژنەکە درۆ دەکاتو یووسف راست دەکات)).

وەك دیاره قورئان نالٚێت ئەو شایەته کیٚ بووه، بەلٚام به بیرکردنەوەیەکی کەم، یان هەر بەبیٚ بیرکردنەوه، مرۆڤ دەزانێت کەسێکی گەورەیه نەك مندالٚ چونکه مێشکی مرۆڤ بۆ مندالٚ ناچێت. ئەی بۆچی فەرموودەیەك هەیه دەلٚێت مندالٚێکی ناو بێشکه بوو؟ بەیزاوی که عەبدالفادی شتی نەقلٚ دەکات دەلٚێت: وتراوه ئەو کەسه ئامۆزایەکی ژنەکه بووه، وتراویشه خالٚۆزایەکی بووه که مندالٚێکی ناو بێشکه بوو (بەیزاوی ٣، ل٢٨٣).[١٩٦] واته بەیزاوی هەدوو قسەکه نەقلٚ دەکاتو هەردووکیان به (وتراوه) وەسف دەکات. بۆ دووەمیشیان پشت به فەرموودەیەك دەبەستێت که چوار کەس به مندالٚی

---

[١٩٦] عبدالفادی قسەکەی بەیزاوی بەهەلٚه وەرگرتووەو نووسیویەتی: وتراوه ئامۆزایەکی بوو که مندالٚێکی ناو بێشکه بوو.

قسەیان کردووە کە یەکێکیان ئەوە بوو (ج٣، ص ٢٨٣)[197]، کە فەرموودەکە بەو لەفزە دروست نییە.[198]

کارەکەی بەیزاوی خۆی لە خۆی هەڵەیە، واتە هەڵەیە ئەو تەفسیرانە نەقڵ بکرێن کە (وا وتراوەو وا وتراوە)، عبدالفادیش لەوە خراپتری دەکات بەوەی تەنها قسەی دووەمی نەقڵکردووەو ئینجا دەیکاتە رەخنە بەسەر قورئانەوە، بەڵام کارەکەی عبدالفادیش لەوەش خراپتر چونکە شایەتیی مندالەکە لە سەرچاوەیەکی جوولەکە هەیە ئەویش (کتێبی یاشەر)، کە پێشتر باسمان کردبوو.

لەو کتێبە، کە وەکو چیرۆکەکانی تر چیرۆکی یووسف درێژتر لەوەی تەورات دەگێڕێتەوە، لەو کاتەی پیاوانی (پۆتیفار) لە یووسف دەدەن پۆتیفار مندالەکەی کە یانزە مانگ تەمەنی بوو دەکەوێتە قسەو دایکی خۆی تاوانبار دەکاتو راستیی رووداوەکەیان بۆ دەگێڕێتەوە (کتێبی یاشەر ٤٤: ٦٤-٦٦).[199]

باقیی رەخنەکانی عبدالفادیش نیشانەی رەخنەی سەرپێیین: چۆن مێردەکەی قبووڵ دەکات خۆیو یووسف پێکەوە لە ماڵەکە بمێننەوە؟ بۆچیش یووسف لەبەر پاکییەکەی دەخاتە بەندیخانە؟

ئێمە نازانین یووسف دوای ئەو رووداوە لە چ شوێنێکی ماڵەکە مایەوە، بەڵام دەزانین خانووی دەوڵەمەندانو بەرپرسان گەورە بوونو دەزانین ئەو خانووە وەکو خانووەکەی عبدالفادی نەبووە تەنها ژنو پیاو و مندالەکانیان لەخۆ گرتبێت بەڵکو کۆیلەیو خزمەتکاریشی لێ بووە، دەشزانین قورئان قسەی پیاوەکە دەگێڕێتەوە کە بە ژنەکەی وتووە داوای لێخۆشبوون بکات چونکە تاوانی کردووە، واتە پیاوەکە دەرفەتێکی بە ژنەکە دابوو، دەشزانین

---

[197] تفسیر ابن کثیر، ج٤، ص ٣٨٣-٣٨٤.

[198] فەرموودەی صەحیح بەو شێوەیە هەیە بەڵام شێوازەکەی جیاوازەو باسی شایەتەکەی یووسفی تیا نییە، بڕوانە (السلسلة الضعیفة والموضوعة)ی ئەلبانی (ج٢، ح٢٨٨٨). بەپاڵ ئیسنادەکەش ئەلبانی لەبەر ناڕێکیی لەگەڵ قورئان رەتی دەکاتەوە (لاپەڕە ٢٧٣).

[199] **The Book of Jasher, p.141.**

هەموو پیاوەکان وەکو یەك لە حاڵەتی وا رەفتار ناکەن. کارەکەی دواتریش هەر خۆی تەفسیری هێشتنەوەی یووسف دەکات، واتە بەپێویستیان زانی ماوەیەك یووسف دووربخەنەوە بەجۆرێك دووربکەوێتەوە لەو مالّەو قسەی خەڵك ببڕنو وایان تێبگەیەنن یووسف تاوانبار بووە .

عبدالقادی وەڵامی ئەوەی نییە کە بۆچی بێتاوانیی یووسف ئاشکرا نەبوو. عەزیزی میسر لە تەورات باوەڕی بە ژنەکەی کرد کە یووسف تاوانبارە، پاشان دەرچوونی یووسف لە بەندیخانە بەهۆی ئەوەی تەفسیری خەونی پادشای کرد، بەڵام قورئان باسی ئەوە دەکات کە یووسف هەر لە بەندیخانە خەونەکەی بۆ پادشا تەفسیر کرد، کاتێکیش پادشا ناردی بەدوای یووسف بۆ ئەوەی لە بەندیخانەی دەربچێتو بچێتە لای، یووسف قبووڵی نەکردو بە نێردراوەکەی وت: بگەڕێرەوە بۆ لای گەورەکەتو پێی بلّێ مەسەلەی ئەو ئافرەتانە چی بوو کە دەستی خۆیان بڕی. کە پادشاش ئەو ئافرەتانەو ژنی عەزیزی میسری کۆکردنەوە ئافرەتەکان وتیان شتی خراپمان لە یووسف نەبیستووەو ژنی عەزیزی میسر ددانی بە تاوانی خۆی نا، ئینجا یووسف لەبەرچاوی پادشا گەورەتر بوو و وتی بیهێنن بۆ لام بۆ ئەوەی بیکەمە کەسێکی تایبەتی خۆم.

ئەم سیاقە زۆر گونجاوە بۆ دەرخستنی بێتاوانیی یووسف نەك تەنها توانای یووسف لەبواری تەفسیری خەون کە ئەوە بەس نییە چونکە بۆی هەبوو خەڵك بلّێن تواناکەی ڕزگاری کردبوو، هەر بۆیەش لە گێڕانەوەکەی قورئان یووسف نەیویست بەهۆی ئەو توانایەوە لە بەندیخانە ڕزگاری بێت. لە باسەکەی تەورات یووسف تەنانەت لەبەردەمی خاوەنەکەی بەرگریشی لە خۆی نەکرد.

ئەو باسانە لە تەوراتی بەردەستمان وننن، لەبەر ئەوەش کە موسڵمان باوەڕی بەوەیە تەورات لەلایەن خوداوە هاتووە پێویستە موسڵمان بلّێت ئا لێرە ئەو باسانە بۆ مەبەستی کورتی پەڕێنراون، نموونەی تریشمان لە ڕەخنەی (بەندکردنی بنیامین) هەیە .

ئەوەش بزانین کە کتێبی تەکوین لە دروستبوونی بوونەوەرە دەست پێ
دەکاتو بە چیرۆکەکەی یووسف کۆتایی پێ دێت، ئەو بەسەرهاتو زەمەنە
زۆرانەش دیارە پێویستیان بە کورتکردنەوە هەبووە.

٢٦-داوەتێکی ئافرەتانەی وەهمی

((وَقَالَ نِسْوَةٌ فِي الْمَدِينَةِ امْرَأَةُ الْعَزِيزِ تُرَاوِدُ فَتَاهَا عَن نَّفْسِهِ قَدْ شَغَفَهَا حُبًّا إِنَّا لَنَرَاهَا فِي ضَلَالٍ مُّبِينٍ * فَلَمَّا سَمِعَتْ بِمَكْرِهِنَّ أَرْسَلَتْ إِلَيْهِنَّ وَأَعْتَدَتْ لَهُنَّ مُتَّكَأً وَآتَتْ كُلَّ وَاحِدَةٍ مِّنْهُنَّ سِكِّينًا وَقَالَتِ اخْرُجْ عَلَيْهِنَّ فَلَمَّا رَأَيْنَهُ أَكْبَرْنَهُ وَقَطَّعْنَ أَيْدِيَهُنَّ وَقُلْنَ حَاشَ لِلّهِ مَا هَذَا بَشَرًا إِنْ هَذَا إِلاَّ مَلَكٌ كَرِيمٌ * قَالَتْ فَذَلِكُنَّ الَّذِي لُمْتُنَّنِي فِيهِ وَلَقَدْ رَاوَدتُّهُ عَن نَّفْسِهِ فَاسَتَعْصَمَ وَلَئِن لَّمْ يَفْعَلْ مَا آمُرُهُ لَيُسْجَنَنَّ وَلَيَكُونًا مِّنَ الصَّاغِرِينَ -يوسف: ٣٠-٣٢)).

عبدالفادی دوو ڕەخنەی هەیە: یەکەمیان ئەوەیە چۆن ژنی ئەفسەرێکی گەورە داوەتێک بۆ گەورەژنانی شارەکە دەکات بۆ ئەوەی لەبەردەمی ئەوان ڕایبگەیەنێت شەیدای کۆیلەکەی بووەو پەردەی حەیا لەڕووی خۆی هەڵبماڵێت بێئەوەی لە ئابڕووچوون بترسێت؟ دووەمیشیان چۆن ئەو ئافرەتانە لەجوانیی یووسف ئاگایان لە خۆیان نابێتو دەستی خۆیان بە چەقۆی دەستیان دەبڕن بێئەوەی هەستی پێبکەن.

* * * *

عبدالفادی دووەمیان بە خەیاڵی نەخۆش ناودەبات، بەڵام ئەوە نیشانەی نەخۆشیی عەقڵەکەیەتی چونکە ئەوە حاڵەتێکە تووشی هەموو کەس دەبێت، واتە شتێک دەبێتە هۆی سەرسامبوون یان ترسی یان ئەو کەسە لەناکاو دەبرێتو بێئەوەی ئاگای لەخۆی بێت کارێک دەکات ڕەنگە ئازاریشی بدات. ئینجا لەبەر ئەوەی مرۆڤەکان زۆرنو سروشتەکانیش زۆرن کاردانەوەشیان زۆر جیاواز دەبێت، واتە لەگەڵ زۆربوونی ژمارەی کەسەکان ئیحتمالەکانیش زۆرتر دەبن.

کەواتە ئەگەر ڕەخنەت گرت ڕەخنە لە ڕووداوێک مەگرە بەوەیە ناماقووڵە ئەگەر ڕووداوەکە پەیوەندیی بە کەسی زۆرەوە هەبێت (کە لێرە مرۆڤە).

نموونە لەوەی سەرەوە ئاسانتر ڕەخنەگرتنە لە ڕاستیێتیی هەبوونی کەسێک بە

١٨٠

بیستنی دەنگی فرۆکە تووشی وڕبوون دەبێت. هەڵەی ئەم ڕەخنەیە ئەوەیە مرۆڤەکان زۆرن و جیاوازن و کاردانەوەشیان بەرامبەر بە شتەکان و ڕووداوەکان جیاوازە.

هەمان بنەمای ڕەخنەگرتنیش ڕەخنەی یەکەمیش دەگرێتەوە، واتە هەڵەیە پرسیار بکرێت کە چۆن ژنی عەزیزی میسر بێ شەرم بەو ئافرەتانە دەڵێت حەزی لە کۆیلەکەی بوو. هەڵەکەو وەک پێشتر ڕوونم کردەوە لەوەیە کە ئیحتمالیەتی ڕووادوەکە زۆرە لەبەر زۆریی ئەو کەسانە کە پەیوەندییان پێیەوی هەیە (کۆی مرۆڤەکان). ڕەخنەکەی عبدالفادیش ناڕاستەوخۆ پێیمان دەڵێت لە کۆی ملیاران ئافرەت یەک ئافرەت نییە ئاوا بێ پەردە باسی حەزی خۆی ئاشکرا بکات.

وەڵامی تریشمان بۆ ئەو ڕەخنەیە ئەوەیە بەدەر لەوەی نازانین عەزیزی میسر ئەفسەر بووە یان نا و بەدەر لەوەی مەرج نییە ژنەکان ژنی ئاسایی بوون یان گەورەژنی شار بوون وەک عبدالفادی دەڵێت، ژنی عەزیزی میسر ئەوانی بۆ ئەوە کۆنەکردبووەوە تا حەزی خۆی بۆ یووسف ڕابگەیەنێت چونکە ئەو قسەیە پێشتر بڵاوببووەوە، کۆکردنەوەیان بۆ ئەوە بوو پیشانیان بدات لۆمەکردنی ئەوان لەجێگەی خۆی نییەو یووسف ئەوە دەهێنێت حەزی لێ بکرێت. خاڵێکی تر کە نیشانەی بێئاگایی عبدالفادییە لە مێژووی میسری فیرعەونی ئەوەیە ئەو جۆرە باسانە لەو کۆمەڵگەیە ئاسایی بوون. دەقێکی ناسراو هەیە دەگەڕێتەوە بۆ سەردەمێکی دواتر ئەویش سەردەمی ڕەمسیسی دووەمو لە دەقە لەسەر زاری کچێک کە قسە لەگەڵ خۆشەویستەکەی دەکاتو پێی دەڵێت کە دەیەوێت بچێتە ناو ڕووبارەکە بۆ خۆشتنو ئەویش تەماشای بکاتو ڕێگەی پێ بدات جوانییەکەی لە تەنکترین جلەوە ببینێت.[200] پەیوەندییەکانی نێوان ئافرەتو پیاو لە میسری فیرعەونی، بەڵکو تا ئێستا کەمترین موحافزکاریی هەبووە لەچاو کۆمەڵگەی تری ڕۆژهەڵاتی.

---

[200] کینیث کیتشن، رمسیس الثانی، ص ٢١٣–٢١٥.

٢٧-بۆچی بەندکردنی یووسف درێژەی کێشا؟

((وَقَالَ لِلَّذِي ظَنَّ أَنَّهُ نَاجٍ مِّنْهُمَا اذْكُرْنِي عِندَ رَبِّكَ فَأَنسَاهُ الشَّيْطَانُ ذِكْرَ رَبِّهِ فَلَبِثَ فِي السِّجْنِ بِضْعَ سِنِينَ —يوسُف: ٤٢))

پاش ئەوەی یووسف خەونی هەر یەکێک لەو دوو کەسەی لە بەندیخانە لەگەڵی بوون تەفسیر دەکات بەو کەسە دەڵێت کە رزگاری دەبێتو بەپێی خەونەکە دەبێتە ساقیی پادشا باسم بکە لای گەورەکەت، واتە لای پادشا، ئیتر شەیتان ئەوەی لەبیر دەباتەوەو یووسف چەند ساڵێک لە بەندیخانە دەمێنێتەوە. عبدالفادی قسەی بەیزاوی نەقڵ دەکات کە پێغەمبەری ئیسلام وتوویەی: رەحمەتی خودا لە یووسفی برام ئەگەر ئەوەی نەوتایە پاش پێنج ساڵەکە حەوت ساڵ لە بەندیخانە نەدەمایەوە. عبدالفادی ئینجا دەپرسێت ئایا حەرامە مرۆڤ لەکاتی تەنگانە پشت بە برای خۆی ببەستێت؟

* * * *

عبدالفادی نموونە دەهێنێتەوە کە ئەوە حەرام نییەو هەڵبەت ئێمەش دەتوانین نموونەی تر بهێنینەوە کە حەرام نییە بەڵام مەسەلەکە بەو جۆرە نییە. جارێ عبدالفادی تەواوی قسەی بەیزاویی نەقڵ نەکردووە کە ئایەتەکەی (فانساە الشیطان ذکر ربە— شەیتان باسی خاوەنەکەی لەبیر بردەوە) دەگەرێنێتەوە بۆ ساقییەکە، واتە شەیتان باسی یووسف لای خاوەنەکەی، واتە لای پادشا، لەبیر ساقییەکەی بردەوە. ئینجا بەیزاوی تەفسیرەکەی تر دەڵێت ئەویش کە شەیتان زیکری خودای لەبیر یووسف بردەوە بۆیە پشتی بە غەیری خودا بەست. ئەم دوو تەفسیرە لای موفەسیری تریش هەن، بۆ نموونە ئیبنو کەثیر هەردوودکیان باس دەکاتو کێ لە موفەسیرەکان ئەو دوانەی

وتووه، یەکەمیشیان پەسەند دەکاتو دەڵێت ئەو فەرموودەیە زۆر لاوازه. [201]
قورتوبیش باسی دوو بۆچوونەکە دەکاتو بۆ ئەو لەتەفسیرەی بیرچوونەوەکە
بۆ یووسف دەگەڕێنێتەوە دوو گێڕانەوەی بێبنەما دەهێنێتەوە کە گوایە
جبریل چووه لای یووسفو پێی وت سزاکەی ئەوەیه چەند ساڵێک لە بەندیخانە
بمێنێتەوه. [202]

بەیزاوی دەڵێت هەرچەنده پشتبەستن بە مرۆڤەکان لەکاتی تەنگانە
بەشێوەیەکی گشتی دروسته بەڵام شایەنی پایەی پێغەمبەران نییە (ج٣،
ص٢٩٠) کە ئەمه قسەی خۆیەتیو بەڵگەی پێچەوانە هەیە بۆ ئەوه.

کەواتە عبدالفادی تەنها یەک تەفسیری وەرگرتووەو ئەوەی تری پشتگوێ
خستووه. بەبۆچوونی خۆشمان تەفسیرکردنی ئەوه بە سزادانی یووسف
لەرووی سیاقی باسەکەوە تەفسیرێکی لاوازه.

ئەگەر بشگەڕێینەوە بۆ کتێبی یاشەر دەبینین هەردوو باسەکە هەیە: کاتێک
یووسف بەو کەسه دەڵێت کە ڕزگاری باسم بکە لای گەورەکەت (یاشەر
٥٦: ١٠)و [203] باسی ئەوەی کە کابراکە لەبیریچوو باسی یووسف بکات بەڵام
باسی شەیتان نەکراوەو باسی لەبیرچوونەوەش نەکراوە بەڵکو هۆی
باسنەکردنەکە گەڕێنراوەتەوە بۆ خودا ((باسی نەکرد لای پادشا وەک بەڵێنی
پێ دابوو، ئەمەش لەلایەن پەروەردگارەوە بوو بۆ ئەوەی سزای یووسف بدات
لەبەر ئەوەی متمانەی بە مرۆڤ کرد)) (یاشەر ٥٦: ١٩) ئیتر یووسف بۆ ماوەی
دوو ساڵی تر لە زیندان مایەوەو مانەوەکەی بوو بە دوانزه ساڵ (یاشەر ٥٦:
٢٠). [204] هەمان شتیش لە کتێبی تر هەن وەک تەرگومی [205] یەکەمی ئورشەلیمی

---

[201] تفسیر این کثیر، ج٤، ص٣٩١. فەرموودەکە بەشێوەیەکی تره نەك پاش پێنج حەوت،
بڕوانه هەروەها تەفسیری قورتوبی، الجامع لاحکام القران، ج١١، ص ٣٥٦.

[202] تفسیر القرطبی، ج١١، ص ٣٥٥.

203 The Book of Jasher, p.145.
204 *ibid.*, p.146.

[205] (تەرگوم) ڕاڤەکردنو ڕوونکردنەوەو دریژەپێدانی پەیمانی کۆنه بۆ زمانێکی تر کە
بەدەم دەوترێت. کاتێکیش باسی تەرگوم دەکرێت مەبەست لە وەرگێڕانە بۆ زمانی

لەسەر پێنج کتێبی یەکەمی پەیمانی کۆن، کە مانەوەی یووسف بۆ هەمان هۆ دەگەڕێنێتەوە[206] هەروەها لە پارچەکانی تەرگومی ئورشەلیمی کە ئەمیان دریژە بەو قسەیە دەدات و دەگەڕێتەوە بۆ نووسینی پیرۆز کە لەویٚ هاتووە: نەفرەت لەو کەسەی متمانە بە گۆشت (واتە: لاشە، مرۆڤ...) بەبەستێت و موبارەک بێت ئەو کەسەی متمانە بە وشەی پەروەردەگار دەکات.[207]

کەواتە بەپاڵ جیاوازیی باسەکانی قورئان و موفەسیرەکان لەلایەک و کتێبی یاشەرو تەرگوم لەلاکەی تر باسی مانەوەی زیاتری یووسف لە زیندان وەکو سزایەکی خودایی بەئاشکرایی لەو کتێبانە هەیە و بەم جۆرە تەنها گوناهی

ئارامی. وشەکە هێندە بەرامبەری زمانی ئارامی زانراوە کە جوولەکەکانی کوردستان کە بە ئارامی قسە دەکەن بە زمانەکەیان دەڵێن تەرگوم:

Encyclopaedia Judaica, vol. 19, p.513.

زمانی عیبری لەدوای ڕاگواستنی جوولەکەوە بۆ بابل چیتر وەکو زمانی ڕۆژانە نەمایەوە. لە سەرەتای سەردمی مەسیحی جوولەکەی میسر بە یۆنانییەکی مەکدۆنی قسەیان دەکرد، ئەوانەی بابلیش بە زمانێک قسەیان دەکرد کە بنچینەکەی ئارامی بوو لەگەڵ تێکەڵایەکی کەمی عیبری و زمانی بێگانە، بڕوانە:

J. W. Etheridge, The Targums of Onkelos and Jonathan Ben Uzziel on the Pentateuch (Genesis and Exodus), p.3f.

تەرگومەکان سەرەتا بە دەم بوون و دوایی بوونە نووسین. چەند تەرگومێکیش هەبوون" تەرگومی بابلی یان تەرگومی ئۆنکیلۆس کە تەرگومی ڕەسمییە. تەرگومی ئورشەلیمی، یان ڕاستتر فەڵەستینی، هەیە کە ئەو شێوەیەی ماوەتەوە هی پاش پێغەمبەری ئیسلامە، تەرگومی تریش هەن، بڕوانە:

F. C. Burkitt, *Targums*, in; Encyclopædia Biblica, vol.IV, col.5028.

بەهەڵەش بە تەرگومی فەڵەستینی وترابوو تەرگومی یوناتان کوڕی عوزئیئل، کە ئەمیان تەرگومێکی ترە. ئاشکرایە وشەکە لەگەڵ فرمانی عەرەبیی (تەرجم) و ناوی عەرەبیی (ترجمە) یەکدەگرێت. لە کۆتایی سەدەی نۆزدە و لە سەدەی بیست ژمارەیەکی تری دەستنووس، وەک ئەوانەی قاهیرە و دەریای مردوو دۆزرانەوە کە ڕێژەیەکی کەمیان تەرگومن.

---

206 J. W. Etheridge, The Targums of Onkelos and Jonathan Ben Uzziel on the Pentateuch (Genesis and Exodus), Section IX, Ch. XL, pp.299f.
207 J. W. Etheridge, *ibid.*, p.300.

نەقڵکردنی ئەو جۆرە باسانە دەچێتە ئەستۆی موفەسیرانی ئیسلام، کە لەڕووی بابەتی سەرەکیی ئەم کتێبەمان، واتە ڕەخنەگرتن لە ڕەخنەگر لە قورئان، گوناهی ئەوان نییە بەڵکو گوناهی کتێبەکانی جوولەکەیە، بەڵام لەڕووی تەفسیری قورئان ناتوانین بە گوناهی نەزانین لەبەر ئەوەی تەفسیر پڕکرا بەو قسانەی خەڵک وەکو ڕاستی تەماشایان دەکرد چونکە لە زاناوە دەرچوون، لەوەش خراپتر ئەوەیە حوکمو بیرکردنەوەو ڕەفتار لەسەر ئەو جۆرە قسانە بینا کراوە

ئەو بیرکردنەوەیەش کە بۆ هیچ شتێک پشت بە غەیری خودا نەبەسترێت تەنانەت کاتی زەروورەتیش بیرکردنەوەیەک بوو لە کۆمەڵگە موسڵمانە کۆنەکان هەبووە و زیاتر پەیوەست بووە بە تەسەووف کۆن کە دەویست پەیوەندیی ڕاستەخۆ لەنێوان خوداو مرۆڤ هەبێت بۆیە تەنانەت ئەو تەسەووفە بایەخی بە فەرموودەش نەدەداو هەیانبووە دەیوت (حدثني قلبي عن ربي)، بۆیە ئاساییە تەفسیری لەو جۆرە هەبێت یان ئەو هۆکارەی لە کتێبەکانی جوولەکە وتراوە پەسەند بکرێت.

٢٨-بەندنەكردنی بنیامین

((قَالَ بَلْ سَوَّلَتْ لَكُمْ أَنفُسُكُمْ أَمْرًا فَصَبْرٌ جَمِيلٌ عَسَى اللّهُ أَن يَأْتِيَنِي بِهِمْ جَمِيعًا إِنَّهُ هُوَ الْعَلِيمُ الْحَكِيمُ * وَتَوَلَّى عَنْهُمْ وَقَالَ يَا أَسَفَى عَلَى يُوسُفَ وَابْيَضَّتْ عَيْنَاهُ مِنَ الْحُزْنِ فَهُوَ كَظِيمٌ -يوسف: ٨٣- ٨٤)).

عبدالفادی باسی چوونی براكانی یووسف بۆ میسر و خۆنەناساندی یووسفو گلدانەوەی شەمعوونی برای تا براكانی تری برا بچووكەكیان بهێنن كە لە ولاتی خۆیان مابوو ئەویش بۆ ئەوەی بیسەلمێنن كە سیخورِ نین، ئەمەش لە قورئان باس نەكراوە پاشان كە لەگەل بنیامین گەرِانەوە یووسف بنیامینی بە تۆمەتی دزینی پەرداخەكەی گرت ئەوانیش بەرگرییان لە بنیامین كرد ئینجا یووسف خۆی بەوان ناساند، بەم جۆرە براكانی یووسف سیّ جار چوونە میسر بەلاّم قورئان دەیكاتە چوار جار.

* * * *

جگە لە رِەخنە گشتییەكە ئەویش ساغنەبوونەوەی دروستیی هەموو باسەكانو وردەكارییەكانی تەوراتی بەردەستمان بۆ ئەوەی بیكەنە بناغە بۆ زانینی دروستیی قورئان، رِەخنەیەكی ترمان هەیە:

باسەكەی تەورات شتێكی نارِێكی هەیە ئەویش گرتنی بنیامین كە شتێكی زیادەیە لەبەر ئەوەی یووسف یەكسەر لەویّ خۆی ناساند، بەواتایەكی تر یووسف پیلانێكی گێرِا، كە تۆمەتی دزیكردن بوو، بۆ ئەوەی بنیامینی برای لای خۆی گل بداتەوەو براكانی تر برِۆنەوە بەلاّم كە براكانی باسی حالّی خۆیانو باوكیان كرد دەستی كرد بە گریانو خۆی ناساند، ناشزانین چۆن یووسف دەیویست پاش گەرِانەوەی براكانی باوكی بزانێت خۆی یووسف بووەو بچێتە میسر بۆ لای، بەلّكو لە چیرۆكەكە هیچ نەخشەیەكی یووسف دیار نییە بۆ هاتنی باوكی. رِەنگە لەبەر ئەوەش بێت قسەیەكی یووسف زیادكراوە (تەكوین ٤٥: ٣) دوای ئەوەی خۆی بە براكانی ناساند ئەویش كاتێك پرسیاری

لێ کردن: ((باوکم هێشتا زیندووه؟))، ئەم پرسیارەش لە جێگەی خۆی نییە چونکە یووسف دەیزانی باوکی ماوە لەبەر ئەوەی هەر لەو شوێنەو پێش ئەو پرسیارەو پاش ئەوەی بڕیاری دا بنیامین گل بداتەوه پێی وتن: ئێوەش بەئاشتییەوه بچن بۆ لای باوکتان (تەکوین ٤٤: ١٧)، یەکسەریش یەهوودا قسەیەکی دوورودرێژی لەگەڵ دەکاتو باسی باوکی دەکات کە پیرەو دڵی بە بنیامینەوه بەستراوەتەوەو ئەگەر بزانێت ونبووه دەمرێت (تەکوین ٤٤: ١٨ بەدواوه)، دیسانەوه یەکسەریش یووسف خۆی دەناسێنێتو دەپرسێت: باوکم هێشتا زیندووه؟(تەکوین ٤٥: ١ بەدواوه)، بۆیه وای بۆ دەچین پرسیارەکە زیادەیەکە بۆ پڕکردنی ئەو کەلێنەی باسمان کرد، واتە ئەگەر بنیامین لای یووسف بمایەوه، براکانی تریشی بڕۆشتنایەوه لای باوکیان باسی چوونی یەعقووب بۆ لای یووسف نەدەکرا، بەڵکو پێویستیشی دەکرد جارێکی تر لەسەر فەرمانی باوکیان بچوونایه لای یووسف. کەواتە وا دیاره لەم شوێنەو بۆ کورتی شتێک پەڕێنراوه کە زنجیرەی ڕووداوەکان تەواو بکاتو ببێتە هۆکار بۆ چوونی یەعقووب هەروەها بۆ ئەوەی پیلانەکەی یووسف بۆ گلدانەوەی بنیامین وەکو شتێکی زیاده دەرنەکەوێت.

گێڕانەوەکەی قورئانە ڕێکتره چونکە پیلانەکەی یووسف بۆ هێشتنەوەی بنیامین بوو تا لای خۆی گلی بداتەوەو لەو برایانەی ڕزگاری بکات. براکانی یووسف جگە لە گەورەکەیان دەگەڕێنەوه لای باوکیانو پاشان بەفەرمانی باوکیان دەگەڕێنەوه بۆ لای یووسف ئینجا یووسف خۆی دەناسێنێت، لەم سیاقەش پیلانەکەی یووسف شتێکی زیاده نییه.

٢٩-کراسێکی سیحری

((اذْهَبُواْ بِقَمِيصِي هَذَا فَأَلْقُوهُ عَلَى وَجْهِ أَبِي يَأْتِ بَصِيرًا وَأْتُونِي بِأَهْلِكُمْ أَجْمَعِينَ- يوسف: ٩٣)).

عبدالفادی قسەی موجاهید، موفەسیری بەناوبانگ کە لە ئیبنو عەبباس تەفسیر دەگێرێتەوە، دەهێنێتەوە کە ئەو کراسەی یووسف کە دای بە براکانی بۆ ئەوەی بیدەن بەسەر دەموچاوی یەعقووبی باوکیو ئەویش چاوی چاکبووەوە.. ئەوە هی ئیبراهیم بوو و دواتر دای بە ئیسحاقو ئیسحاق دای بە یەعقووبو کە یووسف گەورە بوو یەعقووب کردیە ناو قامیشێکی زیو و وەکو نوشتە بە ملی هەڵیواسی. ئەو کراسەی ئیبراهیم ئەوە بوو کە جبریل لە ئاوریشمی بەهەشت بۆی هێنا پاش ئەوەی جلەکەیان لەبەر داکەندو خستیانە ناو ئاگر..تاد.[208]

عبدالفادی دەپرسێت چۆن خەڵکی زەوی جلی بەهەشت لەبەر دەکەنو چۆن موعجیزە دەکات بۆ ئەوانەی کراسەکە بووە میراتییانو چیی بەسەرهاتووەو ئایا گاڵتە بەو کەسانە ناکەین کە نوشتە دەکەنە ملو بەری مندالەکانیان...

پێویست ناکات هیچ وەڵامی عبدالفادی بدەینەوە چونکە ئەمەی نەقڵی کردووە قسەیەو پەیوەندیی بە قورئانەوە نییەو گێڕانەوەکەش دروست نییە، بۆیە نەقڵمان کرد بۆ ئەوەی خوێنەر بزانێت چۆن تەفسیری بێبنەما، بەتایبەتیش کە بەناوی موفەسیرانی ناودار دەلکێنرێت، زیان بە ئیسلام دەگەیەنێت.

---

[208] بڕوانە بۆ ئەوە تەفسیری قورتوبی، ١١، ص ٤٤٦. گێڕانەوەکە لە (السُدّی) لە باوکییەوە لە موجاهید. هەروەها بڕوانە تفسیر البغوی، مجلد ٤، ج١٣، ص ٢٧٥ کە تەنها ناوی موجاهیدی هێناوە، لە (الضحاك)یشەوە کراسێکی بەهەشت بوو.

نـــووح

٧-نووح داوای گومڕایی دەکات

((وَلَا تَزِدِ الظَّالِمِينَ إِلَّا ضَلَالًا-نوح: ٢٤)).

عبدالفادی دەپرسێت: چۆن نووح داوا لە خوداکەی دەکات خەڵکی زیاتر گومڕا بکەن؟ خوداش سەرچاوەی گومڕایی نییەو نووح حەز بە گومڕایی ناکاتو مێژووی پیرۆز شایەتیی ئەوەی بۆ دەدات: نووح پیاوێکی چاکەکاری کامڵ بوو لەناو نەوەکانی خۆی (تەکوین٦: ٩)، هەروەها ((نووح وەعزی چاکەکاریی دەکرد)) (٢پوتروس ٢: ٥)

* * * *

ئایەتەکە هەمووی: وَقَدْ أَضَلُّوا كَثِيرًا وَلَا تَزِدِ الظَّالِمِينَ إِلَّا ضَلَالًا.

نووح داوای گومڕایی کێی کردووە؟ هەر قەومەکەی خۆی بووە و هەمووش کەللەڕەق بوون. ئینجا دوعاکە بۆ ستەمکارانە نەک بۆ هەموو خەڵکی. عبدالفادی کە دەڵێت نووح لە مێژووی پیرۆز بە پیاوێکی چاکەکار ناوبراوە نەک پیاوێکە دوعا لە خەڵك دەکات دەیسەلمێنێت کە ئاگای لە تەورات نییە چونکە لە تەورات بەشێوەیەکی خراپتر وێنەکراوە. لە تەورات هاتووە کاتێك خودا بینی خراپەکاریی مرۆڤ لە زەوی زۆر بووە خەفەتی خوارد کە مرۆڤی دروست کردبوو و وتی ئەو مرۆڤە لەسەر ڕووی زەوی دەسڕمەوە کە دروستم کردووە، مرۆڤ و ئاژەڵەکانو باڵندەکانی ئاسمانیش (تەکوین٦: ٥-٧).[209]

١٤-خنکانی کوڕەکەی نووح

((وَهِيَ تَجْرِي بِهِمْ فِي مَوْجٍ كَالْجِبَالِ وَنَادَى نُوحٌ ابْنَهُ وَكَانَ فِي مَعْزِلٍ يَا بُنَيَّ ارْكَب مَّعَنَا وَلاَ تَكُن مَّعَ الْكَافِرِينَ * قَالَ سَآوِي إِلَى جَبَلٍ يَعْصِمُنِي مِنَ الْمَاء قَالَ لاَ عَاصِمَ الْيَوْمَ مِنْ أَمْرِ اللّهِ إِلاَّ مَن رَّحِمَ وَحَالَ بَيْنَهُمَا الْمَوْجُ فَكَانَ مِنَ الْمُغْرَقِينَ –هود: ٤٢– ٤٣)).

عبدالفادى قسەی بەیزاوی دەهێنێتەوە کە کەنعان کوڕی نووحـە و قبوولّی نەکرد لەگەلّ نووح سواری کەشتییەکە بێت ئیتر خنکا. زانراویشە (ئەمـەش قسەی عبدالفادییە) نووح تەنها سێ کوڕی هـەبوو: سـامو حامو یافث و سێ ژنیان هـەبوو، بـەو جـۆرە ئەوانـەی چوونە کەشتییەکە هەشت کـەس بـوون: نووحو ژنەکەیو سێ کوڕەکەیو ژنەکانیان. ئیتر کوا باسی خنکانی کـەنعان؟ زانراویشە کە کەنعان هێشتا لـەدایك نـەببوو. کەنعانیش کوڕی نووحی نـەبوو بەلّکو کوڕی حام بوو ئەویش پاش لافاوەکە (تەکوین:١٠ ١ و ٦ و ١٥).

* * * *

بەیزاوی (ج٣، ل ٢٣٥) باسی خوێندنەوەی تری ڕستەی (ونادی نوح ابنه) دەکات ئەویش (ونادی نوح ابنها) واتە کوڕی ژنەکەی کە بـەخێوی کردووه... ئیتر هەموو ئەمانە قسەنو دەکرێنه مالّ بەسەر قورئان ئەگینا قورئان باسی نەکردووه ئەو کوڕەی نووح کێ بوو و ناوی چی بوو، ئەوەی تـەوراتیش باسی دەکات ئەکید نییه واتە ناوی کوڕەکانی نووح و ئەوەش ئەکید نییه بەڕاستی کەنعان کوڕی حام بووه، بەلّکو ئاشکراشه بۆچی کەنعان کراوەتـە کوڕی حام وەك لەخوارەوه باسی دەکەین.

کەنعان لە هەزاری دووەمی پێش زاین وەك زاراوەیەکی جوگرافی بـریتی لـە زەوییـەکانی ڕۆژهـەلّاتی دەریـای ناوەڕاست کە ڕۆژئـاوای ڕوبـاری ئـوردونن، هـەروەها فینیقیا (زەوییەکانی کەنار دەریا لە لوبنانو بەشێکی کەناری دەریا

لە سووریاو فەڵەستین)و بەشێکی باشووری سووریا.[210] هیچ ناوبردنێکی
ئەکیدیش نییە بۆ ئەو زاراوەیە لە هەزاری سێیەمی پێش زاین.[211] یەکەم
ناوبردنی کەنعانیش لە لەوحێکی مێخیی شاری ماری[212] لە سەدەی هەژدەیەمی
پێش زاین بوو.[213] کەنعان لە دەقە میسرییەکانیش دەردەکەوێتو یەکەم جار
ناوبردرێت لەسەردەمی ئامنحوتپی دووەم (١٤٥٤–١٤١٩ پ.ن) بوو[214] و دواتریش
لە نووسینی فیرعەونەکانی تریش هاتووەو لە سەردەمی ڕەمسیسەکان بەپاڵ
ولاتی کەنعان شاری کەنعان هەبوو کە ئەمیان شێوازێکی تری ناوی شاری

---

[210] James M. Weinstein, *Canaan*, in; Oxford Encyclopedia of Ancient Egypt, vol. 1, p.227.
[211] *ibid.*

[212] ماری شارێکە لە سووریا لەسەر فورات ماوەیەک دەوڵەتێکی سەربەخۆ بوو و ماوەیەك
سەر بە ئاشوورییەکان بوو و حامورابیی بابل پاش ئەوەی ماوەیەك هاوپەیمانی بوو وێرانی
کردو ناوی سڕایەوە لە مێژوو. بیعسەیەکی فەڕەنسی لە سییەکانی سەدەی بیست کاری
تێ کردو هەزاران دەقی مێخیی دۆزییەوە کە بەشێکیان نامە بوون لە فەرمانڕەوایانی
شارەکە یان بۆ ئەوان هاتبوون جگەلە نامەی تریش. نامەکانی ماری کە لەناو مێژووناسانو
شوێنەوارناسان زۆر ناودارن زانیاریی بەنرخو زۆریان پێشکەش کرد دەر بارەی سیاسەتو
جەنگو کاری دیپلۆماسیو سیخوڕیی ئەو سەردەمانەو بەشێك لەو زانیارییانە پەیوەندییان
بە کوردستانی کۆنەوە هەیە.

[213] J. Weinstein, ibid.
[214] ibid, p.228.

ئەم سەرچاوەیە، واتە مەوسووعەی ئۆکسفۆردی تایبەت بە میسری کۆن، مێژووی ((بەرن))
بەکاردەهێنێت، بەپێی مێژووی ((نزم)) یش ئامنحوتپی دووەم لە ١٤٢٧–١٤٠٠ پ.ز
حوکمی کردووە. لە مێژووی میسری فیرعەونی دیاریکردنی ساڵی فەرمانڕەوایی پادشاکان
جیاوازیی هەیەو مێژووی نزمو بەرز هەیە. لە پادشانشینی نوێ جیاوازییەکە نزیکەی
چارەکە سەدەیەکە، لە پادشانشینی ناوەڕاستو کۆنیش لە پەنجا ساڵ زیاترەو بۆ بنەماڵە
کۆنترەکان لەوە زیاترە:

W. A.Ward, in; Encyclopedia of the Archaeology of Ancient Egypt, p.273.

جیاوازی لەو جۆرەش لە مێژووی ولاتی دووروبار هەبووەو کاتی خۆی سێ جۆر بوو: درێژو
ناوەڕاستو کورت، بەلام ئێستا تەنها ناوەڕاستو کورت بەکاردێن. کۆنترین ساڵیش کە
بەوردی دەستنیشان کرابێت لە مێژووی میسر ساڵی ٦٦٤ی پێش زاینەو لەوە بەدواوە
ساڵەکانی بەپێی فەرمانڕەوایی پادشاکانو بەپێی هاوچەرخێتیی پادشایانی ولاتە جیاکان
دەستنیشان کراون.

(غەززە) بوو[215] یەکێك لەوانەی لەسەردەمی ئەو ناوی کەنعان هاتووە رەمسیسی دووەمە کە پاڵێوراوێکی بەهێزە بۆ ئەوەی بە فیرعەونەکەی موسا بزانرێت.

لەبەر ئەوە ئاشکرایە کە زاراوەی کەنعان کە لە کاتی دەرچوونی ئیسرائیلییەکان لە میسر هەبووەو ناوچەیەکی فراوان بووە دزەی کردووە بەناو باسەکانی تەوراتو لەوەوە ناوی ئەو ناوچە گرنگە دراوە بە ناوی کوڕەزایەکی نووح، واتە ناوی ناوچەکە سەرچاوەی ناوی کەسەکەیە. ناوێکیش ئەوە سەرچاوەکەی بێت بایەخ بۆ باسکردنی لە تەورات یان لای موفەسیرەکانی قورئان کە شتی زۆریان لە جوولەکە وەرگرتووە نابێتو بەم جۆرە ڕەخنە لە قورئان بەپشتبەستن بە قسەی بەیزاوی کارێکی بێ بنەمایە، هەروەها بەر لەوەی ڕەخنە لە موفەسیرەکان بگیرێت (کە هەقە ڕەخنەیان لێ بگیرێت) پێویستە ڕەخنە بگیرێت لە باسەکانی جوولەکە کە خنراونەتە ناو تەورات.

لێرەش پێکەوەبەستنێك هەیە لەنێوان کەنعان کوڕی حامو کەنعانییەکان. کەنعانییەکان کە بتپەرست بوونو دوژمنی ئیسرائیلییەکان بوون خنراونەتە ناو تەورات کە ئەمانە نەوەی کەنعانو حامی باوکی کەنعان کاری نەشیاوی کردبوو. بەپێی تەورات نووح سەرخۆش ببوو و لەناو ڕەشماڵەکەی خۆی ڕووتکردبووەوە، حامیش باوکی بینیو بە دوو براکەی تری وت ئەوانیش چۆن باوکیان داپۆشی بێئەوەی تەماشای بکەن ئینجا کە نووح ئەوەی زانی بەرەکەتی بۆ سام داواکردو دوعای بۆ یافت کردو لەعنەتی لە کەنعان کردو کە ببێتە کۆیلەی سامو یافت (تەکوین ٩: ٢١–٢٧). تەوراتی بەردەستیش تەئکید لەسەر کەنعان دەکات کاتێك دوای ئەوەی باسی ئەوە دەکات کە کوڕەکانی نووح کە لە کەشتییەکە دەرچوون سامو حامو یافث دەڵێت: حامیش باوکی کەنعانە (تکوین ٩: ١٨)، ئینجا باسی کردەوەکەی حام دەکات.

---

[215] J. Weinstein, *op. cit.*, p.227.

هەر بۆیەش سەیر نییە کە مصراییم، باوکی میسرییەکان، بکرێتە کوڕی
حام، بەڵکو بەشێوەیەکی گشتی ئەوانەی کە دژ بە خودان لە نەوەی حام بوون
وەک نیمرۆد کوڕی کووش کوڕی حام کە لە خاکی شینعار بوو (کە لەو خاکەوە
بابلییە کلدانییەکان پەلاماری جوولەکەیان دا)، لە خاکی نیمرۆدیش ئاشور
دەرچوو (ئاشورییەکانیش دژی جوولەکە جەنگابوون)، فەلەستینییەکانیش کە
دیسان دژی جوولەکە شەڕیان کردبوو لە نەوەی میصراییم بوون، لە کەنعانیش
خاتییەکانو یەبووسییەکانو ئامورییەکانو گرگاشییەکان.. تاد (تکوین ١٠:
١—٢٠)، کە گوایە خودا بەڵێنی دابوو بە ئیبراهیم خاکی ئەم چوارە گەلە لەگەڵ
کەنعانییەکان (لەگەڵ گەلی تریش) بداتە نەوەکەی (تکوین ١٥: ١٨—٢١).

لەمەشەوە ئاساییە بزانین بۆچی کەنعان بووە ئەو کوڕەی نووح کە لە خودا
یاخی ببوو و لەگەڵ خەڵکەکەی خنکاو دەزانین سەرچاوەی ئەو باسەی
موفەسیرەکانی قورئان کێ بوو.

۱۹- نزم و بێ ئەرزشەکان شوێنی نووح نەکەوتبوون

((وَلَقَدْ أَرْسَلْنَا نُوحًا إِلَى قَوْمِهِ إِنِّي لَكُمْ نَذِيرٌ مُّبِينٌ * أَن لاَّ تَعْبُدُواْ إِلاَّ اللَّهَ إِنِّي أَخَافُ عَلَيْكُمْ عَذَابَ يَوْمٍ أَلِيمٍ * فَقَالَ الْمَلأُ الَّذِينَ كَفَرُواْ مِن قَوْمِهِ مَا نَرَاكَ إِلاَّ بَشَرًا مِّثْلَنَا وَمَا نَرَاكَ اتَّبَعَكَ إِلاَّ الَّذِينَ هُمْ أَرَاذِلُنَا بَادِيَ الرَّأْيِ وَمَا نَرَى لَكُمْ عَلَيْنَا مِن فَضْلٍ بَلْ نَظُنُّكُمْ كَاذِبِينَ – هود: ۲۵-۲۷)).

((وَجَعَلْنَا ذُرِّيَّتَهُ هُمْ الْبَاقِينَ-الصافات: ۷۷)).

عبدالفادى دەڵێت قورئـان باسـی ئـەوەی کـردووە کـه نزمـەکان‌و بـێ ئەرزشەکانی قەومی نووح باوەڕیان پێ کردبوو، بەڵام بەپێی تـەوراتو ئینجیل کـەس لـه قەومەکـەی باوەڕی پـێ نـەهێنابوو و ئـەوانـەی لەگـەڵ چـوونه ناو کەشتییەکه ژنەکەی‌و کوڕەکانی و ژنـەکانی کوڕەکانی کـه ئەمانه نـزم‌و بـێ ئەرزشن. لەلایەکی ترەوه عبدالفادى ئایەتەکەی سووورەتی (الصافات) دەکاتـه بەڵگه که خودا نەوەی نووحی هێشتەوه، کەواته ئەو قسەیەی لـەنێوان نـووح‌و قەومەکەی که هەندێك لـه قەومەکـەی باوەڕیان پـێ هێنابوو قسـەیەکه ڕووی نەدابوو.

عبدالفادى که ئایەتەکەی صافات دەهێنێتـەوه ئایەتەکەی پێشتری باس ناکات : ((وَنَجَّيْنَاهُ وَأَهْلَهُ مِنَ الْكَرْبِ الْعَظِيمِ –الصافات: ۷۶)) که تەئکیده لەسـەر ئەوەی کەسوکاری لەگەڵ بوون. لەلایەکی ترەوه عبدالفادى نەیتوانیوه کەمێك بیربکاتـەوه تا بزانێت که ڕاسته کەسانێك له قەومی نووح باوەڕیان پێهێنابوو ئـەوانیش ژنـەکانی کوڕەکانی! ئەمـەش هـەمووی ئەگەر بلێین ڕاسته تـەنها کەسوکاری نووح لەگەڵ بوون له کەشتییەکه، بەڵام قورئان شتێکی تر دەڵێت: ((حَتَّى إِذَا جَاءَ أَمْرُنَا وَفَارَ التَّنُّورُ قُلْنَا احْمِلْ فِيهَا مِن كُلٍّ زَوْجَيْنِ اثْنَيْنِ وَأَهْلَكَ إِلَّا مَن سَبَقَ عَلَيْهِ الْقَوْلُ وَمَنْ آمَنَ وَمَا آمَنَ مَعَهُ إِلَّا قَلِيلٌ –هود: ٤٠))، بـەجۆرێك وا تێدەگەین که ئـەوانـەی باوەڕیان پێهێنابوو جگه له کەسوکاری چـەند کەسێکی

کەمن، لە زاوزێی ئەمانەش لەگەڵ نەوەی نووح هەموو نەوەکانی داهاتوو بوونە نەوەی نووح.

سەبارەت بە وەسفکردنی شوێنکەوتووانی نووح بەوەی کە نزمو بێ ئەرزشن ئەوە قسەو تێڕوانینی قەومەکەی نووح بوو بۆ کوڕەکانی نووحو بەتایبەت ژنەکانیان کە ئافرەتن، هەروەها بۆ ئەو خەڵکە کەمەی باوەڕیان هێنابوو.

ئەییووبى پێغەمبەر

دوو پرسیاریش هەن پەیوەندییان بە ئەییووبى پێغەمبەرەوە هەیە:
پرسیارى ژمارە (١٥): ئەییووب کوڕەزاى ئیسحاقەو پرسیارى ژمارە
(٤٩):ژنى ئەییووب.

سەردەمى ئەییووب

١٥- ئەییووب کوڕەزاى ئیسحاقە

((وَوَهَبْنَا لَهُ إِسْحَقَ وَيَعْقُوبَ كُلاًّ هَدَيْنَا وَنُوحًا هَدَيْنَا مِن قَبْلُ وَمِن ذُرِّيَّتِهِ دَاوُودَ وَسُلَيْمَانَ وَأَيُّوبَ وَيُوسُفَ وَمُوسَى وَهَارُونَ وَكَذَلِكَ نَجْزِي الْمُحْسِنِينَ – الانعام: ٨٤)).

ئایەتەکە ئەییووب دەکاتە نەوەى ئیبراهیم، ڕەخنەکەى عبدالفادیش
ئەوەیە ئەییووب لە سەردەمى ئیبراهیم نەبوو. لە پرسیارى ژمارە (٤٩)ش
دەڵێت: زانراوە ئەییووب پێش یەعقووب بوو. کەواتە ئەگەر دوو قسەکەى
عبدالفادى کۆبکەینەوە ئەییووب پێش ئیبراهیم بوو، بەواتایەکى تریش
ئەییووب پێغەمبەرێک بووە لە غەیرى بەنو ئیسرائیل، بەڵکو هەر خۆشى لەم
پرسیارە دەڵێت ئەییووب لە ولاتى عەرەب پەیدا ببوو، بەم جۆرەش لەبیرى
چۆتەوە کە هەر خۆى لە پرسیارى (١٢) دەڵێت پێغەمبەران لە بەنو
ئیسرائیلەوە بوون نەک لە میللەتانى تر.

عبدالفادی قسـەکەی بـەیزاوی نـەقلْ دەکات کە دەڵێت: ئـییووب کورِی (ئاموص)ـە،[216] لە سیبتـەکانی (عیص) کورِی ئیسـحاق، دەشپرسـێت ئاموص باوکی (ئیشعیا)ی پێغەمبەر لەکوێوو ئیییوب لە کوێ؟

وتمان ئـەنجامی قسـەکانی عبدالفادی ئەوەیـە ئـییووب پێش سـەردەمی ئیبراهیم بـووە، بـەڵام هەرچییەك لـەبارەی سـەردەمەکەیەوە دەوتریَت تـەنها قسـەیەو نازانرێت سـەردەمەکەی کـەی بـووە. چـەند بۆچوونیَکیش دەربارەی سـەردەمەکەی هەن: سـەردەمی ئیبراهیم، سـەردەمی تیرەکانی بـەنو ئیسرائیل (کاتێك –بـەپێی تـەلموود/ف.ق– ئـییووب دینای کچی یەعقووبی هیَنا)، کاتی دەرچوونی لە میسر، سـەردەمی قازییـەکان، کاتی گەرِانـەوە لـە ئاوارەییەکـەی بابـل، وتراویشـتە هاوچـەرخی شاژنی (سەبەئ) و ئـەحەشـوێرۆش (پادشـای هەخامەنشـی) بـوو هەنـدێکیش دەڵـین ئـییووب قـەت نـەبووەو باسـەکە چیرۆکێکی رِەمزییە. بۆچوونی زۆر بلاویش سـەردەمی مووسا بوو و راوێژگارییی فیرعەون بوو، تـەنانـەت جوولـەکە ناپێكن ئـەگەر ئـییووب جوولـەکە بووبێت یان نا.[217]

سـەبارەت بەوەش کە خودی مووسا ئەو کتێبەی ئـییووبی نووسیبوو یان تـەنانـەت پـێش مووسـاش بـووە" بـەپێی رِەخنـەگرێکی نوێ کـەس ئیَستا بەرگری لەو جۆرە بۆچوونانە ناکات[219].

ناوی ئـییووب، جگە لـەو کتێبە ناوی ئەوی هەڵگرتووە، لە کتێبی حـەزقیال (یحیَزکیَل) יְחֶזְקֵאל هاتووە: خودا ئـەو خاکە سـزا دەدات کە گوناه دەکاتو

***

[216] ئامۆص، ئامۆتس אָמוֹץ باوکی ئیشعیا (یەشەعیاهوو) יְשַׁעְיָהוּ. شتێکی وای لـەبارەوە نـەزانراوە، ئـەویش جیایە لە عامۆس עָמוֹס (سـەدەی هەشتـەمی پـێش زایـن) کە ماوەیـەکی کـەم دوای ئامۆص بوو و پێغەمبەرِێکی ناسراوەو کتیَبێك هەیە بەناویەوە.

[217] Judith R. Baskin, *Book of Job* (section: *in the Aggadah*), in; Encyclopaedia Judaica, vol. 11, p.356.

[218] مەبەست لە وشەی ئیَستا کاتی نووسینەوەو بلاوکردنەوەی ئینسکلۆپیدیایی کتیَبی پیرۆز (سالی ۱۹۰۱ یەکەم جار بلاوبووەوە).

[219] T. K. Cheyne, *Book of Job*, in; Encyclopædia Biblica, vol. II, col. 2465.

ئەگەر نووحو دانیال و ئەییووبیش لەوێ بن دەتوانن تەنها خۆیان رزگار بکەن
بەهۆی کردارە چاکەکانیانەوە(حزقیال١٤: ١٤)[220]،

سەردەمی دانیالی پێغەمبەر کە گوایە خاوەنی کتێبی دانیالە لەگەڵ هی
حەزقیال (کە ساڵی ٥٩٢ پ.ز بانگەوازی پێغەمبەرایی کردبوو) زۆر لە یەکەوە
نزیکن، بۆیە هاتنی ناوی دانیال لەگەڵ دوو پێغەمبەری زۆر کۆن جێگەی
سەرنجە. رەنگە ئەمە هۆی ئەوە بێت ئەو دانیالە بە کەسێکی تر بزانرێت کە
زۆر کۆنە. ناوەکە لە دەقی عیبریی کۆن (کە بێ بزوێنەکانە) بریتییە لە دنئل
דנאל و لە دەقی (ماسۆری)ش[221] کە بزوێنەکان بۆ دەقە عیبرییەکان دانراون:
دانیئێل דָּנִיֵּאל. لەهەموو حاڵەتێکیش هێشتا هەر کێشەکە لەناو تەمومژ
دەمێنێتەوەو سەردەمی ئەییووب چارەسەر نەکراوە تا بەدڵنیاییەوە بتوانرێت
رەخنە لە قورئان بگیرێت بەوەی کردوویەتی بە نەوەی ئیبراهیم.

جگە لە کتێبی ئەییووبو ئاماژەکەی کتێبی حەزقیال باسی ئەییووب لە
کتێبێکی تر هەیە کە ناوی (پەیمانی ئەییووب)ـە کە گوایە ئەییووب دەڵێت من
لە کوڕانی عێساو עֵשָׂו (برای یەعقووب)م،[222] بەڵام بێگومان پشت بەوە
نابەسترێتو ئەوەندە هەیە لەم باسەو لە باسەکانی تری جوولەکەو

---

[220] رەخنە لە ناوی دانیال گیراوەو بە نووسینی هەڵە زانراوە کە راستەکەی (حەناك)ـە واتە
ئەخنۆخ:

T. K. Cheyne, *Enoch*, in; ; Encyclopædia Biblica, vol. II, col. 1295.

بەڵام ئەو دانیالەی ئەو دەقە بە دانیالی پێغەمبەر نەزانراوە بەڵکو بە کەسێکی زۆر داناو
راست، سەردەمەکەشی زانراو نییە (هەمان سەرچاوەو ستوونی سەرەوە).

[221] ماسۆرا دەقی تەقلیدیی عیبریی پەیمانی کۆنەو لە سەدەی شەشەمی زاینی دەستی
پێکردو لە سەدەی دەیەمی زاینی کۆتایی پێهات بە مەبەستی رێکخستنیو دیاریکردنی
کتێبە قانوونییەکانو دانای بزوێنەکان بۆی.

[222] M. R. James, Testament of Job, p. 1.

لەم سەرچاوەیەی خوارەوە ئەییووب ئاشکراتر باسی پەیوەندییەکەی لەگەڵ یەعقووب
دەکات بەوەی بە کوڕو کچەکانی دەڵێت: ئێوە لە رەگەزێکی هەڵبژێردراو و رێزلێگیراوی
نەوەی یەعقووبن کە باوکی دایکتانە:

Maarten Wisse, Scripture between Identity and Creativity, p.35.

مەسیحییەکان ئەسڵێك هەیە بۆ قسەی موفەسیرە موسڵمانەکانو ڕەخنەی عبدالفادی لە بەیزاوی، که ناوی عیساو بە عیص دەبات،[223] لەجێی خۆی نییە.

بەیزاوی ڕەچەڵەکی ئەییووبی لە مێژوونووسانە وەرگرتووە بۆ نموونە مێژووی تەبەری که لەڕێگەیەکی لاوازەوە لە وەهب کوڕی مونەببیە و[224] که ئیبنو ئیسحاقی[225] تێیە که ئەییووب کابرایەکی ڕۆمی بووەو کوڕی ئاموص کوڕی رازح کوڕی عیص کوڕی ئیسحاق کوڕی ئیبراهیم بوو.[226] تەبەری دەڵێت غەیری ئیبنو ئیسحاقیش دەڵێت: کوڕی مووص کوڕی ڕەعویل کوڕی ئەلعیص کوڕی ئیسحاق.[227]

دەمێنێتەوە قسەکەی که ئەییووب که لە وڵاتی عەرەب بوو لەکوێو ئیبراهیمو ئیسحاق که لە خاکی فەڵەستین بوون لەکوێ. بۆ ئەمەش پێویستە باسی شوێنی ئەییووب بکەین

وڵاتی ئەییووب

قورئان باسی دەکات که ئەییووب نەوەی ئیبراهیم بوو، ئەگەر ئەییووب لە دوورترین شوێنی وڵاتی عەرەببیش بووبێت ئایەتەکە کێشەی نییە چونکە ئیسماعیل کوڕی ئیبراهیم بوو و چووبووە ئەو شوێنەی دوایی بووە وڵاتی عەرەبو ڕەخنەکەی عبدالفادی بێ بناغەیە، بەڵام نەك تەنها ئەوە بەڵکو کتێبی ئەییووب باسی وڵاتی عەرەب ناکات.

---

[223] وەك چۆن تەبەری باسی کردووە که ئیسحاق کوڕی دوو کوڕی هەبوو که رفقەی ژنی: عیصرو یەعقووب که بە یەك سك ببوون: ضعیف تاریخ الطبري، مجلد٦، ص٢٢٨.

[224] تابعییەکە که شتی زۆر لە ئیسرائیلیاتو کتێبەکانی ئەهلی کیتابی گێڕاوەتەوە.

[225] خاوەنی کتێبی سیرەتی پێغەمبەر.

[226] ضعیف تاریخ الطبري، مجلد ٦، ص٢٣١.

[227] ئەوەی بێ سەنەد وتووە.

لە کتێبی ئەییوب وتراوە ئەییوب لە ولاتی عووص بوو. عووص (عووتس) **עוץ** (بە ئینگلیزی Uz) وەکو ناوی ولات هاتووە، بەلام هەمان ناو بەکارهاتووە بۆ ناوی مرۆڤ:

عووص **עוץ** کوڕێکی ئارامە کە ئەمیان کوڕی سام کوڕی نووحە (تەکوین۱۰: ۲۳)ن هەروەها عووصێکی تر هەیە کە کوڕی گەورەی (ناحۆڕ)ـە واتە برازای ئیبراهیمە (تەکوین۲۲: ۲۱)، هەروەها عووصێکی تر کە کوڕی (دیشان)ـە کە ئەمیان کوڕی سەعیر **שֵׂעִיר** ی خۆرییە **הֹרִי** (تەکوین۳۶: ۲۸)کە لە ولاتی ئێدۆم **אֱדוֹם** بوون (۳٦: ۲۱). [228] و بەپێی تەکوین (ئێدۆم) هەر (عێساو) **עֵשָׂו** خۆیەتی کە برای یەعقووبەو لە ناوچەی سەعیر نیشتەجێ بوو (تەکوین۳٦: ۸).

سەبارەت بە عووصیش وەك ناوی شوێن بەپێی تێڕوانینی تەقلیدی ناوەکە پەیوەست کراوە هەم بە ناوچەیەك لە باکووری فەلەستینو هەم بە ناوچەیەك لە باشووری فەلەستین. [229] وەك لە لە کتێبی ئەییووبیش هاتووەو شوێنەکەی دیار نییە: پیاوێك هەبوو لە ولاتی عووص **עוץ** ناوی ئەییوب (ئییۆب، ئییۆڤ) **אִיוֹב** بوو. عووص لە (لاواندنەوەکان) [230] وتراوە لە ولاتی ئێدۆمە. لەو دەقە ئەمە هاتووە: دلت خۆش بێت ئەی کچی ئێدوم کە لـە عووص نیشتەجێیە (مراثي ٤: ۲۱). [231]

ناوچەی ئێدۆم باشووری فەلەستینو باشووری ڕۆژئاوای ئوردون بوو ئیتر چۆن عبدالفادی دەیباتە سەر ولاتی عەرەبو بە هەلـەی دەزانیت کە لەگەل فەلەستین پەیوەست کراوە؟ بەپێچەوانەشەوەو وەك باسمان کرد ئێدۆم بە

---

[228] بۆ ئەمانەو قسەکردن لەسەریان بڕوانە:

T. K. Cheyne, *Uz*, in; Encyclopædia Biblica, Vol. IV, 5238-9.
[229] *ibid.*, 5238.

[230] ئەو لاواندنەوانە بەهی ئیرمیای پێغەمبەر زانراونو لەناوبردنی قودس وتراون کە سالی ۵۸٦ پێش زاین بوو.

[231] یان لەوانەیە عووص نەبێت بەلکو تێکدانی وشەی ئارص (ئارتس) ، واتە خاك یان ولات، بێت یان دووبارەکردنەوەی وشەی خاکە کە پێش ئەو وشەیە هاتووە:

T. K. Cheyne, *ibid.*

عێساو، برای یەعقووب، پەیوەست کراوە چونکە عێساو بە باوکی ئێدۆم لە تەورات ناوبراوە.

لەسەر قسەکەی بەیزاویش لە پرسیاری (٤٩) کە دەڵێت وتراوە ژنەکەی ئەییوب (لیا)ی کچی یەعقووبە وتراویشە (رەحمە) کچی (ئەفرایم)ی یووسفە عبدالفادی دەنووسێت: زانراوە ئەییووب پێش یەعقووبو یووسف بوو ئیتر چۆن کچی یەعقووب دەهێنێت یان کوڕەزای یووسف دەهێنێت؟ وتیشمان هیچی ئەکید لەبارەی سەردمی ئەییوبەوە نەزانراوەو بەیزاوی هەرچییەکی نەقڵکردووە لەسەرچاوەکانی جوولەکەو مەسیحییەکانی نەقڵکردووە.

خۆڕاگریی ئەییووب

٤٩-ژنی ئەییووب

((وَخُذْ بِیَدِكَ ضِغْثًا فَاضْرِب بِّهِ وَلَا تَحْنَثْ إِنَّا وَجَدْنَاهُ صَابِرًا نِعْمَ الْعَبْدُ إِنَّهُ أَوَّابٌ — ص: ٤٤)).

عبدالفادی لە پرسیاری ژمارە ٤٩ و لەبارەی ژنەکە ئەییووبەوە دەڵێت:

١-ئەییووب ئارامگرو بەحیلم بوو چۆن لە ژنەکەی تووڕە دەبێتو هەڕەشەی لێدەکات سەد جەڵدەی لێ بدات تەنها لەبەر ئەوەی خاوەخاوی کردبوو (کاتێک بۆ کارێک چووبوو).

٢-چۆنیش سوێند دەخوات سەد قامچیی لێ بدات بەڵام خودا ئامۆژگاریی دەکات بە سەد چیلکە (راستەکەی: لاسک) [232] یەک جار لێی بدات ئیتر سوێندەکەی ناکەوێت؟

ئەم دوانەشی لە تەفسیری بەیزاوی وەرگرتووە (ج٥، ص٤٩)و شتی لەم جۆرە لە تەفسیرەکانی تر هەیە. [233]

---

[232] ئەگەر باس لە گیا بکرێت بەڵام ئەوە بە شتی تر تەفسیر کراوە، وا دیارە مەبەست لە چەپکێک بوو و باس لە سەد لاسک بێ بناغەیە.

چیرۆکی ئەییووب، وەك لە كتێبی ئەییووب هاتووە، یەكێكە لە بەشەكانی
پەیمانی كۆنو چیرۆكێكی بێتام دووردرێژەو پڕە لە قسەو حیكمەتو سكاڵاو
باسی خودا بەجۆرێك بە دروستكراو دێتە بەرچاومان، بەلای كەمەوە
وردەكارییەكانو قسەكانو موناقەشەكان. ڕەنگە لەبەر ئەوەشە هەندێك زانای
جوولەكە بە ڕووداوێكی ڕاستەقینەیان نەزانیوە. كورتەی ئەو چیرۆكەش
ئەوەیە شەیتان بە خودا دەڵێت ئەییووب بێ بەرامبەر خواپەرستی ناكات
خوداش پێ دەڵێت: بچۆ زیانی لێ بدە بەڵام دەست لەخۆی مەدە، ئەویش

---

²³³ تفسیر ابن كثیر، ج ٧، ص٧٦. هۆكەش لەو تەفسیرە: وترا پرچی فرۆشتو بەپارەكەی
خواردنی بۆ كڕی، وتراش لەبەر هۆی تر. لە تەفسیری (الفخر الرازی)ش: ناكۆك بوون
سەبارەت بە هۆی سوێندەكەی ئەییووب. الرازی بەدووری دەزانێت هۆكە ئەوانە بن كە
باس كراون وەكو ئەوەی هانی مێردەكەی دابوو بەقسەی شەیتان بكات بۆ ئەوەی
چاكبێتەوە یان لەبەر ئەوەی پرچی فرۆشتبێت بۆ كڕینی خواردنو دەڵێت نزیكتریان
ئەوەیە بۆ كارێك چوو و دواكەوت: تفسیر الفخر الرازی، ج٢٦، ص٢١٥، پێشتریش چیرۆكێك
دەگێڕێتەوە كە ئەو قسەیەی شەیتانی تێ هاتووە (ص٢١٢). قورتوبی لە تەفسیرەكەی
چوار قسە نەقڵ دەكات: تفسیر القرطبی، ج١٨، ص٢١٧—٢١٨. پێش ئەوەش باسی
چیرۆكەكەو شەیتانو ژنی ئەییووبو ئەو قسانە دەهێنێتەوە سەبارەت بە هۆی
نەخۆشییەكەیو دوایی هەموویان پووچەڵ دەكاتەوە، ئێنجا قسەی قازی ابن العربی
دەهێنێتەوە كە هیچ شتێك لەبارەی ئەییووبەوە نەهاتووە جگە لە دوو ئایەتو یەك لە پیت لە
فەرمووده لەبارەیەوە ڕاست نییە جگە لە یەك فەرمووده (كە پەیوەندیی بە
نەخۆشییەكەیەوە نییە)و دەڵێت كەواتە چۆن ئەو باسە بیسترا؟ ئیسرائیلیاتیش لای
زانایان بەتەواوەتی ڕەفز كراوە بۆیە تەماشایان مەكەو گوێیان لێ مەگرە (ص٢١٢—٢١٥).
جێگەی تێبینیشە كە دواییو وەك وتمان لەبارەی سوێندخواردنەكەی ئەییووب چوار هۆ
دەهێنێتەوە كە یەكەمیان هی ئێبنو عەبباسە (صەحابییە ناودارەكە كە بە تەرجومانی
قورئان ناسراوە)و دووەمیان هی سەعید كوڕی موسەییبە (گەورە تابیعی فەرموودەی لە
ژمارەیەك صەحابی بیستبوو)و سێیەمیان هی یەحیا كوڕی سەللامە (موفەسیرو
فەرموودەزانو عەرەببیزان كە ژمارەیەك تابیعیی بینیبوو)و غەیر ئەو، بۆ چوارەمیش ناوی
كەسی نەوتووە (ص٢١٧—٢١٨)، بەڵام ئەو هۆیانەش لەو قسانەن كە قورتوبی بەو
شێوەیەی سەرەوە باسیان دەكات، ئەوەی گرنگە لێرە قسەكەی ئێبنو عەبباسە كە بەر
ئەو وەسفە دەكەوێت، قورتوبیش بەشێوەی لاوازكردن (واتە: وترا) باسی ناكات بەڵكو
دەڵێت (گێڕایەوە یان وتی— حكاه).

دەچێتو دەبێتە هۆی لەدەستدانی منداڵەکانیو ئاژەڵەکانی بەڵام ئەییووب هـەر خۆڕاگر دەبێت. ئـەییووب سـکاڵا لای سـێ هاوڕێـکـەی دەکـات (کـه لـه چیرۆکەکە ناویان هاتووه)و گوناه دەخاتـه بـەر خـودا کـه چاکەکاران سـزا دەداتو واز لـه خراپـەکاران دەهێنێت، ئـەوانیش سەرزەنشتی دەکـەنو ئامۆژگاریی دەکـەن، ئەویش وەڵامیـان دەداتـەوە، بـەو شـێوەیەش هـەر دوو لا قسه دەکـەنو وەڵامی یەکتر دەدەنەوە، دواتر یەکێکی تـر کـه تەمـەنی لـەوان کەمتر بوو و لەوێ بوو و تا ئەو کاته بێدەنگ بـوو لـه ئـەییووب تـوورە دەبێت چونکه وای دانابوو که له خودا باشتره هەروەها لـه سـێ هاوڕێـکـەی ئەییووب تـوورە دەبێت لـەبـەر ئـەوەی وەڵامێکیان نـەبوو و ئـەییووبیان به تاوانبار زانی (ئەییووب ٣٢: ٢)، پاشان گوایه لەناو زریانەوه دەنگی خوا دێت سەرزەنشتی ئـەییووب دەکات (ئەییووب، ئیصحاحی ٣٨ بەدواوه)، بۆ نموونه پێی دەڵێت: من تاوانبار دەکەی بۆ ئەوەی تۆ چاکەکار[234] بی (ئـەییووب ٤٠: ٨) هـەروەها سەرزەنشتی سـێ کەسەکه دەکات.. تاد.

بـەم جۆره عبدالفادی خۆشی نـەیزانیوه چی لـەو چیرۆکەی پـەیمانی کۆن هاتووه کاتێک باسی خۆڕاگریی ئەییووب دەکاتو که به ژنەکەی دەڵێت: ((تـۆ وەکو یەکێک له نەزانەکان قسه دەکەی، خێر له خودا قبووڵ بکـەینو خراپـەی لیێ قبووڵ نەکەین؟))و ئاگای له باقی چیرۆکەکه نییه که چۆن ئەییووب کاتێک سـیێ کەسەکه لا دەبن جنێو به ڕۆژەکەی دەداتو دەڵێت ((خۆزگه ئـەو ڕۆژه لەناوبچووایه که تێی لـەدایک ببووم)) (ئەییووب ٣: ١بەدواوه)، سکاڵای ئەوەش دەکات که خودا چاکەکاران ئازار دەداتو واز له خراپـەکاران دەهێنێتو ئـەوه دەخاتـه پاڵ خوداوه که دەرووخێنێت ئیتر ئەوەی ڕووخاندی بینا ناکرێتەوەو دەرگا لەسەر مرۆڤ دادەخات ئیتر ئەو دەرگایه ناکرێتـەوە (ئـەییووب ١٢: ١٣– ١٤)و میللەتان زیاد دەکات ئینجا لەناویان دەبات (ئەییووب ١٢: ٢٣).. تاد.

---

[234] بۆ زاراوەی (چاکه)و واتا تایبەتەکەی بڕوانه باسی پـۆلس لـەو بەشـەی تایبەتـه بـه لەخاچدانی مەسیح.

دەبوایە عبدالفادی باسی ئەو چیرۆکەی پەیمانی کۆنی نەکردایەو تەنها باسی خۆڕاگریی ئەییووبی لە قورئان بکردایە.

بەڵام تەنانەت ئەوەش بە کەڵک نایەت چونکە چیی تر هەیە بیزانین قورئان نەیوتووە؟ هیچمان نییەو قورئان تەنها ئەمەی وتووە: ((چەپکێک ببەو پێی لێ بدەو سوێنەکەت مەشکێنە−ص: ٤٤)). ئەوەی لەم بەشە ئایەتە دەیزانین ئەوەیە ئەییووب سوێندێکی خواردبوو کە بەپێی سیاقەکە ئەوە بوو لە کەسێک بدات، بەڵام کەسەکە کێیەو سوێندخواردن بۆ لێدانەکە لەبەر چی بووە؟ قورئان هیچمان پێ ناڵێت، باسی ژمارەی لێدانەکانیشمان بۆ ناکات. ئێمە هەر ئەو ئایەتە دەزانین، لەوەش بەدواوە قسەی موفەسیرەکان، هەر کەسێک بن، بەڕێزەوە لەسەر رەفەیەک دادەنێین، عبدالفادیش با بە ئارەزووی خۆی پشت بەو تەفسیرانە ببەستێتو بە حەزی خۆی نەشارەزایی خۆی لە کتێبە پیرۆزەکەی خۆی بسەلمێنێت.

دەمێنێتەوە بەراوردیی چیرۆکی ئەییووب لەگەڵ چیرۆکەکانی وڵاتی دووروبەر کە عبدالفادی باسی نەکردووە. ئەو چیرۆکانە لای رەخنەگران ئەسڵی چیرۆکە ئیسرائیلییەکەی ئەییووبن، چیرۆکەکانیش ئەمانەن:

١−ناودارترین چیرۆکەو نزیکترینیان لە چیرۆکی ئەییووب چیرۆکێکی بابلییە بەناوی (خودای دانایی شکۆمەند بکەم)، کە دەگەڕێتەوە بۆ سەردەمی کاشییەکانو[235] زیاتر بە ناوە نوێکەی: ئەییووبی بابلی ناسراوە. پاڵەوانی چیرۆکەکە پیاوێکی دەوڵەمەندی خوداناسە کە خوداوەندەکان پشتی بەردەدەنو ئاغاکەی لێی تووڕە دەبێتو پیاوە گەورەکان پیلانی لەدژ دەگێڕنو تەنانەت کەسوکاریشی خراپ مامەڵەی لەگەڵ دەکەن، بەڵام هەر باوەڕی بە دادپەروەریی قەدەر دەکاتو کە رۆژی رزگاری دێت، دواییش ئەو

---

[235] کاشییەکان خەڵکی لوڕستانی کوردستان بوونو لە سەدەی ١٦ی پێش زاینی وڵاتی دوو روباریان داگیرکردو بۆ زیاتر لە چوار سەدە فەرمانڕەواییان کرد (١٥٩٥−١١٥٧پ.ن).

رۆژە دێت. [236] لەو چیرۆکە پاڵەوانەکە هاوشێوەی ئەییووب دەوڵەمەندو خوداناس بوو، هاوشێوەی ئەویش هەموو کەس، بەکەسوکارییەوە، جێی دەهیڵێن. هۆی نەهامەتییەکانی ئەییوبیش ئەوە بوو خودا تەسلیمی بە شەیتان کردبوو، لە چیرۆکە بابلییەکەش هۆکە ئەوە بوو مەردوخ، گەورە خوداوەندی بابلی، لەگەڵ خوداوەندەکانی تر تەسلیمیان کردبوو بۆ خەڵکە خراپەکە. [237]

٢-چیرۆکی دووەم، کە پێدەچێت هی کۆتایی سەردەمی کاشی یان سەرەتای هەزاری یەکەمی پێش بێتو حیوارێکە لەنێوان پیاوێکی بەئازارو هاوڕێیەکی دانا کە دڵنەوایی دەکات. شێوازی ئەم چیرۆکە جیاوازەو ئەو کەسەی تووشی نەهامەتی بووە گومانو گاڵتەجاڕیی خۆی پیشان دەداتو کار دەگاتە رادەی کوفر کردن. [238]

٣-لەو دووانەش کۆنتر چیرۆکێکی سومەرییە کە لە پێنج بەش پێکهاتووە بەم شێوەیە: پێویستە مرۆڤ خزمەتی خوداوەندەکانی بکات، ئەو کەسەی تووشی نەخۆشیو بەدبەختی بووە بە فرمێسکو دوعا روودەکاتە خوداوەندەکەی، بەشەکە گەورەکەش پاڕانەوەکانی ئەو کەسەیە، کۆتاییەکی باش کاتێک خوداوەند پاڕانەوەکانی قبووڵ کرد، دواییش شکۆمەندکردنی خوداوەندەکەی. [239]

---

[236] بۆ کورتەی چیرۆکەکە بڕوانە: د. فاضل عبدالواحد علی، من الواح سومر الی التوراة، ص٣٧٩-٣٨٩، طه باقر، مقدمة فى ادب العراق القديم، ص١٤٨-١٥٠. بۆ وەرگێڕانی تەواوی چیرۆکەکەش:

Robert H. Pfeiffer, Akkadian Observations on Life and the World Order, *"I will praise the Lord of Wisdom"*, in; ANET, pp.434-437.

[237] د. فاضل عبدالواحد علی، من الواح سومر الی التوراة، ص٣٨٩.

[238] بۆ کورتەکەی بڕوانە: د. فاضل عبدالواحد علی، من الواح سومر...، ص٣٧٧-٣٧٩، طه باقر، مقدمة فى ادب العراق القديم، ص١٥٢-١٥٣. بۆ وەرگێڕانی تەواویشی:
Robert H. Pfeiffer, Akkadian Observations on Life and the World Order, *"A Dialogue about Human Misery"*, in; ANET, pp.438-440.

[238] د. فاضل عبدالواحد علی، من الواح سومر الی التوراة، ص٣٨٩.

239 S. N. Kramer, *Man an his God, A Sumerian Variation of "Job" Motif*, in; ANET, p.589.

هیچ لەمانەش نابنە سەرچاوە بۆ چیرۆکە قورئانییەکەی ئەییوب چونکە ئەوەی لە قورئان هاتووە تەنها باسی ئارامگرتنی ئەییوب لەگەڵ ئاماژەیەکی ناڕاستەوخۆ بۆ لەدەستدانی ماڵو کەسوکاری، کە ئەمە حاڵەتێکە لە هەموو کۆمەڵگەو سەردەمێک ڕوودەدات، بەڵام چیرۆکەکەی پەیمانی کۆن شتێی زۆری لەخۆ گرتووە کە لەو چیرۆکانەی سەرەوە بچنو بەتایبەتی چیرۆکی ئەییوبی بابلی، بۆیە دەکرێت چیرۆکی ناو پەیمانی کۆن ئەسڵێکی ڕاستەقینەی تێکەڵ بە باسەکانی چیرۆکە بابلییەکە کردبێت، بەتایبەتیش ئەگەر تێبینی بکەین، وەك پێشتر باسمان کرد، کە چیرۆکی پەیمانی نوێ باسی خۆڕاگریی ئەییوب دەکات بەڵام ناوەکەی پڕە لە بێئارامیو سکاڵا کردنو دووری لە خۆڕاگری.

وەرگێڕانی هەموو چیرۆکەکەش لە لاپەڕە ٥٨٩–٥٩١. بڕوانە کورتەکەی لە: د. فاضل عبدالواحد علی، من الواح سومر..، ص٣٧٦.

۱۲-هەر ئوممەتێك پێغەمبەرێك لەخۆی بۆی دەنێردرێت

((وَلِكُلِّ أُمَّةٍ رَّسُولٌ فَإِذَا جَاء رَسُولُهُمْ قُضِيَ بَيْنَهُم بِالْقِسْطِ وَهُمْ لاَ يُظْلَمُونَ-يونس: ٤٧)).

((وَلَقَدْ بَعَثْنَا فِي كُلِّ أُمَّةٍ رَّسُولاً أَنِ اعْبُدُواْ اللّهَ وَاجْتَنِبُواْ الطَّاغُوتَ فَمِنْهُم مَّنْ هَدَى اللّهُ وَمِنْهُم مَّنْ حَقَّتْ عَلَيْهِ الضَّلالَةُ ...– النحل: ٣٦)).

((وَيَوْمَ نَبْعَثُ فِي كُلِّ أُمَّةٍ شَهِيدًا عَلَيْهِم مِّنْ أَنفُسِهِمْ وَجِئْنَا بِكَ شَهِيدًا عَلَى هَؤُلاء...–النحل: ٨٩)).

عبدالفادی دەڵێت بەپێی ئەو دوو سوورەتە مەككییە خودا بۆ هەر ئوممەتێك پێغەمبەرێکی ناردووه که کەسی خۆیانه. کتێبی پیرۆزیش دەڵێت پێغەمبەران له بەنو ئیسرائیلەوەن بۆ ئەوانو بۆ هەموو جیهان، ئینجا عبدالفادی دەپرسێت ئەگەر قسەکانی قورئان راست بن ئەی بۆچی خودا پێغەمبەرانی نەناردووه بۆ ئوممەتەکانی ئەفەریقاو ئەورووپاو ئەمەریکاو ئوستراڵیا که کەسی ئەو ئوممەتانه بن؟

*** * * ***

ئەوه راست نییه که تەورات پێغەمبەرانی بەستۆتەوه به بەنو ئیسرائیل چونکه بەنو ئیسرائیل کوڕانو نەوەی یەعقووبن، پێش یەعقووبیش پێغەمبەرانی تر هەبوون: نووح، ئەخنۆخ. تەنانەت ئەوه بۆ ئیبراهیم و ئیسحاق باوکی یەعقووبیش راست نییه.

جگه لەمەش پێغەمبەرانی تر باس کراون که ئیسرائیلی نەبوون ئەگەرچی موناقەشەی ئەوەش کراوه که بەراستی ئیسرائیلین یان نا. تەلموود باسی ئەوەی کردووه که حەوت پێغەمبەر هەبوون له غەیری جوولەکه وەك ئەییووبو بیلعام کوڕی بەعۆر **בִּלְעָם בֶּן-בְּעוֹר**.[240] که ئەمیان له تەورات لەگەڵ

---

[240] ; M. L. Rodkinson, The Babylonian Talmud, Tract Baba Bathra (Last Gate), Ch.1, p.46.

خودا قسه دەكاتو خودا قسەی لەگەڵ دەكاتو وەحیی خودای بۆ دێتو پێشبینی دەكات (كتێبی ژماره ئیصحاحی ٢٢ بەدواوه).

سـەبارەت بـه پێغەمبـەرانی تـر بـۆ ئەفـەریقاو ئـەوروپاو ئـەمـەریكاو ئوسـترالیاش.. نـەبوونی تۆمـار دەربارەی پێغەمبـەران واتـای ئـەوه نییـه نەنێردراون وەك چۆن نەبوونی تۆماری زۆرێك لـه پادشاكانی ئـەو كیشـوەرانه بەڵگه نییه لەسەر ئەوەی پادشایان نەبووه.

<hr>

موناقەشەی ئەوەش دەكرێت كه ئەوانه ئیسرائیلی بوون یان نا و بەتایبـەتی ئـەییووب كه ڕای یەكێكیانه كه ئیسرائیلی نەبوو: هەمان سەرچاوه لاپەڕه ٤٧.

١٣-ئادەم و بتەکان

((هُوَ الَّذِي خَلَقَكُم مِّن نَّفْسٍ وَاحِدَةٍ وَجَعَلَ مِنْهَا زَوْجَهَا لِيَسْكُنَ إِلَيْهَا فَلَمَّا تَغَشَّاهَا حَمَلَتْ حَمْلاً خَفِيفًا فَمَرَّتْ بِهِ فَلَمَّا أَثْقَلَت دَّعَوَا اللّهَ رَبَّهُمَا لَئِنْ آتَيْتَنَا صَالِحاً لَّنَكُونَنَّ مِنَ الشَّاكِرِينَ * فَلَمَّا آتَاهُمَا صَالِحاً جَعَلاَ لَهُ شُرَكَاء فِيمَا آتَاهُمَا فَتَعَالَى اللّهُ عَمَّا يُشْرِكُونَ- الاعراف: ١٨٩- ١٩٠)).

عبدالفادی قسەی موفەسیرەکانو بەتایبەت بەیزاوی دەگێڕێتەوە کە کورتەکەی ئەوەیە کاتێک حەووا سکی پڕ بوو ئیبلیس چووە بۆ لایو لەوە ترساندی کە لەوانەیە ئەوەی سکی ئاژەلێک بێت سەگێک یان بەرازێک (وشەی بەراز زیادکردنی عبدالفادییە) و نازانێت لەکوێیەوە دەردەچێت" لە پاشەوە یان لە دەمی یان سکی هەڵدەدرێتو دەیکوژێت. حەوواش ئەوە بۆ ئادەم دەگێڕێتەوەو تووشی خەفەت دەبن ئینجا ئیبلیس دەچێتەوە لایو دەڵێت: من پلەم لای خودا بەرزە ئەگەر داوا لە خودا بکەم بوونەوەرێکی ڕێک بێتو بەئاسانی لێتەوە دەرچێت ناوی بنێیت عبدالحارث، ناوی ئیبلیسش لای مەلائیکەت الحارث بوو، ئیتر بەردەوام خەریک بوو لەگەڵ حەوواو ئادەم تا ناویان نا عبدالحارث. بەیزاویش سەبارەت بەو ئایەتە (جعلا لە شرکاء فیما اتاهما) منداڵەکانیان ناو نا عبدالعزیو عبد مناف. عبدالفادی دەپرسێت: ئەو چیرۆکە سەیرە لەکوێوە هاتووە؟ عوززاو مەناف کە خوداوەندی عەرەبەکان لەکوێو ئادەم کە لە بەهەشت بوو لەکوێ بۆ ئەوەی بتەکانی عەرەب خوداوەند بن بۆ ئادەمو منداڵەکانی بەناوی ئەوانەوە بنێت؟

دیسانەوەش ئاماژە بۆ وشەی وترا (قیل) نییە کە بەیزاوی بەکاریهێناوەو وتمان بۆ قسەی لاواز بەکاردێت. بەیزاوی دوای گێڕانەوەی ئەو چیرۆکە دەڵێت: شتی لەم جۆرە شایستەی پێغەمبەران نییە (بەرگی ٣، ل ٨٣)، بەڵام عبدالفادی ئەوە نەقلّ ناکات بۆ ئەوەی چیرۆکەکە وەک قبووڵکراو پیشان بدات. ئیتر جگە لە بەیزاوی ناوی موفەسیرەکانی تر ناڵێت.

ئیبنو کەثیر لە باسی ئەو ئایەتە چەند فەرموودەیەك دەهێنێتەوەو لەدوای قسەکردن لەسەریان دەگاتە ئەوەی ئەو باسە قسەی صەحابییەو ڕەنگە لەو جوولەکانــەی بوونــە موسـلّمان وەریگرتبێـت (جـزء ٣، ل ٥٢٧). دواتـریش ڕوایەتەکانی ئیبنو عەبباسی صەحابی دەهێنێتەوە کە چەند تابیعییەك لێیان وەرگرتووەو ژمارەیەکی زۆری سەلەفو خەلەفو کەسانێك کە لە ژماردن نایەن لە موفەسیرەکانی دوایی.. ئینجا دەلێت ئەمە لە قسـەی ئەهلی کیتـاب، ئەو تەفسیرەش هەلّدەبژێرێت کە ئەم ئایەتە تایبەت نییە بە ئادمو حەووا بەلّکو موشریکەکان لە نەوەی ئەوان(٥٢٧–٥٢٨).

١٦-مووسا و خەزر

((فَوَجَدَا عَبْدًا مِّنْ عِبَادِنَا آتَيْنَاهُ رَحْمَةً مِنْ عِندِنَا وَعَلَّمْنَاهُ مِن لَّدُنَّا عِلْمًا-الكهف: ٦٥)).

ئایەتەکە باسی ئەو کەسە دەکات کە لە مووسا زاناتر بوو و وەکو پێغەمبەر باس نەکراوە هەرچەندە ئەو شتانەی دەیزانین لە هی وەحیی پێغەمبەران دەچن. فەرمووده ئەو کەسە بە خەزر (الخضر) نادەبات. تا ئێرە کێشەیەکمان نییه. کێشەکە لەو کاتەوە دەست پێدەکات کە موفەسیرەکان قسە دەکەن. عبدالفادی قسەی بەیزاویی دەربارەی ئەو کەسە هێناوەتەوە کە ئەوەی لێرە جێگەی مەبەست بێت ئەوەیه خەزر ئیلیای پێغەمبەر بووه، کە ئەمە قسەی بەیزاوییه[٢٤١] نەك قورئانو فەرمووده، لەژێر ئەو دیوارەش کە هی دوو کورپه بێباوکەکە بوو گەنجینەیەك هەبووه که ئەمە قسەی قورئانه، لەسەر ئەو گەنجینەیەش چەند حیکمەتێك نووسرابوون که یەکێکیان ئەمەیه: لا اله الا الله محمد رسول الله[٢٤٢]... که ئاشکرایه ئەمەیان قسەی حیکاتخوانەکانه، هەموو ئەو بەسەرهاتەش کاتی ئەسکەندەری زولقەرنەین بوو، ئەویشیان قسەی قورئان نییه.

عبدالفادی دەڵێت مووسا ساڵی ١٥٠٠ پێش زاین لە میسر ژیابوو و ئیلیا ساڵی ٩٠٠ ی پێش زاین لە فەڵەستین ژیابوو و ئەسکەندەر ساڵی ٣٣٢ پێش زاین لە یۆنان ژیابوو ئیتر چۆن شایەتمانی بۆ موحەممەد که لە نیمچە دورگەی

---

[٢٤١] راستەکەی بەیزاوی چەند قسەیەك سەبارەت بە خەزر دەهێنێتەوە که ئیلیاس یەکێکیانه، ج٣، ص ٥١٠.

[٢٤٢] بەیزاوی چەند (وترا)ێك نەقڵ دەکات که یەکێکیان ئەوەیه گەنجینەکە نووسراوی عیلم بوو یان لەوحێکی زێڕ بوو لەسەر نووسراوە: لام سەیر بوو چۆن کەسێك باوەڕ بە قەدەر دەکات ئینجا خەفەت دەخواتو لام سەیر بوو کەسێك باوەڕ بە ڕزق دەکات چۆن ماندوو دەبێت... تاد، لەکۆتایی نووسراوەکەش: لا اله الا الله محمد رسول الله. ج٣، ٥١٧.

٢١١

عەرەب لە سەدەی حەوتەمی زاینی ژیابوو دەدەن؟ چۆن ئەو کەسانە کە هەر یەکێکیان لە سەردەمێکو وڵاتێک بوون لە یەک کاتو لە یەک شوێن کۆببنەوە؟

ئەگەر بەیزاوی بەو زانیارییەی سەردەمی خۆی هەیبوو بگەڕایەتەوە ژیان وەڵامی عبدالفادی دەدایەوە کە موسا لە میسر ژیابوو بەڵام چووبووە دەرەوەی میسرو ئەسکەندەر لە یۆنان بوو بەڵام بە ڕۆژهەڵاتو ڕۆژئاوا گەڕابوو، شایەتمانیش بۆ موحەممەد بە نووسین بوو و ئەو نووسینە باسی دواپۆژی کردووە و باسی کۆبوونەوە لەگەڵ ئەو کەسانە نەکراوە.

بەیزاوی دەڵێت خەزر کاتی فەرەیدوون ژیابوو و لە پێشەوەی لەشکرەکەی ئەسکەندەر زولقەڕنەین بوو و تا سەردەمی موسا مایەوە (ج۳، ص ۵۰۸). هەڵبەت ئەمە بەیزاویو ئەم قسە سەیرەی لەو کەسە وەرگرتووە کە لێی وەرگرتووە، ئێمەش بەو زانیارییەی سەردەممان کە هێشتا هەر کەمن شتی تر دەڵێین وەک: جێگەی گومانە موسا وا کۆن ژیابوو (واتە ۱۵۰۰ پێش زاین) و ئیحتمالی گەورەتر ئەوەیە لە سەردەمی ڕەمسیسی دووەم بووە کە سێ سەدە دوای ئەوە بوو، ئیلیاش بەهەمان شێوە وا کۆن نییە، ئەسکەندەریش ساڵی ۳۳۲ شەڕی لە سووریاو لوبنان دەکردو بەرەو میسر دەچوو نەک لە یۆنان بوو. عبدالفادیش قسەی بێبنەمای هەندێک موفەسیری تێکەڵ بە گێڕانەوەکانی بوخاریو موسلم دەکات.

١٧-تێکەڵکردنی ناوەکان

((وَوَهَبْنَا لَهُ إِسْحَقَ وَيَعْقُوبَ كُلاًّ هَدَيْنَا وَنُوحًا هَدَيْنَا مِن قَبْلُ وَمِن ذُرِّيَّتِهِ دَاوُودَ وَسُلَيْمَانَ وَأَيُّوبَ وَيُوسُفَ وَمُوسَى وَهَارُونَ وَكَذَلِكَ نَجْزِي الْمُحْسِنِينَ * وَزَكَرِيَّا وَيَحْيَى وَعِيسَى وَإِلْيَاسَ كُلٌّ مِّنَ الصَّالِحِينَ * وَإِسْمَاعِيلَ وَالْيَسَعَ وَيُونُسَ وَلُوطًا وَكُلاًّ فَضَّلْنَا عَلَى الْعَالَمِينَ -الانعام: ٨٤-٨٦)).

عبدالفادی ڕەخنەی ئەوە دەگرێت کە ئەو ناوانە بەبێ ڕیزبەندی ڕێکخراون چونکە هەندێکیان لە پێشترن بەڵام دواتر ناوبراونو بەپێچەوانەوە، بۆ نموونە داوودو سولەیمان دوای ئەییووب[٢٤٣] و یووسف و مووسا و هاڕوون ژیابوون کەچی ناوەکانیان پێش ئەوان هاتوون... تاد.

پێویستیش ناکات لەسەر وەڵامی ئەو ڕەخنەیە بڕۆین چونکە دیارە ئەو کەسە نازانێت لە زمانی عەرەبی ئامرازی (و) بۆ کۆکردنەوەیە بێ مەرجی ڕیزبەندی واتە ئەگەر بڵێین: (جاء الرجل وابنه- پیاوەکەو کوڕەکەی هاتن) دەکرێت هەردووکیان پێکەوە هاتبن، دەشکرێت پیاوەکە پێش کوڕەکەی هاتبێت هەروەها دەکرێت کوڕەکە پێش باوکی هاتبێت. بۆ دیاریکردنی پاشو پێش ئامرازی (پاشان) بەکاردێت کە دوو جۆری هەیە ئەویش بەپێی ماوەی نێوان دوو هاتنەکە: (فـ) بۆ ماوەی کورتو (ثم) بۆ ماوەی درێژ. سەرباری ئەوەش کام پێغەمبەر پێشتر و کامیان دواتر ژیابوو لە ئایەتەکانی تری قورئان دیارکراوە.

____

[٢٤٣] کاتی ئەییووب نەزانراوەو تەنانەت جوولەکەش جیاوازییان لەبارەی سەردەمەکەیەوە هەیە. بڕوانە باسی تایبەت بە ئەییووب لەم کتێبەمان.

۱۸- ئەخنۆخ نەك ئیدریس

((وَاذْكُرْ فِي الْكِتَابِ إِدْرِيسَ إِنَّهُ كَانَ صِدِّيقًا نَّبِيًّا * وَرَفَعْنَاهُ مَكَانًا عَلِيًّا – مریم: ٥٦-٥٧)).

عبدالفادی قسەی بەیزاوی پاشان قسەی تەورات دەهێنێتەوە. سەرەتا دەڵێت بەپێی بەیزاوی ئیدریس باپیری باوکی نووحەو ناوی (أخنوخ)ـە، ناوی ئیدریسیش لە (دەرس)ـەوە هاتووە [244].. تاد پاشان قسەی تەورات دەهێنێتەوە کە ئەخنۆخ باوکی مەتوشالەحە [245] (کە ئەمیان باپیری نووحە)و ئەخنۆخ ٣٦٥ ساڵ ژیابوو و دوایی نەدۆزرایەوە چونکە خودا بردییە لای خۆی (تەکوین ٥: ٢١-٢٤) کە شتێك لەم بابەتە لە ئینجیل (عبرانیین ١١: ٥) هەیە.

عبدالفادی ڕەخنەی ئەوە دەگرێت ناوەکە ئەخنۆخە [246] نەك ئیدریس. وادیاریشە موفەسیرەکان بەهۆی ئایەتی (ورفعناه مكانا علیا) لە باسی ئیدریس وتوویانە ناوی ئەخنۆخە چونکە بەپێی تەورات خودا بۆ لای خۆی بردییەوە. ڕەنگە ئەوە ڕاست بێت بەڵام ئەوە قسەی موفەسیرەکانە. هەر موفەسیرەکانیشن کە وتوویانە خودا سی لاپەڕەی لەسەر دابەزاندووە و یەکەم کەس بووە بە قەڵەم شتی نووسیوەو زانستی ئەستێرەو ژماردنی زانیوە، کە ئەمەیان باوەڕی جوولەکە بووەو مەسیحییەکانو دواتر موسڵمانان لێیان وەرگرتوون. [247] تەرگومی فەڵەستینیش دەڵێت ناوی ئەخنۆخ پێی وترا مێتاترۆن Metatron واتە نووسەری گەورە. [248]

---

[244] بەیزاوی ڕەخنە لەوە دەگرێت لەڕووی سەرفەوە دروست نییە بەڵام دەڵێت دوور نییە لەو زمانە واتاکەی لەوەوە نزیك بێت (ج٤، ص٢٢).

[245] מְתוּשֶׁלַח یان مەتوشێلەح מְתוּשֶׁלַח.

[246] خەنۆخ، حەنۆخ חֲנוֹךְ.

[247] T. K. Cheyne, *Enoch*, in; Encyclopædia Biblica, vol.II, col.1296.
[248] *ibid.*

دەقەکەش لە:

هەر بەپێی زمانی عەرەبیش موفەسیرەکان وتوویانە ناوی ئیدریس لە
دەرسەوە هاتووە، بەڵام بەپێی زمانی عیبری ڕەنگە واتای (لێبڕان) یان
(ڕینمایی)ی هەبێت،[249] بۆیە ناوە عەرەبییەکە لە واتای دووەمەوە نزیکە.[250]

J. W. Etheridge, The Targums of Onkelos and Jonathan Ben Uzziel on the Pentateuch (Genesis and Exodus), Ch.5, p.175.

[249] T. K. Cheyne, *Enoch, op. cit.*, col.1294.

[250] واتایەکی ناوەکە (بەئەزموون)ـە، بڕوانە وشەی (اخنوخ) لە: قاموس الکتاب المقدس.
ڕەنگە ناوەکە یەکبگرێتەوە لەگەڵ وشەی (محنك)ی عەرەبی که داڕێژراوی فرمانی (حنك)
بێت که هەمان واتای هەیە.

نەمروود و بورجی بابل

سێ باسیش دەربارەی نەمروود یەکەمیان پرسیاری ژمارە ٢٠ و ئەوەی تـر ژمارە ژمارە ٢٢و ئەوەی تریان ژمارە ٥٠ پەیوەندیی بـە بـورجی بابلەوەیـه . سەرەتا دووەمیان:

٢٠-قسەی سەرسامکەری خەیاڵی دەربارەی بورجی بابل

((قَدْ مَكَرَ الَّذِينَ مِن قَبْلِهِمْ فَأَتَى اللَّهُ بُنْيَانَهُم مِّنَ الْقَوَاعِدِ فَخَرَّ عَلَيْهِمُ السَّقْفُ مِن فَوْقِهِمْ وَأَتَاهُمُ الْعَذَابُ مِنْ حَيْثُ لاَ يَشْعُرُونَ ‑النحل: ٢٦)).

ئایەتەکە باسی کەسانێکی پێش موشریکەکانی مەککە دەکات کە چۆن فێڵو پیلانیان دەگێرا خوداش لـه بناغـەوه بینـای ئـەو گـەلانـەی دارمـان، سەقفیش بەسەریان ڕووخا (واته ئەو گەلانەی له بنجەوه هەڵکێشا).

بـەیزاوی لێـره دەڵێت ئـەوه وەکـو نموونـەو وێنـەکردن باسکراوه ئێنجا دەڵێت: وتراویشـه کـه مەبـست لەمـه نـەمروود کـوڕی کەنعانـه کـه لـه بابـل کۆشکەکەی دروستکرد کە ئـەستووریـەکـەی (واتـه بـەرزییـەکـەی) پێنـج هـەزار گـەز بوو بۆ ئـەوەی ئاگای لـه کـاروبـاری ئـاسمان بێت خوداش فـەرمانی دا بـە با هـەڵبکات ئـەویش کۆشکەکەی بەسـەر خۆیو قەومەکەی ڕووخانـدو لەناوچـوون (ج٣، ص ٣٩٣).

عبدالفادی دەپرسێت: بەیزاوی ئەمەی لـەکوێ هێنـاوه کە نـەمروود کـوڕی کەنعانه؟ نەخێر نەمروود کوڕی کوش کـوڕی حـام کـوڕی نووحـه (تـەکوین:١٠ ٦‑٨).

دەبوایه عبدالفادی ئەمەی بکردایەتە ڕەخنه لە بەیزاوی نەک قورئان، بـەڵام بەر لەوه ڕەخنه لەو باسه خەیاڵییەی خنراوەتـه نـاو تـەوراتی بەردەستمان. هەروەها باسه خەیاڵییەکەی نیمرۆد که دەڵێت نیمرۆد کوڕی کوش بوو و بووه

کەسێکی بەهێزو سەرەتای فەرمانڕەواییەکەی لە بابلو ئێرێک (ئوروك)و ئەکەدو کەلنە لە وڵاتی شینعارو لەوێوە بۆ ئاشور دەرچوو و شارەکانی نەینەواو رەحۆبۆت–عیر و کالەحو ڕێسێنی نێوان نینەواو کالەحی دروست کرد (تەکوین١٠: ٨–١٢).

وەك لە پرسیارێکی پێشتر باسمان کرد ناوبردنی ئەو شوێنانە ئاشکرای دەکات کە ئەم باسە تێکەڵکردنی باسی نوێترە بە باسە ئەسڵییەکەی تەوورات، بۆ نموونە ئاشور لێرە وەکو فەرمانڕەوایەك باس کراوە لەکاتێك ناوی خوداوەندی ئاشورییەکان بوو هەروەها ناوی شاری ئاشور بوو. ئەگەر ئەو گریمانەیەش بڵێین کە ئەسڵی ناوەکە هی کەسێکە ئەوە دەمێنێتەوە کە نینەوا (نینوا) لە ئاشور کۆنترە، کالەحیش (بە ئاشوری: کالخو) زۆر نوێترە.[251]

ناوهێنانی کالخوش لەو دەقە نیشانەیە لەسەر ئەهمیەتی لەو سەردەمە بۆیە وای بۆ دەچین تێخنینی ئەو ناوە دەگەڕێتەوە بۆ سەردەمی شالمانەسەری سێیەمی کوڕی ئاشور ناصیرپالی دووەم یان کەمێك دواتر بەتایبەت کە شالمانەسەر جەنگی لەدژی جوولەکە بەرپاکردبوو.

عبدالفادی دوای ئەوە بەهەموو قەناعەتێکەوە باسی چیرۆکی بورجەکەی بابل لە تەوورات دەگێڕێتەوە کە خەڵك لەدوای لافاوەکە شارێكو بورجێکیان دروستکرد ئیتر خودا زمانەکەیان شێواند (بەعەرەبی: بلبل) ئەوانیش نەیانتوانی لەیەکتر تێبگەن بۆیەش شارەکە ناونرا (بابل).

ئەوەی سەیرەو لەپێشتریش بینیمان ئەوەیە چۆن عبدالفادی دەیەوێت قەناعەت بە شوێنکەوتووانی ئاینەکەی بکات کە قورئان هەڵەی کردووە لەو کاتەی دەقێکی ئەفسانەیی خودی تەوورات بەراورد بکات لەگەڵ قسەی موفەسیرەکانی قورئان نەك خودی قورئان.

---

[251] پادشای ئاشوری شالمانەسەری یەکەم (١٢٧٤–١٢٤٥ پ.ن) کالخوی دروست کرد بەڵام دوای ئەو فەرامۆش کرا. ئاشور ناصیرپالی دووەمی (٨٨٣–٨٥٩ پ.ن) شارەکەی دروستکردەوەو کردییە پایتەختی خۆیو بەتایبەتی بنکەی سەربازیو دوای ئەو دیسانەوە فەرامۆش کرا.

سەبارەت بە رەخنە ناڕاستەخۆکەی عبدالفادیش کە خەڵکی دوای
لافاوەکە، نەك نیمرۆد وەك بەیزاوی دەڵێت، بورجی بابلیان دروستکردووه" لە
کەلەپووری جوولەکە ئەوه هەیە کە دروستکردنی بورجەکە ئەو کاتە بوو کە
نیمرۆد پادشا بوو،[252] موفەسیرە ئیسلامییەکەش هیچی لەخۆیەوه نەهێناوه.

---

[252] The Soncino Babylonian Talmud, Book II, Abodah Zarah 53b, p.63, note 20.

٥٠-فیرعەون بورجی بابلی لە میسر بینات نا!

((وَقَالَ فِرْعَوْنُ يَا أَيُّهَا الْمَلَأُ مَا عَلِمْتُ لَكُم مِّنْ إِلَهٍ غَيْرِي فَأَوْقِدْ لِي يَا هَامَانُ عَلَى الطِّينِ فَاجْعَل لِّي صَرْحًا لَّعَلِّي أَطَّلِعُ إِلَى إِلَهِ مُوسَى وَإِنِّي لَأَظُنُّهُ مِنَ الْكَاذِبِينَ – القصص:٣٨)).

هەر لەبارەی باسی بورجەکەی بابل عبدالفادی دەڵێت ئەو بورجەی قورئان دەڵێت گوایە فیرعەون داوای کرد دروست بکرێت بورجەکەی بابلە کە پاش لافاو دروست کرا. باسی هامانیش دەکات کە وەزیری فیرعەون نەبووە.

سەبارەت بە هامان بڕوانە پێشتر. ئەو ئایەتەی قورئانیش زۆر ئاشکرایە نە لە دوورو نە لە نزیک پەیوەندیی بە بورجە خەیاڵییەکەی بابلەوە نییە. باسی بورجەکەشمان پێشتر باس کردو ئێستا خوێنەر دەزانێت ئەو قسەیە لە ورێنە زیاتر نییە. بەڵام لاشمان سەیر نەبێت ڕەخنەی وا بگیرێت چونکە کەسێک نە مەبەستو نە مەنهەجی زانستی بنو نووسین بۆ جەنگی ئاینەکان بەکاربهێنێت تووشی ورێنەی وا هەر دەبێت.

باسی کەعبە

عبدالفادی لە دوو خاڵی جیاواز باسی کەعبە: پرسیاری ژمارە ٢١ بەناوی: کەعبە ماڵی زوحەلە و پرسیاری ژمارە ٤٨ بەناوی کەعبە مەقامی ئیبراهیمـە و قسەکانیان لە یەکەوە نزیکن:

٢١-کەعبە ماڵی زوحەلە

((وَإِذْ جَعَلْنَا الْبَيْتَ مَثَابَةً لِّلنَّاسِ وَأَمْناً وَاتَّخِذُواْ مِن مَّقَامِ إِبْرَاهِيمَ مُصَلًّى وَعَهِدْنَا إِلَى إِبْرَاهِيمَ وَإِسْمَاعِيلَ أَن طَهِّرَا بَيْتِيَ لِلطَّائِفِينَ وَالْعَاكِفِينَ وَالرُّكَّعِ السُّجُودِ * وَإِذْ قَالَ إِبْرَاهِيمُ رَبِّ اجْعَلْ هَـٰذَا بَلَدًا آمِنًا وَارْزُقْ أَهْلَهُ مِنَ الثَّمَرَاتِ مَنْ آمَنَ مِنْهُم بِاللَّهِ وَالْيَوْمِ الآخِرِ قَالَ وَمَن كَفَرَ فَأُمَتِّعُهُ قَلِيلاً ثُمَّ أَضْطَرُّهُ إِلَى عَذَابِ النَّارِ وَبِئْسَ الْمَصِيرُ * وَإِذْ يَرْفَعُ إِبْرَاهِيمُ الْقَوَاعِدَ مِنَ الْبَيْتِ وَإِسْمَاعِيلُ رَبَّنَا تَقَبَّلْ مِنَّا إِنَّكَ أَنتَ السَّمِيعُ الْعَلِيمُ – البقرة: ١٢٥-١٢٧)).

عبدالفادی دەڵێت تەورات باسی چوونی ئیبراهیم لە ئوری كلدانییەكان بۆ خاكی كەنعان دەكاتو باسی چوونی بۆ وڵاتی عەرەبو دروستكردنی كەعبە لەگەڵ ئیسماعیل ناكات. عبدالفادی باسی كەعبەو بتە زۆرەكانی پێش ئیسلام دەكاتو دەڵێت چۆن كەعبە ماڵی خوداو خانەی پاداشتو ئەمان دەبێت لەكاتێك كە ماڵی بتەكانەو یەكەم جار بۆ پەرستنی زوحەل دروست كرابوو و هەر كەسێك بەسەری زاڵ بێت زۆر لە خەڵكەكەی دەكات سرووتەكانی مەزهەبەكەی بكات؟ كاتێكیش موحەممەد دەستی بەسەر كەعبە گرت زۆربەی سرووتە ئاینییەكانی هێشتەوە وەك حەجكردنو تەوافو ئیحرامو عومرەو بەرد هاویشتنو ماچكردنی بەردی رەشو سەربرین.. تاد ئاماژەش بۆ كتێبی (تاریخ الكعبة)ی دوكتۆر خەربوطلی و كتێبی (الجذور التاریخیة للشریعة الاسلامیة)ی (عەبدولكەریم خەلیل-راستەكەی خەلیل عەبدولكەریم). وەڵامی ئەمانەش لە خوارەوەیە.

٤٨-کەعبە مەقامی ئیبراهیمە

((إِنَّ أَوَّلَ بَيْتٍ وُضِعَ لِلنَّاسِ لَلَّذِي بِبَكَّةَ مُبَارَكًا وَهُدًى لِّلْعَالَمِينَ * فِيهِ آيَاتٌ بَيِّنَاتٌ مَّقَامُ إِبْرَاهِيمَ وَمَن دَخَلَهُ كَانَ آمِنًا وَلِلّهِ عَلَى النَّاسِ حِجُّ الْبَيْتِ مَنِ اسْتَطَاعَ إِلَيْهِ سَبِيلاً وَمَن كَفَرَ فَإِنَّ اللّهَ غَنِيٌّ عَنِ الْعَالَمِينَ -ال عمران: ٩٦-٩٧)).

لێرەش بەشێك لە قسەکانی سەرەوە دووبارە دەکاتەوە، کتێبەکەی تاها حسێنیش دەربارەی شیعری جاهیلی زیاد دەکات کە ئەو فیکرەیە وتووە.

پێویستمان بە کتێبی هیچ کەسێك نییە تا بزانین کە ئیسلام بەشێکی سرووتەکانی سەر بە کەعبەی هێشتەوە ئەوەش هیچ کێشەیەك دروست ناکات لەبەر ئەوەی ئەو سرووتانە پاشماوەی سەردەمی ئیبراهیمنو ئیسلام ئەوانەی گەڕاندەوە بۆ ئیسلامو پاکی کردن لە شیرکو کارە خراپەکان کە تێکەڵی ببوون. خۆ ئەگەر هی سەردەمی ئیبراهیمیش نەبن ئاساییە ئەو سرووتانە وەربگیرێن ئەگەر لە شیرك پاك بنو گەورەکردنی خودا لەخۆ بگرن، ئەو سرووتەش کە شیرکی لەخۆگرتووە دەکرێت ئەو شیرکەی لێ لابرێتو بەشە گونجاوەکەی بهێڵرێتەوە.

ئەوەی جێگەی سەیریشە ئەوەیە ئەگەر باسی ئیبراهیم و پاشماوەی سرووتەکان لای عەرەبی سەردەمی پێغەمبەر مابن بەجۆرێك دەبنە سەرچاوەیەکی مێژووی بۆیان.. ئەوانە یەکسان دەکرێن بە ئەفسانەکانی سەر بە کەعبە وەك ئەوەی عەرەب کەعبەی بۆ پەرستنی زوحەل دروست کردبوو. نووسەری (تاریخ الکعبة) خۆی ئەو چیرۆکانە نەقڵ دەکاتو هەر خۆی دەیانخاتە خانەی ئەفسانە. ئەو دەلێت چیرۆك هەن دەلێن پێش ئیبراهیم مەلائیکەت کەعبەیان دروست کردو هەیە دەلێت کەعبە لەگەڵ ئادەم هاتە خوارەوەو هەیە دەلێت ئادەمو حەووا دروستیان کردبوو.. تاد^{٢٥٣} ئیتر هیچ

---

^{٢٥٣} د. علي حسني الخربوطلي، تاريخ الكعبة، ل ١١ بەدواوە.

شتێکم لەو کتێبە نەبینوە باسی زوحەل بکاتو ئەو قسەیە لە داهێنانی عبدالفادی دەچێت یان لە سەرچاوەیەکی تر وەریگرتووە کە ئەمیان بە هەڵە قسەکانی ئەو کتێبەی نەقڵ کردووە. باسی زوحەل لەلایەن کەسانێکی ترەوە کراوە کە باوەڕی هەندێک کەس وایە کەعبە ماڵی زوحەلە، ئینجا لەبەر ئەوەو لەبەر ئەوەی زوحەل سەرپەرشتیاری کەعبە بوو ئەو کەعبەیە زۆر ماوەتەوە.[254] هەموو ئەمەش لەمیانەی ژمارەیەك قسەی ئەفسانەییو بێبەڵگە. سەبارەت بە ئاماژەش بۆ کتێبەکەی خەلیل عەبدولکەریم هیچ شتێک لە حاڵەکە ناگۆڕێت چونکە ئەوەی وتوویەتی دەربارەی هێشتنەوەی سرووتەکانی حەجو عومرە شتێکی زانراوە. بۆ کتێبەکەی تاها حسێنیش ئەوەی وتوویەتی بریتییە لە بە ئەفسانە زانینی ئەو قسەیەی دەڵێت ئیبراهیم کەعبەی دروست کردووەو چیرۆکێکی نوێیە، ئیسلامیش کە هات لەبەر هۆیەکی ئاینی قبووڵی کرد، قورەیشیش لەبەر هۆیەکی ئاینیو سیاسی قبووڵی کرد.[255]

---

[254] محمد حسـین الطباطبائی، المیـزان فی تفسیر القران، تەفسـیر سـوره الانعـام، ج۷، ص۲٤٦، سـەرباری ئەوەش دەڵێت شتی وای تریان وتووە هێندە ناشیرینن باسیان ناکەم. ئاماژەش بۆ مەسعوودی دەکات کە دەڵێت کە سابینە حەوت ماڵیان لا گەورە بوو کە یەکێکیان کەعبەیە بەناوی زوحەل (ص۲٤۷).

[255] طه حسین، فی الشعر الجاهلی، ص۱۷. ئەو کتێبەی تاها حسێن نموونەیەکە لەسـەر فیکرەیەکی بەهێز کە خاوەنەکەی سەقەتی دەکات. فیکرەی کتێبەکە ئەوەیە کە شیعری جاهیلی هی پێش ئیسلام نییە بەڵکو هی سـەردەمە ئیسلامییەکانەو خراوەتە پاڵ شاعیرانی پێش ئیسلام بۆیە ئەو شیعرە نابێتە بنەما بۆ تەفسیری قورئانو فەرمووده بەڵکو بەپێچەوانەوە قورئانو فەرمووده بنەمان بۆ تەفسیری ئەو شیعرە، لاپـەرە ۵–۷، بەڵام شتی تری بێبەڵگە لەم فیکرەیە دەپێچێتەوەو رەوتی باسـەکان دەبێتە قسەی نازانستیو بێبەڵگەو یان سەرچاوە ناڵێت یانیش سەرچاوەی وا دەڵێت کە باسـەکانیان جێگەی متمانە نین.

٢٣-ئیسماعیل یەکێکە لە پێغەمبەران

((وَاذْكُرْ فِي الْكِتَابِ إِسْمَاعِيلَ إِنَّهُ كَانَ صَادِقَ الْوَعْدِ وَكَانَ رَسُولًا نَّبِيًّا – مریم: ٥٤)).

عبدالفادی دەپرسێت: چۆن ئیسماعیل یەکێکە لە پێغەمبەران لەکاتێک تەورات بەم شێوەیە وەسفی دەکات ((کەسێکی کێوی دەبێت دەستی لەسەر هەموو کەسێک دەبێتو دەستی هەموو کەسێک لەسەر ئەو دەبێت))(تەکوین١٦: ١٢).

عبدالفادی تەنها ئەو قسەیەی تەورات وەردەگرێتو تەنها ئەو وێنەیە بۆ دەکێشێت بەڵام تەورات شتی تریش دەڵێت وەک قسەی خودا لەگەڵ ئیبراهیم: سەبارەت بە ئیسماعیل ئەوە داواکەی ئەوە تۆم بیست. ئەوەتا بەرەکەتی لەسەر دەکەمو بەرهەمداری دەکەمو ژمارەکەی زۆر زۆر دەکەم. دەبێتە باوکی دوانزە سەرۆکو دەیکەمە میللەتێکی گەورە (تەکوین١٧: ٢٠).

هەروەها قسەی فریشتەکە لەگەڵ هاجەری دایکی ئیسماعیل: دەیکەمە میللەتێکی مەزن(تەکوین ٢١: ١٨).

بەم جۆرەش تەورات باسی ئیسماعیل دەکات: خوداش لەگەڵ کوڕەکە بوو ئیتر گەورە بوو (تەکوین٢١: ٢٠).

خۆ ئەگەر پێغەمبەرایەتیی ئیسماعیل لە باسەکانی تەورات دەستکاری کرابێت شتێکی ئاسایی دەبێت ئەویش بۆ ئەوەی هەموو سەروەرییەکان بۆ ئیسحاق، باوکی ئیسرائیلییەکان، بێت. تێبینیی ئەوەش بکە کە یەعقووب لە سەرەمەرگی خۆی دوانزە کوڕەکەی بانگ دەکاتو پێیان دەڵێت لە دواڕۆژ هەر یەکیان چیی بەسەر دێت. هەندێکیش لەو کوڕانە بە خراپ باس دەکات (تەکوین ٤٩). یەک لەوانەش (لاوی)یە کە بەخراپە باسی دەکات هەرچەندە لاوی بۆ ماوەیەکی زۆر کاهنێتی، واتە کاری بەجێهێنانی سرووتە ئاینییەکان وەک سەربڕینی ئاژەڵو هەڵگرتنی تابووتی پەیمانو تەفسیرکردنی شەریعەتو

خزمەتکردن لە ئاهەنگەکانو قەزاوەتکردن.. تاد، تایبـەت بـە سـیبەتی ئەوەوە بوو.

لاشمـان سـەیر نـەبێت ئەگـەر تـەوراتی بەردەسـتمان پێغەمبەرایـەتیی ئیسماعیلی سڕیبێتەوە چونکە نموونە لەسـەر نووسـینەوەی تـەورات بەپێی خواست تەنانەت خودی ئیسرائیلییەکانیشی گرتۆتەوە وەک چۆن لـە چیرۆکی یووسف تێبینی کراوە کە سەرەتا ڕیئۆبێن یووسف ڕزگار دەکات کاتێک بـە براکانی دەڵێت لەجیاتی کوشتنی یووسف فرێی بدەنە ناو بیرەکە (تـەکوین ٣٧: ٢١–٢٤)، بەڵام یەکسـەر دوای ئـەوە یـەهوودا دەبێتـە ڕزگارکـەرەوەی یووسـف کاتێک پێشـنیار دەکات یووسـف بـە ئیسماعیلییەکان بفرۆشرێت (تـەکوین٣٧: ٢٥–٢٧)، هـۆی ئـەمـەش، وەک دوو لێکۆڵـەرەوە دەڵـێن، لایەنگیرییە چونکە باسی یەکەم دەگەڕێتەوە بۆ سەرچاوە (ئێلۆهیمی)یەکـەی تەورات چونکە نەوەی ڕیئۆبێن لە پادشانشینە باکوورییەکە نیشتەجێ بـوونو بـەم جـۆرە ڕیئۆبێن کراوەتـە ڕزگارکـەرەوەی یووسـف، باسـی دووەمیشیان دەگەڕێتەوە بۆ سەرچاوە (یەهووەی)یەکەی تەورات چونکە نەوەی یەهوودا لە پادشانشـینە باشـوورییەکە نیشـتەجێ بـوون بۆیـە ئـەو کراوەتـە ڕزگارکـەرەوەی .[256]

هۆی دوورخستنەوەی ئیسماعیل هەروەکو دوورخستنەوەی (عێساو) עֵשָׂו لـە. عێساو برای گەورەی یەعقووب بوو بەڵام یەعقووب ((برا گەورەیی))یەکـەی

[256] ستیفن م. میلر، روبرت ف. هـوبر، تاریخ الکتاب المقدس، ص٣١. تـەورات چـەند سەرچاوەیەکی هەیە" یەکێکیان سەرچاوەی یەهووەیی پێ وتراوە (زۆرتر پێدەچێت هی سەدەی نۆیەمی پێش زاین بێت) چونکە ناوی خوداوەند بە (یەهوە) هاتووەو هی پادشانشینەکەی باشوورە (یـەهوودا) پاش پـەرتبوونی دەوڵەتەکـەی سـولەیمان، سەرچاوەیەکی تریش ئێلۆهیمی پێ وتراوە (زۆرتر پێدەچێت هی سەدەی هەشتەمی پێش زاین بێت) چونکە ناوی خوداوەند بە شێوەی (ئێلۆهیم) هاتووەو هی پادشانشینەکەی باکوورە (ئیسرائیل)، ڕەنگە دوای کـەوتنی ئیسرائیلیش بەدەستی ئاشوورییەکان چـەند دەستنووسێکی ئـەو سەرچاوەیە برابێتـە باشوورو لەگـەڵ سەرچاوە یەهووەییەکە کۆکرابێتەوە ئەویش لەدەوروبەری سەدەی حەوتەمی پێش زاین. جگە لـەم دوانـەش دوو سەرچاوەی تر هەن: تاریخ الکتاب المقدس، ص٣٠–٣١.

لێ کڕیبووەوە(تەکوین ٢٥: ٣١–٣٤)، یان وەکو دوای دوو ئیسحاق یەعقووب
به پلانی دایکی فێڵی لە ئیسحاقی باوکی کرد، که وای تێگەیاند عێساوەو
نەیوت یەعقوویبەو یەعقووب بەرەکەتەکەی لـێ وەرگرت (تـەکوین٢٥)،
ئیسماعیلیش بەهەمان شێوه برا گەورەی ئیسحاقه بەڵام براگەورەییەکه بۆ
ئیسحاق بوو و خودا، هەرچەنده بەرەکەتی له ئیسماعیلیش کردبوو، بەڵام وتی
که پەیمانەکەی لەگەڵ ئیسحاق دەبێت (تەکوین ١٧: ١٩).

عێساو به باوکی ئێدۆم 𐤀𐤃𐤅𐤌 ناوبراوه (تەکوین٣٦: ٤٣)و کتێبی تەکوین
چەند جارێک دووبارەی دەکاتەوه: ((عێساوش که ئێدۆمـه))، ئەدۆمییەکانیش
درواسێی جوولەکه بوونو کێشەیان لەگەڵیان هەبووه و لەچاو ئیسماعیلییەکان
(عـەرەب) کێشـەکانیان زۆرتـر بـوون، بەواتایـەکی تـر ئـەو هەڵوێستـه لـه
ئیسماعیلو عێساو دەگەڕێتەوه بۆ پەیوەندیی جوولەکه به دراوسێکانیانەوه .

لـه دوو کتـێبی جوولەکه هەڵوێسـت لـه ئیسماعیل له ئیسمـاعیل باشـتره . لـه کتـێبی
یۆبیلەکان [257] (بەشیوەیەکی گشتی له ناوەراستی سەدەی دووەمی پێش زاین)
ئیبراهیم بەرەکەتی کردووه له کوڕەکانیو خێزانەکانیانو نەوەکانیان ئـەویش
بەشێوەی کۆ بێنەوەی کەس جیابکرێتەوه . ئیسحاقو ئیسماعیلیش وەکو یەك
مامەڵـەیان لەگـەڵ کـراوەو ئـەو برگەیـەی باسـی دەرکردنـی هاجـەر (دایکـی
ئیسـماعیل) لەلایـەن سـارا (دایکی ئیسحاق)وه که لـه کتـێبی تـەکوین هەیـه
لابراوه هەرچەنده هێڵێکی جیاکەرەوه لـەنێوان ئیسـماعیلو عێسـاو لەلایـەكو
ئیسرائیل لەلایەكی تر کراوه . [258]

---

[257] تایبەتـه بـه کتـێبی تـەکوینو بەشێـك لـه کتـێبی دەرچـوون . لـه زۆربـەی زۆری تایفه
مەسـیحییەکان بـه نادروسـت زانـراوه بـەڵام لای کەنیسـەی ئـەرتۆدۆکسیی حەبەشی بـه
قانوونی زانراوه .

[258] Roger Syrén, *Ishmael and Esau in the Book of Jubilees and Targum Pseudo-Jonathan*, in; The Aramaic Bible, p.311.

له تەکوین (٢٥: ١–٦) باسی بەخششی ئیبراهیم بۆ کوڕەکانی کراوه، بـەڵام لـه کتـێبی
یوبیلەکان (ئیصحاحی ٢٠) پێش ئـەو بەخششـه ئیبراهیم ئیسماعیلو دوانزه کوڕەکەیو
ئیسحاقو دوو کوڕەکەیو کوڕەکانی قـەطوورا (ژنی ئیبراهیم)و کوڕەکانی ئـەمانی بانگ

هەڵویستی کتێبەکەی تر، واتە (تەرگومی یۆناتانی ساختە) بەو ئەندازە باشە نییە چونکە ئیسماعیلو کوڕەکانی بە ڕێگر ناودەبات بەڵام هەڵوێستێکی باشی هەیە لەو کاتەی هێشتا ئیسحاق لەدایک نەببوو و دوایی لەپڕ ئەو هەڵوێستە دەگۆڕێت.[259] هەڵویستیش لە عێساو خراپترە لەچاوە کتێبی یۆبیلەکان. ئەم هەڵوێستانەش پێدەچێت دەربڕی گۆڕانکاریی پەیوەندیی جوولەکە بە دراوسێکانیانەوە بن کە ماوەیەك ئاشتی بووەو ماوەیەك شەڕ بووە.[260]

جیاوازیی کتێبەکان لە تەرگومە قانوونییەکە دیارە، واتە تەرگومی بابلی کە هەروەها بە تەرگومی ئۆنکیلۆس ناسراوە کە ئەو بڕگەیەی تەورات دەربارەی ئیسماعیل: ((کەسێکی کێوی دەبێت دەستی لەسەر هەموو کەسێك دەبێتو دەستی هەموو کەسێك لەسەر ئەو دەبێت– تەکوین ١٦: ١٢)) دەبێتە

کردو ئامۆژگاریی دوورودرێژی کردنو لەکۆتایی بەرەکەتی لە هەر هەموویان کرد ئینجا بەخششەکەی دانیٚ :

George H. Schodde, The Book of Jubilees, pp.61-62.

هەڵبژاردنی ئیسرائیل (یەعقووب)و نەوەکەشی نەك ئیسماعیلو عێساو (١٥: ٢٢):

ibid., p.51.
[259] R. Syrén, *op. cit.*, pp.313-314.
[260] *ibid*, p.314.

پێدەچێت باسی ئیسماعیلییەکان لە (تەرگومی ئۆرشەلیمی بۆ کتێبی تەثنیە) نموونەیەك بێت لەسەر کاری بارودۆخی کاتی نووسراو لەسەر هەڵوێستو لەسەر هۆنینەوە چیرۆك. لەو تەرگومەو لە تەرگومی فەڵەستنی (گە بە هەڵە پێی دەوترێت تەرگومی یوناتان بێن عوزینئیل) بۆ پێنج کتێبەکە باسی ئەوە کراوە کە گوایە مووسا دەڵێت خودا شەریعەتی دابوو بە مندالانی عێساو بەڵام قبوولیان نەکردو دابووی بە مندالانی ئیسماعیل ئەوانیش قبوولیان نەکرد بەڵام تەرگومی ئۆرشەلیمی هۆکە دەگەڕێنێتەوە بۆ ئەوەی مندالانی عێساو بینیان تێی نووسراوە کە نابێت کوشتن ئەنجام بدەن بۆیە قبوولیان نەکردو مندالانی ئیسماعیل بینیان نووسراوە نابێت ببنە دز:

J. W. Etheridge, The Targums of Onkelos and Jonathan Ben Uzziel (Leviticus, Numbers and Deuteronomy), Ch.XXXIII, pp.672-673.

ئاشکرایە کە واقعی عەرەبی نیمچەدورگەی عەرەبی ئەو کاتە بریتی بوو لە نیشتەجێبوونێکی کەم لەگەڵ کۆچەڕییەکی زۆر کە بەشێکیان خەریکی پەلامارو تاڵانی بوون وەك چۆن ئەوە پێش ئیسلام هەبووە.

پەیوەندیی پشتبەستن بە یەکەوە: پێویستی بە هەموو کەسێکەوە دەبێتو
هەموو کەسێک پێویستی پێی دەبێت.[261]

بەم شێوەیە دەتوانین تێبگەین بۆچی پێغەمبەرایەتیی ئیسماعیل لە
تەورات باس نەکراوە.

---

[261] R. Syrén, *op. cit.*, pp.313-314.

جێگەی سەرنجیشە کە ئەو تەرگومە ناوی کوڕەکانی ئیسماعیل دەهێنێتو دەلێت لە
گوندو شارەکانیان... واتە نەوەی ئیسماعیلی کردە نیشتەجێبوو نەك کۆچەر، رەنگ بۆیه
هەڵوێستەکە لێرە جیاوازەو نەوەی ئیسماعیل بە چەتە نەناسێنراون ، بڕوانە بۆ ئەو
قسەیەی تەرگومەکە:

J. W. Etheridge, The Targums of Onkelos and Jonathan Ben Uzziel (Genesis
and Exodus), Ch.XXV, p.87.

٤٢-خەڵکی شارەکە

((وَاضْرِبْ لَهُم مَّثَلاً أَصْحَابَ الْقَرْيَةِ إِذْ جَاءَهَا الْمُرْسَلُونَ (١٣) إِذْ أَرْسَلْنَا إِلَيْهِمُ اثْنَيْنِ فَكَذَّبُوهُمَا فَعَزَّزْنَا بِثَالِثٍ فَقَالُوا إِنَّا إِلَيْكُم مُّرْسَلُونَ (١٤) قَالُوا مَا أَنتُمْ إِلاَّ بَشَرٌ مِّثْلُنَا وَمَا أَنزَلَ الرَّحْمن مِن شَيْءٍ إِنْ أَنتُمْ إِلاَّ تَكْذِبُونَ (١٥) قَالُوا رَبُّنَا يَعْلَمُ إِنَّا إِلَيْكُمْ لَمُرْسَلُونَ (١٦) وَمَا عَلَيْنَا إِلاَّ الْبَلاَغُ الْمُبِينُ (١٧) قَالُوا إِنَّا تَطَيَّرْنَا بِكُمْ لَئِن لَّمْ تَنتَهُوا لَنَرْجُمَنَّكُمْ وَلَيَمَسَّنَّكُم مِّنَّا عَذَابٌ أَلِيمٌ (١٨) قَالُوا طَائِرُكُم مَعَكُمْ أَئِن ذُكِّرْتُم بَلْ أَنتُمْ قَوْمٌ مُّسْرِفُونَ (١٩) وَجَاء مِنْ أَقْصَى الْمَدِينَةِ رَجُلٌ يَسْعَى قَالَ يَا قَوْمِ اتَّبِعُوا الْمُرْسَلِينَ (٢٠) اتَّبِعُوا مَن لاَّ يَسْأَلُكُمْ أَجْرًا وَهُم مُّهْتَدُونَ (٢١) وَمَا لِي لاَ أَعْبُدُ الَّذِي فَطَرَنِي وَإِلَيْهِ تُرْجَعُونَ (٢٢) أَأَتَّخِذُ مِن دُونِهِ آلِهَةً إِن يُرِدْنِ الرَّحْمَن بِضُرٍّ لاَّ تُغْنِ عَنِّي شَفَاعَتُهُمْ شَيْئًا وَلاَ يُنقِذُونِ (٢٣) إِنِّي إِذًا لَّفِي ضَلاَلٍ مُّبِينٍ (٢٤) إِنِّي آمَنتُ بِرَبِّكُمْ فَاسْمَعُونِ (٢٥) قِيلَ ادْخُلِ الْجَنَّةَ قَالَ يَا لَيْتَ قَوْمِي يَعْلَمُونَ (٢٦) بِمَا غَفَرَ لِي رَبِّي وَجَعَلَنِي مِنَ الْمُكْرَمِينَ (٢٧) وَمَا أَنزَلْنَا عَلَى قَوْمِهِ مِن بَعْدِهِ مِن جُندٍ مِّنَ السَّمَاء وَمَا كُنَّا مُنزِلِينَ (٢٨) إِن كَانَتْ إِلاَّ صَيْحَةً وَاحِدَةً فَإِذَا هُمْ خَامِدُونَ- يس: ١٣–٢٩)).

بەیزاوی حیکایەتی ئەو شارە، کە گوایە ئەنتاکیا بوو، دەگێڕێتەوە کە بەکورتی ئەمەیە: حەبیبی دارتاش باوەڕی بە دوو نێردراوی عیسا کرد کە یەحیاو یوونس بوون، وتراویشە کەسی تر بوون، پادشاش ئەو دوانەی گرت پاشان عیسا شەمعوونی ناردو ئەو خۆی نەناساند ئینجا بووە هۆی ئەوەی دوانەکە موعجیزەکان ئەنجام بدەن... تاد (ج٤، ص٤٢٨)، پاشان دەڵێت حەبیب یەکێک بوو لەوانەی باوەڕیان بە موحەممەد هێناو شەشسەد ساڵیان لە بەینە..(ص٤٢٩–٤٣٠). ئەمەش بەشێکی مەعقوولی چیرۆکەکەیە کە پڕە لە شتی سەیرو سەمەرە.

عبدالقادی دەڵێت ئەنتاکیا لەدەستی ڕۆمەکان بووە ئیتر چۆن پادشای دەبێت؟ چۆنیش حەبیب باوەڕ بە موحەممەد دەهێنیت لەکاتێک شەشسەد ساڵیان لەنێوانیان هەیە؟ پاشان لەناو نێردراوانی عیسا کەس نەبووە بەناوی

شەمعوون و یوونس چونکە شەمعوون کوڕی یەعەقووب کوڕی ئیسحاق کوڕی ئیبراهیمە، یوونسیش یان یوونان ئەو پێغەمبەرە بوو کە نەهەنگەکە قووتی دا.

دیارە عبدالفادی ئاگای لەو قسەیەی بەیزاوی نەبووە کە بۆ یەحیاو یوونس دەڵێت: وتراویشە کەسی تر بوون، بەش بە حاڵی خۆشمان نازانین بەیزاوی ئەو قسانەی لەکوێ هێناوە بەڵام پێدەچێت وەک زۆر شتی تر لە سەرچاوە مەسیحییەکانی تر وەریگرتووەو تاکە خەتای بەیزاویو غەیری بەیزاوی ئەوەیە ئەو چیرۆکانەیان لەو سەرچاوانە وەرگرتووە، خۆشیان لە ئەگەری هەڵبەستن بە وشەی ((وترا)) پەڕاندۆتەوە، بەڵام بەم کارە تەفسیریان بە چیرۆکی لەو جۆرە پڕکردووە.

عبدالفادی کاتێک ڕەخنە لە بەیزاوی سەبارەت بە شەمعوون دەگرێت نەیزانیوە کە شەمعوون ناو هەبووە لەناو دوانزە قوتابییەکەی مەسیح، لەجیاتی یەکێکش دووان کە یەکێکیان بە پوتروس (پێترۆس بە یۆنانی) ناسراوەو پێی دەوترێت سیمعان (کە ئەمە شێوە عەرەبییەکەیەتی) یاخود شەمعوون پوتروس کە کاسۆلیکیەت بە یەکەم پاپای خۆی دەزانێتو کەنیسەی ئەنتاکیای دامەزراندبوو پاشان کەنیسەی ڕۆما ! تەنانەت ناوێك نزیکیش لە یوونس، کە بەیزاوی ناوی هێناوەو عبدالفادی دەڵێت کەسی وا نییە لەناو قوتابییەکانی مەسیح، هەیە ئەویش یوحەننا کە بە یۆنانی پێی دەوترێت ئیوانیس Ιωάννη و نزیکە لە ناوی یوونس بە یۆنانی: یۆناس Ionas هەرچەندە دوو کەسی جیاوازن.

سەبارەت بە باوەڕهێنانی حەبیبیش بە موحەممەد، ئەگەر گێڕانەوەکە ڕاست بێت، شتێکی سەیر نییە چونکە دیارە لە پێغەمبەرانی تری بیستووە، بەڵام بەیزاوی پێمان ناڵێت ئەوەی لە کێ وەرگرتووە، چارەسەری سەرچاوەی پڕگومانو نەبوونی سەرچاوەش وشە باوەکەیە ((وترا)). بەئەندازەی نازانستیی ئەو قسانەش قسەکەی عبدالفادی بێبایەخە کە دەڵێت چۆن ئەنتاکیا پادشای دەبێت لەکاتێک کە دەوڵەتی ڕۆما حوکمی دەکرد. چیرۆکەکە خۆی بێ بناغەیە ئیتر چ شتێکی ڕاستی لەسەر بینا دەکرێت؟ گریمان لەجیاتی پادشا فەرمانڕەوایەکی هەبوو" چی لەو حیکایەتە سەیرە دەگۆڕێت؟ بەهەر

حـاڵ ده‌بوایـه عبـدالفادی ڕه‌خنـه‌ی لـه ئینجیلـی به‌رده‌سـتمان بگرتایـه که‌
وتوویـه‌تی کـاتی مه‌سـیح هـیرۆدۆس پادشـای یه‌هوودیـه بـوو (لوقـا ١: ٥)،
هه‌رچه‌نده ئه‌ویش وه‌کو پادشای ئه‌نتاکیا سه‌ر به ڕۆما بـوو، یه‌که‌م جاریش
نییه عبدالفادی بیسه‌لمێنێت ئاگای له ئینجیله‌که‌ی خۆشی نییه.

٤٣- هوود و عاد؟

((وَإِلَى عَادٍ أَخَاهُمْ هُودًا قَالَ يَا قَوْمِ اعْبُدُوا اللّهَ مَا لَكُم مِّنْ إِلَهٍ غَيْرُهُ إِنْ أَنتُمْ إِلاَّ مُفْتَرُونَ -هود: ٥٠)).

((وَلَمَّا جَاء أَمْرُنَا نَجَّيْنَا هُودًا وَالَّذِينَ آمَنُوا مَعَهُ بِرَحْمَةٍ مِّنَّا وَنَجَّيْنَاهُم مِّنْ عَذَابٍ غَلِيظٍ -هود: ٥٨)).

((وَإِلَى عَادٍ أَخَاهُمْ هُوداً قَالَ يَا قَوْمِ اعْبُدُواْ اللّهَ مَا لَكُم مِّنْ إِلَهٍ غَيْرُهُ أَفَلاَ تَتَّقُونَ (٦٥) قَالَ الْمَلأُ الَّذِينَ كَفَرُواْ مِن قَوْمِهِ إِنَّا لَنَرَاكَ فِي سَفَاهَةٍ وِإِنَّا لَنَظُنُّكَ مِنَ الْكَاذِبِينَ (٦٦) قَالَ يَا قَوْمِ لَيْسَ بِي سَفَاهَةٌ وَلَكِنِّي رَسُولٌ مِّن رَّبِّ الْعَالَمِينَ (٦٧) أُبَلِّغُكُمْ رِسَالاتِ رَبِّي وَأَنَاْ لَكُمْ نَاصِحٌ أَمِينٌ (٦٨) أَوَعَجِبْتُمْ أَن جَاءكُمْ ذِكْرٌ مِّن رَّبِّكُمْ عَلَى رَجُلٍ مِّنكُمْ لِيُنذِرَكُمْ وَاذكُرُواْ إِذْ جَعَلَكُمْ خُلَفَاء مِن بَعْدِ قَوْمِ نُوحٍ وَزَادَكُمْ فِي الْخَلْقِ بَسْطَةً فَاذْكُرُواْ آلاَء اللّهِ لَعَلَّكُمْ تُفْلِحُونَ (٦٩) قَالُواْ أَجِئْتَنَا لِنَعْبُدَ اللّهَ وَحْدَهُ وَنَذَرَ مَا كَانَ يَعْبُدُ آبَاؤُنَا فَأْتِنَا بِمَا تَعِدُنَا إِن كُنتَ مِنَ الصَّادِقِينَ (٧٠) قَالَ قَدْ وَقَعَ عَلَيْكُم مِّن رَّبِّكُمْ رِجْسٌ وَغَضَبٌ أَتُجَادِلُونَنِي فِي أَسْمَاء سَمَّيْتُمُوهَا أَنتُمْ وَآبَآؤُكُم مَّا نَزَّلَ اللّهُ بِهَا مِن سُلْطَانٍ فَانتَظِرُواْ إِنِّي مَعَكُم مِّنَ الْمُنتَظِرِينَ (٧١) فَأَنجَيْنَاهُ وَالَّذِينَ مَعَهُ بِرَحْمَةٍ مِّنَّا وَقَطَعْنَا دَابِرَ الَّذِينَ كَذَّبُواْ بِآيَاتِنَا وَمَا كَانُواْ مُؤْمِنِينَ- الأعراف: ٦٥-٧٢)).

بەیزاوی دەڵێت: هوود کوڕی عەبدوڵڵا کوڕی ڕەباح کوڕی ئەلخەلوود کوڕی عاد کوڕی عووص کوڕی أرم (ئارام؟) کوڕی سام کوڕی نووحە، وتراویشە هـوود کـوڕی شالح کـوڕی ئەرفەخشـەد کـوڕی سـام کـوڕی نـوح.. ئینجا حیکایەتێک نەقڵ دەکات کە ئەوانە بتیان دەپەرستو هوودیان بەدرۆخستەوەو سـێ سـاڵ بـارانیـان لـێ گیـرا وخـودا سـێ هـەوری نـارد" سـپییەکو سـوورێکو ڕەشـێک، کەسـێکیش لـه ئاسـمانەوه هـاواری بـۆ یـەکێک لـه گـەورەکانیان کرد کـه نـاوی (قیل بن عثر) بوو: هەڵبژێره بۆ خۆتو قەومەکەت ئەویش وتی ڕەشەکەم هەڵبژارد.. تا کۆتایی ئەو چیرۆکه بێ سەروبنه (بەیزاوی ج٣، ص٣١-٣٥)، کە

ئەمەی سەرەوە بەشێکی کەمی بوو و بەیزاوی لەوە زیاتری باس کردووە کە
عبدالفادی نەقڵی کردووە.۲٦۲

عبدالفادی لەسەر ئەو باسانە ناوەستێت بەڵکو ڕەخنەی ئەوە دەگرێت کە
تەورات ناوی هیچ پێغەمبەرێکی نەبردووە لەنێوان نووحو ئیبراهیمو ناوی هیچ
کەسێک لە نەوەی نووح نابات ناوی عاد بووبێتو باسی سزای باران بڕان بۆ
سێ ساڵ ناکات مەگەر لە سەردەمی ئیلیای پێغەمبەر.

هێشتا ئەوەی عبدالفادی نەقڵی کردووە زۆر لەوە کەمترە کە بەیزاوی باسی
کردووە بەڵام وا دیارە عەقڵی عبدالفادی ئەوەندە بچووکە حیکایەتەکەی
بەیزاویی بەهەند وەرگرتبوو بۆیە ڕەخنەی لێ نەگرتبوو. ئوممەتی ئیسلامیش
ئەوەندە کێشەی لەو جۆرە حیکایەتانە تووش بووە بە ڕەخنەیەکی لە جۆری
عبدالفادی تووشی نەبووە. وەڵامی عبدالفادی بەئاسانی بەوە دەدرێتەوە کە
نەبوونی ناوی پێغەمبەرێک لەنێوان نووحو ئیبراهیم لە تەورات بەڵگە نییە
لەسەر نەبوونی پێغەمبەری وا. سەبارەت بە نەوەی نووحیشو قسەکەی
عبدالفادی کە هیچ کەسێک لە نەوەی نووح نییە ناوی عاد بێت خودی تەورات
لە کوڕەکانی ئارام دەوەستێت کە (عووص) עۇץ یەکێکیانە ئیتر دوای ئەوانە
کوڕانی ئەوان ناڵێت ئەمەش ((وتراوە))کەی بەیزاوی دەگرێتەوە کە عاد
(باوکی باپیری هوود) کوڕی نووح کوڕی ئارام کوڕی سامە، سەبارەت بە
((وتراوە))کەی تر، واتە هوود کوڕی شالەح کوڕی.. تاد، تەورات یەک کوڕ بۆ
شالەح دادەنێت ئەویش عابەر (عەبێر) עۇבۇ (تەکوین ۱۰: ۲٤). ئەو ناوانەش
جێگەی گومانو هەندێکیان بەدڵنیاییەوە ڕاست نین، بۆ نموونە عیلامو
ئاشورو ئارام کراونەتە کوڕی سام بەمەرجێک هیچ لەمانە ئەو کۆنە نەبوون
وەک سام، وەک پێشتریش باسمان کرد نووسەرانی تەوراتی بەردەستمان گەلو
ناوچەکانی کاتی خۆیانیان خنیوەتە باسە هەرە کۆنەکان.

---

۲٦۲ بەپێی ناوی ئەو کەسانەی لە چیرۆکەکە هاتوونو بەپێی باسکردنی چوون بۆ کەعبە
سەرچاوەی چیرۆکەکە هی مەسیحیو جوولەکە نییە بەڵکو داهێنانی موسڵمانێکە.

سه‌باره‌ت به‌وه‌ش که‌ باران بڕان بۆ ماوه‌ی سیٚ ساڵ ته‌نها کاتی ئیلیای پێغه‌مبه‌ر بووه‌، له‌ ئینجیلی لوقا سیٚ ساڵ و شه‌ش مانگ بوو (لوقا ٤: ٢٥ و نامه‌ی یه‌عقووب ٥: ١٧)، سیٚ ساڵه‌که‌ش (یان که‌متر) له‌ کتێبی یه‌که‌م پادشایانه‌ (باسی باران بڕان له‌ ١ ملوك ١٧: ١) چونکه‌ باسی باران بارین له‌ ساڵی سێیه‌م کراوه‌ (١ملوك ١٨: ١) که‌ ئه‌مه‌ ده‌کات سیٚ ساڵ یان که‌متر. دیاریشه‌ عبدالقادی زانیویه‌تی ئه‌م جیاوازییه‌ له‌ ماوه‌که‌ هه‌یه‌ بۆیه‌ سه‌رچاوه‌ی باران بڕانی سه‌رده‌می ئیلیای نه‌نووسیوه‌، ده‌شڵێین (دیاره‌ زانیویه‌تی)و حوسنی زه‌نی پیٚ ده‌به‌ین ئه‌گینا پێشتر بینیمان چۆن ئه‌و شاره‌زاییه‌ی له‌ ئینجیلو ته‌ورات نییه‌.

به‌کورتی نه‌ باسه‌که‌ی به‌یزاوی و نه‌ ره‌خنه‌که‌ی عبدالقادی هی ئه‌وه‌ نین کاتیان پێوه‌ بکوژرێن مه‌گه‌ر بۆ باسکردنی دوو کاره‌سات: کاره‌ساتی ده‌ستی موفه‌سیران و کاره‌ساتی ره‌خنه‌گران له‌ قورئان.

٤٤-زولکیفل

((وَإِسْمَاعِيلَ وَإِدْرِيسَ وَذَا الْكِفْلِ كُلٌّ مِّنَ الصَّابِرِينَ – الانبیاء: ٨٥)).

((وَاذْكُرْ إِسْمَاعِيلَ وَالْيَسَعَ وَذَا الْكِفْلِ وَكُلٌّ مِّنْ الْأَخْيَارِ – ص: ٤٨)).

عبدالفادى دەڵێت کە تەورات ناوی زولکیفل (ذو الکفل)ی نەهێناوە، قسەکەی بەیزاویش نەقڵ دەکات سەبارەت بە بۆچوونەکان دەربارەی ئەو پێغەمبەرە کە وتراوە سەد پێغەمبەری بەنو ئیسرائیل بۆ لای ئەو هەڵهاتن ئەویش داڵدەی دانو کەفیلیان بوو (بەیزاوی، ج ٥، ص٥٠)، کە ئەمە یەکێک لە دوو تەفسیر بۆ زولکیفل کە هیچ بەڵگەیەکی قورئانو فەرموودەی صەحیحیان لەسەر نییەو تەنها قسەن. عبدالفادى بەپاڵ رەخنەکەی کە ئەویش وەکو ئەو قسانە هیچ بایەخێکی نییە، واتە کە ناوەکە لە تەورات نەهاتووە، دەڵێت ئەو کەسەی ئەو سەد پێغەمبەرەی شاردەوە عۆبەدیا (عۆبەدیاهوو، عۆڤەدیاهوو עֹבַדְיָהוּ)، وەزیری پادشا ئاخئاب אַחְאָב بوو و کە پیاوێکی لە خوداترس بوو کاتێک شاژن ئیزێبیل (ئیزیڤێیل אִיזֶבֶל) پێغەمبەرانی کوشت (١ملوك ١٨: ٣–٤). عبدالفادى باسی تەفسیری خەڵکی تریش بۆ زولکیفل دەکات.

دیاریشە موفەسیرە ئیسلامییەکان باسی عوبەدیایان لە تەورات بیستبوو و کردبوویان بە زولکیفلی قورئان بەحسابی کەفالەتکردن. دیارە لەبەر ئەوەی تەورات وەکو خوداناسێک نەک پێغەمبەرێک باسی کردووە بەیزاوی وتوویەتی ناکۆکی هەبووە کە پێغەمبەر بووە یان نا.

٤٥-خەڵکی رەس؟!

((وَعَادًا وَثَمُودَ وَأَصْحَابَ الرَّسِّ وَقُرُونًا بَيْنَ ذَلِكَ كَثِيرًا – الفرقان: ٣٨)).

لە باسی خەڵکی (رەس) عبدالفادی قسەی بەیزاوی دەهێنێتەوە کە چەند بۆچوونێک لەبارەیانەوە هەیە، ئێمەش تەنها بۆ ئەوەی خوێنەر بێبایەخیی ئەو قسانە بزانێت کە بێبەڵگە هاتوون خۆشمانو خوێنەریش پێیانەوە سەرقاڵ دەکەین: خەڵکی رەس بتیان دەپەرست خوداش (شوعەیب)ی بۆ ناردن ئەوانیش بەدرۆزنیان زانی. کاتێکیش لەدەوری رەس بوون کە بیرێکی بینانەکراوە[٢٦٣] رِۆچوو و خۆشیانو خانووەکانیان نغرۆ بوون، وتراویشە رەس شارێکی لای (یەمامە)یە پاشماوەی (ثەموود)ی لێ بوون خودا پێغەمبەرێکی بۆ ناردن... وتراش رەس خەندەکە، وتراویشە رەس بیرێک بوو لە ئەنتاکیا حەبیبی دارتاشیان تێی کوشتبوو. وتراویشە ئەوانە خەڵکی حەنزەلە کوڕی صەفوانی پێغەمبەر بوون خودا بە باڵندەیەك تاقیی کردنەوە کە هەموو رەنگێکی لەخۆ گرتبوو و ناویان نابوو عەنقا لەبەر ئەوەی ملی دریژ بوو، لە کێوەکەی ئەوانیش دەژیا و مندالەکان ئەو خەڵکەی دەفراند ئیتر حەنزەلە دوعای لێکردو بروسکەیەك لێیدا، پاشان خەڵکەکە حەنزەلەیان کوشت بۆیە لەناوچوون، وتراویشە خەڵکێکن پێغەمبەرەکەیان بەدرۆخستەوەو خستیانە ناو بیرێک (بەیزاوی، ج٤، ص ٢١٨)[٢٦٤]. پاش نەقلکردنی ئەو ورێنانەش کە تەنها ئیسلامیان پێ لەکەدار دەبێت عبدالفادی دەپرسێت ئەو رەسە چییە؟ لە چ ولاتێکە؟ چ کاتێکە؟ بۆچی قورئان ئەمەی بۆ رِوون نەکردینەوە ئەگەر ئەو رەسە ئەسڵەن هەبێت؟

____

[٢٦٣] لە لسان العرب، ج١٩، ص ١٦٤١ واتایەکی رەس: بیرێکی کۆن.

[٢٦٤] بۆ ئەمانە و تەفسیری تر بڕوانە تەفسیر ابن کثیر، ج٦، ص١١١ کە ئەو قسە بێبەڵگانە لێرەش بەردەوام دەبن.

پێویستیش ناکات خوێنەر زۆر زیرەك بێت بۆ ئەوەی بزانێت ئەمە تەنانەت ڕەخنە نییە چونکە کاتێك قورئان باسی ئەوەی کردووە گرنگ شوێنەکەو کاتەکە نەبووە بەڵکو وانەکە بوو سەبارەت بە پێغەمبەرانو خەڵکەکەیانو ئاکامی ئەو خەڵکانەی پێغەمبەرانیان بەدرۆخستۆتەوە. هەڵبەت ڕەخنەگری وا ئاگای لەوە نییە کە لە تەوورات ناوی شوێنی وای هەن کە ڕوون نەکراونەتەوەو ڕوونکردنەوەی شوێنەکان هێندەی خودی باسەکان گرنگ نییە، یەك لەوانە ولاتی عووص کە عبدالفادی لەبارەی ئەییووبەوە باسی کردووەو شوێنەکەی دیار نییەو ئەو بەدڵنیاییەوە دەڵێت لە ولاتی عەرەب بووە.

٤٦-تەنانەت لوقمانیش پێغەمبەرە!

((وَلَقَدْ آتَيْنَا لُقْمَانَ الْحِكْمَةَ أَنِ اشْكُرْ لِلَّهِ وَمَن يَشْكُرْ فَإِنَّمَا يَشْكُرُ لِنَفْسِهِ وَمَن كَفَرَ
فَإِنَّ اللَّهَ غَنِيٌّ حَمِيدٌ * وَإِذْ قَالَ لُقْمَانُ لِابْنِهِ وَهُوَ يَعِظُهُ يَا بُنَيَّ لَا تُشْرِكْ بِاللَّهِ إِنَّ الشِّرْكَ
لَظُلْمٌ عَظِيمٌ- لقمان: ١٢-١٣)).

عبدالفادی قسەی بەیزاوی دەهێنێتەوە کە لوقمان کوڕی باعوراء لە نەوەی
ئازەر خوشکەزای ئەییووبە یان پووری (؟)و تا سەردەمی داوود ژیاو علمی لێ
وەرگرت..تاد. عبدالفادی دەڵێت: چۆن ئەم لوقمانە پێغەمبەرە؟ چۆنیش
بەیزاوی دەڵێت هاوچەرخی ئەییووبو داوودە لەکاتێک لەنێوان ئەم دوانە ٩٠٠
ساڵ هەن؟ وڵاتی (عووص)یش لەکوێ کە ئەییووب لەوێ ژیابوو و وڵاتی
فەڵەستین لە کوێ کە داوود لەوێ ژیابوو؟ (قسەی عبدالفادی تەواو).

سەبارەت بە سەردەمی ئەییووبو وڵاتی عووص هیچ شتێکی دڵنیاکەرەوە
نییە لەبارەیانەوە، هەر بۆیەش ناتوانین بزانین لەنێوان داوودو ئەییووب چەند
ساڵ بووەو ئەمەمان پێشتر باس کردبوو. بەڵام ئەمە گرنگ نییە چونکە لەسەر
نەزانی بنیاتنراوەو ئەوەی گرنگە ئەوەیە نە قسەی زانایانو نە قسەی
بەیزاویی موفەسیر بەڵگەن بۆ ئەو باسانەی کە دەقێکی قورئان یان
فەرموودەی صەحیحیان لەبارەوە نەهاتووە، بۆیە قسەکەی بەیزاوی کە
لوقمان کوڕی کێی بووە وەک نەبوو وایەو وەک پێشتر وتبوومان عبدالفادی
شەڕی لەگەڵ کەڤ دەریا کردووە. تەنها یەک شتی دڵنیاکەرەوە لە دەقەکان
هەیە ئەویش هەبوونی لوقمانە کە ئاشکرا نییە پێغەمبەر بووە یان وەک
بەیزاوی ئاماژەی بۆ کردووە کە زۆریی زانایان لەسەر ئەوەن کە دانا بووە نەک
پێغەمبەر(بەیزاوی، ج٤، ص٣٤٦).

٤٧-ئەسکەندەری گەورە پێغەمبەرە!

((حَتَّى إِذَا بَلَغَ مَغْرِبَ الشَّمْسِ وَجَدَهَا تَغْرُبُ فِي عَيْنٍ حَمِئَةٍ وَوَجَدَ عِندَهَا قَوْمًا قُلْنَا يَا ذَا الْقَرْنَيْنِ إِمَّا أَن تُعَذِّبَ وَإِمَّا أَن تَتَّخِذَ فِيهِمْ حُسْنًا * قَالَ أَمَّا مَن ظَلَمَ فَسَوْفَ نُعَذِّبُهُ ثُمَّ يُرَدُّ إِلَى رَبِّهِ فَيُعَذِّبُهُ عَذَابًا نُّكْرًا -الکهف: ٨٦-٨٧)).

عبدالفادی قسەی بەیزاویو ئیبنو هیشام نەقڵ دەکات کە زولقەرنەین ئیسکەندەری گەورە بوو، پاشان قسەی بەیزاوی کە زولقەرنەین ئیسکەندەری ڕۆمی بوو کە پادشای فارسو ڕۆم بوو، وتراویشە پادشای ڕۆژهەڵاتو ڕۆژئاوا بوو بۆیەش پێی وترا زولقەرنەین.. بەیزاوی ژمارەی قسەی تر لەسەر زولقەرنەین دەهێنێتەوە کە بێ بیبناغەو بەڵگەن. پاشان دەڵێت ناکۆکی هەبووە کە ئایا زولقەرنەین پێغەمبەر بووە یان نا بەڵام زاناکان ڕێکەن کە باوەڕدارو چاکەکار بوو (بەیزاوی، ج٣، ص ٥١٩).

عبدالفادی دەڵێت چۆن خودا ئەسکەندەری بتپەرست دەکاتە پێغەمبەر؟ ئەم قسەیەش لە قسەکانی ناو تەفسیرەکەی بەیزاوی بێماناترە چونکە قورئان نەیوتووە زولقەرنەین ئەسکەندەر بوو. بەیزاوی تەنانەت نەشیزانیوە ئەسکەندەر ڕۆمایی نەبووە بەڵکو مەکدۆنی بووەو یۆنانییەکانی لە پرۆژە فراوانکارییەکانی خۆی بەشدار کردبوو. عبدالفادیش هەڵە دەکاتو دەڵێت یۆنانی بوو. موفەسیری تر وەکو ئیبنو کەثیر زانیویانە کە ئەسکەندەر زولقەرنەین نەبوو بەڵام هێشتا قسەی کەسانی تر نەقڵ دەکات کە زولقەرنەین لە سەردەمی ئیبراهیمی پێغەمبەر بووە ²⁶⁵.

قسەکانی تری عبدالفادیش سەبارەت بەوەی گوایە خۆر لە بیرێک ئاوا دەبوو لە پرسیارە جوگرافییەکان باس کراوە، بەڵام لێرە دەپرسێت: خۆر بەدەوری زەوی دەخولێتەوە یان زەوی بەدەوری خۆر دەخولێتەوە؟ هەروەها

---

²⁶⁵ تفسیر ابن کثیر، ج٥، ص١٨٩

باسی بەربەستەکەی ئەسکەندەر دەکات کە شوێنەواری نییە. ئەم رەخنەیەش
کاتێک راستە ئەگەر وێنەی لەم جۆرەمان بۆ ئەو بەربەستە هەبێت: دیوارێکی
ستوونیی تەواو بێتو زۆر درێژ بێتو لەو کاتەوە تا ئێستا کەشوهەوا هیچی لێ
نەکردبێت، بەڵام بێگومان ئەو وێنەیە خەیاڵییەو دەتوانین وێنەیەکی واقعیتری
بۆ بکێشین: مەرج نییە ستوونی بێت بەڵکو ئەوەندە بەسە گۆشەیەکی لەگەڵ
زەوی دروستکردبێت کە سەرکەوتن بەسەری زەحمەت بێت، زۆریش بەرز بوو،
ئەگەر لەدەمی گەڵییەکی تەسکیش بێت پێویست ناکات درێژ بێت تا بە زەقی
دەربکەوێت، لەو کاتەشەوە تا ئێستا کەشوهەوا دەستکاریی کردووەو وەکو
دوو کێوەکەی دوو لاتەنیشتی لێ کردبێت، دارمانی دوو کێوەکەش ژێرەکەیانی
پرکردووە لە بەردو خۆڵ.. تاد. وێنەی لەم جۆرە ئاساییە بۆ ئەوانەی دەزانن
چۆن زەمەنو کەشوهەوا کار دەکەنە سەر شوێنەوارەکانی دەستکردی مرۆڤ و
دەیانشارنەوە یان بەشێکیان دەشارنەوە، بەڵام عەقڵی چەقبەستوو لەسەر
ئەو وێنەیەی یەکەم جار دروست بووە چەقدەبەستێت. کەواتە رەخنەکە
لەسەر بناغەی وێنەیەکی خەیاڵی کراوە.

وتەیەك بۆ كۆتایی

وەك بینیمان رەخنەی كورتو بێبەلگە یان بەلگەلاوازەكانی عبدالفادی چەند بایەخیان هەیە ئەویش كاتێك ئەو رەخنانە دەخەینە بەر تیشكی سەرچاوەكانو زانیاریی بەلگەدار، ئەوەش بەمەرجێك هێشتا ئەو وەڵامانە بە كورت دەزانینو هێشتا بەحەزی دڵی خۆمان سەرچاوەمان بەكارنەهێناوە. لەمەشەوە خوێنەر دەزانێت چەند بێبایەخن ئەو جۆرە رەخنانەی لە كتێبەكانو لە ئینتەرنێت بڵاوبوونەتەوەو تاكە خاڵی بەهێزیان ئەوەیە روودەكەنە خوێنەرێك ئاگای لە هیچ شتێك لەو باسانە نییە.

بەڵام وەنەبێت ئەو رەخنانەی كە بەرواڵەت زانستینو ئەو رەخنانەی پشت بە سەرچاوە دەبەستن حاڵیان لەوانەی عبدالفادی باشتر بێت، بەڵكو رەنگە موبالەغە نەبێت ئەگەر بڵێین ئەوانەی عبدالفادیو ئەوانەی رواڵەتیان رەخنەی زانستین یەك ئاستیان هەیە.. بۆچی؟ چونكە بناغەی هەردووكیان یەك شتە، هەردووكیان هەمان قسەیان هەیە بەڵام هاوشێوەكانی ئەوەی عبدالفادی بە رستەی كورتو بێ سەرچاوە باس دەكرێن، ئەوانەی تریش درێژترو بەپشتبەستن بە سەرچاوەوە باس دەكرێن.

بناغەی رەخنەكان یەكە، كرۆكیشیان یەكە، ئەوەندە هەیە ئەوانەی رەخنەكانیان بە سەرچاوە پڕ دەكەنو گوایە بە زمانو مەنهەجێكی زانستی قسە دەكەن. كاتێكیش لەو سەرچاوانە دەكۆڵیتەوە دەبینی سەرچاوەكان باسی شتێك دەكەن دەچێتە خانەی ئیحتیمال نەك دڵنیایی، ئەو كەسانەش كە ناوی ئەو سەرچاوانە دەنووسن موناقەشەكانی ئەو سەرچاوانە دەكەنە زانیاریی ئەكید.

بەشێكی تری سەرچاوەكانیشیان زانیاریی تریان لەخۆگرتووە كە پەیوەندییان نییە بە ئەسڵی بابەتەكە یان پەیوەندییەكی لاوازیان هەیەو ئەمان وەكو چاوبەستێك لە خوێنەر ناویان دەنووسن وەك چۆن پشتگیریی

بۆچوونەکانیان دەکەن. بەم شێوەیەش ئەوانەی لەڕێگەی ڕێزکردنی سەرچاوەوە چاوبەست لە خوێنەر دەکەن وەکو ئەکرۆباتەکانی سێرك دێنە بەرچاو لەکاتێك کەسانی وەکو عبدالفادی وەکو موهەرریجی ئەو سێرکە دەردەکەون.

ئەوانەی یەکەم ڕاستەوخۆ و ناڕاستەوخۆ بە خوێنەر دەڵێن: لێکۆڵینەوەکەمان زانستییەو پڕ سەرچاوەیە، بەڵام ئەو زانیارییانەی ئەوان دەیانلێن دەریایەکی گوماننو گێژاوێکن لە شتە نائەکیدەکان وەك چۆن بەشێك لەو گومانو نائەکیدییەمان لەم کتێبە بینی.

گومان گەیشتۆتە ئەوەی نەك تەنها کتێبەکانی ئەهلی کیتابو خاوەنەکانیانو باسەکانیان بگرێتەوە بەڵکو گومان لە خودی ئەو کەسانە بکرێت کە ئەو کتێبانە باسیان دەکەن. وەك باسیشمان کرد گومان تەنانەت لە هەبوونی مەسیح هەبووەو مەسیحییەکان پێویستیان بەوە بوو بە بەڵگە بیسەلمێنن کە مەسیح هەبووە. گومان لەوانی تریش هەیە وەك مووساو ئیبراهیمو نووحو باقی پێغەمبەران.

ئەوان، وەکو موسڵمانەکان، پێویستیان بە باوەڕە بۆ سەڵماندنی هەبوونی ئەو کەسانە. موسڵمانو مەسیحیو جوولەکە باوەڕ دەکەن ئەو کەسانە هەبوون لەبەر ئەوەی خودا باسی ئەوانەی کردووە، بەڵام کە بەڵگەکە باوەڕ بێت چۆن جوولەکەیەك دەتوانێت غەیری خۆی قەناعەت پێبکات کە مووسا کەسێکی ڕاستەقینە بوو نەك پاڵەوانی چیرۆکێکی خەیاڵی؟ مەسیحییەك چۆن دەتوانێت بۆ غەیری خۆی بیسەلمێنێت مەسیح هەبووە چ جای ئەوەی لەخاچدراو دوای سێ ڕۆژ هەڵسایەوەو بووە فیداکار؟

موسڵمان دوورترین کەسە لەو گێژاوە چونکە مێژووەکەی نزیکەو باسی پێغەمبەرەکەی دەماودەمو بێ پچڕان، بەپاڵ نووسراو، پێی گەیشتووە. مێژووی پێغەمبەری ئیسلام وەکو ئێستایەکی لێ هاتووە نەك مێژوویەکی دوور. کتێبەکەی ئیسلام، کە لە کاتی پێغەمبەرەوە تا ئێستا کەسانێکی زۆر هەبوون لەبەریان بوو، باسی ئەو ڕووداوانەو ئەو پێغەمبەرانە دەکات کەواتە بۆ موسڵمانێك باوەڕی پێی بێت گومان لەو ڕووداوەو لە هەبوونی ئەو پێغەمبەرانە

٢٤١

نییە، تەنها ئەو کێشەیەش دەمێنێتەوە کە چۆن قەناعەت بە غەیری خۆی بکات کە ئەوانە ڕاستن، بەڵام ئەمەیان تەنها یەک کێشەیە لەکاتێک کێشەی جوولەکەو مەسیحییەکان دوانن: خەڵکی تر باوەڕیان نییە بە باسەکانیان، خۆشیان ناتوانن بەڵگەیەکی بێگومان لەسەر دروستیی نەقڵکردنی کتێبەکانیان پێشکەش بکەن.

بەڵام ئەو نەقڵکردنە بێپچڕانەی قورئان بە تەفسیری موفەسیران تێکدرا، تەفسیر پڕ کرا لە قسەی بێبناغەو لەو قسانەی لە کتێبەکانی جوولەکەو مەسیحی وەرگیراونو هەندێکیان بوونەتە ڕاستی، وەک ناوی نەمروود، پادشاکەی کاتی ئیبراهیم، کە وابزانین وای لێهاتووە کەس گومانی لە ڕاستیی ئەو ناوە نییە. بەم جۆرەش موفەسیران ئەو گێژاوەیان بۆ نەقڵکردین کە ئەهلی کیتاب تێیکەوتبوون.. با ئەمەیان بۆ لێکۆڵینەوەیەکی داهاتوو بێت.

سەرچاوە

١.‏ قورئانی پیرۆز.

٢.‏ صحيح البخاري، النسخة اليونينية (الطبعة السلطانية)، اشراف محمد بن زهير بن ناصر الناصر،ط١، دار طوق النجاة،بيروت، ١٤٢٢.

٣.‏ صحيح مسلم، ط١، دار طيبة،الرياض، ١٤٢٧-٢٠٠٦.

٤.‏ ژمارەیەک لە وەرگێڕانەکانی پەیمانی کۆنو پەیمانی نوێ(چاپکراو و ئەلکترۆنی).

٥.‏ ابن كثير، ابو الفداء اسماعيل بن عمر، تفسير ابن كثير (تفسير القران العظيم)، تحقيق سامي بن محمد السلامة،ط٢، دار طيبة،١٤٢٠-١٩٩٩.

٦.‏ الطبري، محمد بن جرير، تفسير الطبري (جامع البيان في تفسير القران)، طبعة دار المعارف، نسخة الكترونية.

٧.‏ القرطبي، محمد بن أحمد بي ابي بكر، تفسير القرطبي (الجامع لاحكام القران)، تحقيق: د. عبدالله بن عبدالمحسن التركي واخران، ط١، دار الرسالة، ١٤٢٧-٢٠٠٦.

٨.‏ البغوي، ابو محمد الحسين بن مسعود، تفسير البغوي (معالم التنزيل)، تحقيق وتخريج الاحاديث: محمد عبدالله النمر واخران، دار طيبة، ١٤١١.

٩.‏ الشوكاني، محمد بن علي بن محمد، فتح القدير، الجامع بين فني الرواية والدراية، دار الفكر، بيروت (المكتبة الشاملة، مرقمة بالتوافق مع المطبوع).

١٠.‏ الرازي، فخرالدين محمد بن ضياء الدين عمر، تفسير الفخر الرازي (التفسير الكبير، مفاتيح الغيب)، ط١، دار الفكر، ١٤٠١-١٩٨١.

١١.‏ الطباطبائي، محمد حسين، الميزان في تفسير القران، ط١ المحققة، مؤسسة الاعلمي، بيروت، ١٤١٧-١٩٩٧.

١٢.‏   المزي، الحافظ جمال الدين ابو الحجاج يوسف، تهذيب الكمال في اسماء الرجال، تحقيق وتعليق د. بشار عواد معروف، ط١، مؤسسة الرسالة، ١٤١٣–١٩٩٢.

١٣.‏   البرزنجي، محمد بن طاهر، تاريخ الطبري، تحقيق، دار ابن كثير، دمشق، بيروت، ١٤٢٨–٢٠٠٧.

١٤.‏   الثعلبي، ابو اسحاق احمد بن محمد بن ابراهيم النيسابوري، قصص الانبياء (عرائس المجالس)، مطبع الحيدري، ١٢٩٤.

١٥.‏   محمد ناصرالدين الالباني، سلسلة الاحاديث الضعيفة والموضوعة واثرها السئ في الامة، الطبعة الاولى للطبعة الجديدة، مكتبة المعارف، الرياض، ١٤١٢–١٩٩٢.

١٦.‏   الدويش، عبدالله بن محمد بن احمد، المورد الزلال في التنبيه على اخطاء الظلال، ط ١، دار العليان، ١٤١١–١٩٩٠.

١٧.‏   الفالوجي الاثري، اكرم بن محمد زيادة، معجم شيوخ الطبري، ط١، الدار الاثرية، دار ابن عفان، ١٤٢٦–٢٠٠٥.

١٨.‏   الطرزي، الدكتور ابراهيم سالم، ابوكريفا العهد الجديد، تجميع لكتابات الابوكريفا المسيحية الكتاب الاول، اناجيل الابوكريفا المخفية، الجزء الاول، ط ١، ٢٠٠١.

١٩.‏   الطرزي، الدكتور ابراهيم سالم، ابوكريفا العهد الجديد، تجميع لكتابات الابوكريفا المسيحية الكتاب الثاني، اناجيل الخدمة و الحكمة الغنوسية لمكتبة نجع حمادي، ط ١، ٢٠٠٥.

٢٠.‏   الطرزي، الدكتور ابراهيم سالم، ابوكريفا العهد الجديد، تجميع لكتابات الابوكريفا المسيحية الكتاب الثالث، ...الاناجيل السرية و مكتبة نجع حمادي، ط ١، ٢٠٠٧

٢١.‏   القس عبد المسيح بسيط أبوالخير، أبوكريفا العهد الجديد، كيف كتبت؟ ولماذا رفضتها الكنيسة؟ الجزء الأول: الكتب المُسماه بأناجيل الطفولة والآلام، ط١، ٢٠٠٧

٢٢.   نخبة من الأساتذة ، قاموس الكتاب المقدس، نسخة الكترونية، د..ت.

٢٣.   ستيفن م. ميلر، روبرت ف. هوبر، تاريخ الكتاب المقدس منذ التكوين وحتى اليوم، ت. وليم وهبة، مجدي وهبة، ط١، دار الثقافة، القاهرة، ٢٠٠٨.

٢٤.   جيمس هنري بريستد، تاريخ مصر من اقدم العصور حتى الفتح الفارسي، ت. الدكتور حسن كمال، ط٢، مكتبة مدبولي، القاهرة، ١٩٩٦ (الاصل الانكليزى: ١٩٠٥).

٢٥.   كينيث كيتشن، رمسيس الثاني، فرعون المجد والانتصار، ت. د. احمد زهير امين، الهيئة العامة المصرية للكتاب، ١٩٩٧.

٢٦.   ف.زاماروفسكي، اصحاب الجلالة–الاهرامات، ترجمة د. هاشم حمادي، دار السوسن، دار الكلمة، دمشق، ١٩٩٩.

٢٧.   د.سمير اديب، موسوعة الحضارة المصرية القديمة، ط١، العربي، القاهرة، ٢٠٠٠.

٢٨.   انجيل برنابا، ت. خليل سعادة، ط١، مطبعة المنار، القاهرة، ١٩٠٧.

٢٩.   القس الدكتور حنا جرجس الخضري، تاريخ الفكر المسيحي، يسوع المسيح عبر الاجيال، القاهرة، دار الثقافة، ١٩٨١.

٣٠.   ابن منظور، جمال الدين محمد بن مكرم بن علي، لسان العرب، دار المعارف، القاهرة، د..ت.

٣١.   د. علي حسني الخربوطلي، تاريخ الكعبة، ط٣، دار الجيل، بيروت، ١٩٩١.

٣٢.   د. طه حسين، في الشعر الجاهلي (الاصل)، نسخة الكترونية.

٣٣.   د. فاضل عبدالواحد علي، من الواح سومر الى التوراة، ط١، دار الشؤون الثقافية العامة، بغداد، ١٩٨٩.

٣٤.   طه باقر، مقدمة في ادب العراق القديم، دار الحرية، بغداد، ١٩٧٦.

1.	Badre, Leila, *Tell Kazel-Simyra: A Contribution to a Relative Chronological History in the Eastern Mediterranean during the Late Bronze Age*, Bulletin of the American Schools of Oriental Research (BASOR), 343, Aug. 2006.

2.	Bard, Kathryn A. (*editor*), Encyclopedia of the Archaeology of Ancient Egypt, Taylor & Francis e-Library, 2005.

3.	Beattie, D.R.G., McNamara, M.J. (*editors*), Targums in their Historical Context, Sheffield Academic Press, 1994.

4.	The Book of Jasher Referred to in Joshua and Second Samuel, New York, 1840.

5.	Breasted, James Henry, Ancient Records of Egypt, Historical Documents from the Earliest Times to the Persian Conquest, vols. II-III, Chicago, 1906.

6.	Bruce, F.F., *And the Earth was without Form and Void, An Enquiry into the exact Meaning of Genesis 1, 2*, in; Journal of the Transactions of the Victoria Institute, 78, 1946, pp.21-37.

7.	Bryce, Trevor, Letters Of The Great Kings Of The Ancient Near East, The Royal Correspondence of the Late Bronze Age, Taylor & Francis e-Library, 2005.

8.	Butel, Paul, The Atlantic, Seas in History Series, transl. by Iain Hamilton Grant, London, New York.

9.	Carrier, Richard, *Thallus and the Darkness at Christ's Death*, Journal of Greco-Roman Christianity and Judaism, 8, 2011-2012, pp.185-191.

10.	Cheyne, T. K., Black, J. Sutherland (*editors*), Encyclopædia Biblica, A Critical Dictionary of the Literary Political and Religious History, The Archaeology Geography and Natural History of the Bible, Vols. I-IV, New York, 1899-1903.

11.	Epstein, Rabbi I. (*editor*), The Soncino Babylonian Talmud (E-Book).

12.	Etheridge, J. W., The Targums of Onkelos and Jonathan Ben Uzziel on the Pentateuch with the Fragments of the Jerusalem Targum from the Chaldee, Genesis and Exodus, London, 1862.

13.	Etheridge, J. W., The Targums of Onkelos and Jonathan Ben Uzziel on the Pentateuch with the Fragments of the Jerusalem Targum from the Chaldee, Leviticus, Numbers, and Deuteronomy, London, 1865.

14.	Fitzgerald, Madeleine A., The Rulers of Larsa, A Dissertation presented to the Faculty of the Graduate School of Yale University in Candidacy for the Degree of Doctor of Philosophy, 2002.

15.	Hammond, Nicholas Geoffrey Lemprière, The Cambridge ancient history, III, Part 2, Empires and other States of the Near East, from the eighth to the sixth Centuries B.C., Volume 3, 1991.

16.	James, M. R. (*translator*), Testament of Job, the Blameless, the Sacrifice, the Conqueror in many Contests (*e-article*).

17.	Josephus, Flavius, The Antiquities of the Jews, Translated by William Whiston, (e-book).

18.	Knudtzon, J. A., Die El-Amarna Taflen mit Einleitung und Erlaeuterungen, Leipzig, 1915.

19.	Luckenbill, Daniel David Ancient Records of Assyria and Babylonia, vol. II, Chicago, 1927.

20.	Petrovich, Douglas, Amenhotep II and the Historicity of the Exodus-Pharaoh, The Master's Seminary Journal, 17/1 (Spring 2006) pp.81-110.

21.	Pritchard, James B. (*editor*), Ancient Near Eastern Texts relating to the Old Testament (ANET), 3rd ed., Princeton, 1969.

22.	Ragg, Lonsdale and Laura, The Gospel of Barnabas, Oxford, 1907.

23.   Redford, Donald B., (*editor in chief*), Oxford Encyclopedia of Ancient Egypt, Oxford University Press, 2001.

24.   Reisner, George A., The Harvard Expedition to Samaria Excavations of 1909, in; JSTOR. vol. 3, No. 2, April, 1910.

25.   Reisner, George A., C. S. Fisher, D. G. Lyon, Harvard Excavations at Samaria, 1908-1910, vol. 1, Cambridge, Harvard University Press, 1924.

26.   Rodkinson, Michael L. (*translator*), The Babylonian Talmud, 1918 (E-Book).

27.   Schodde, George H., The Book of Jubilees, Translated from the Ethiopic, Oberlin, Ohio, 1888.

28.   Selin, Helaine (*editor*), Encyclopaedia of the History of Science, Technology, and Medicine in Non-Western Cultures, 2nd edition, Springer , 2008 (E-Version).

29.   Shaw, Ian, Paul Nicholson, The British Museum Dictionary of Ancient Egypt, The American University in Cairo press, 1997.

30.   Skolnik, Fred (*editor in chief*), Encyclopaedia Judaica, 2nd Edition, Keter Publishing House, 2007.

31.   Streane, A. W., A Translation of The Treatise Chagigah from The Babylonian Talmud, Cambridge, 1891.

32.   Tacitus, Publius, The Annals of Tacitus, Translated by A. J. Church, W. J. Brodribb, London, 1906.

33.   Töyrylä, Hannu, Slimy Stones and Philosophy: Interpretations of tohu wa-vohu as Matter and Form, 2000 (*e-article*.)

34.   Wisse, Maarten, Scripture between Identity and Creativity, A Hermeneutical Theory Building upon four Interpretations of Job *(e-book)*.

پێرستی ناوەکان

لەبەر دووبارەبوونەوەی زۆری وشەکانی موسڵمان، ئیسلام، مەسیحی، مەسیحیەت، مەسیحییەکان، جوولەکە.. ئەم وشانەم لەم پێرستە دانەناوە.

یەکەم : ناوی کەسەکان

دووەم : ناوى شوێنەكان

سێیەم: گەلەکان و نیسبەتەکان

جەژنەکانو فیستڤاڵەکان

مانگەکان

تاقم، هێز..

جۆراوجۆر